HELENA MACHADO
BARBARA PRAINSACK

Tecnologias que Incriminam

Olhares de reclusos na era do *CSI*

TECNOLOGIAS QUE INCRIMINAM
OLHARES DE RECLUSOS NA ERA DO *CSI*

Tracing Technologies. Prisoners' Views in the Era of CSI
© Helena Machado and Barbara Prainsack, April 2012
Esta tradução de *Tracing Technologies. Prisoners' Views in the Era of CSI* é publicada através de acordo com a Ashgate Publishing Limited.

AUTORAS
Helena Machado
Barbara Prainsack

PREFÁCIO
Troy Duster

POSFÁCIO
Robin Williams

EDITOR
EDIÇÕES ALMEDINA, S.A.
Rua Fernandes Tomás, n.ᵒˢ 76, 78 e 80 – 3000-167 Coimbra
Tel.: 239 851 904 · Fax: 239 851 901
www.almedina.net · editora@almedina.net

DESIGN DE CAPA
FBA.

IMPRESSÃO E ACABAMENTO
PENTAEDRO, LDA.
Abril, 2014

DEPÓSITO LEGAL
373774/14

Os dados e as opiniões inseridos na presente publicação são da exclusiva responsabilidade do(s) seu(s) autor(es).
Toda a reprodução desta obra, por fotocópia ou outro qualquer processo, sem prévia autorização escrita do Editor, é ilícita e passível de procedimento judicial contra o infrator.

BIBLIOTECA NACIONAL DE PORTUGAL – CATALOGAÇÃO NA PUBLICAÇÃO

MACHADO, Helena, e outro

Tecnologias que Incriminam: Olhares de Reclusos
na Era do CSI/Helena Machado, Barbara Prainsack (CES)
ISBN 978-972-40-5535-0

I – PRAINSACK, Barbara

CDU 343

ÍNDICE

Agradecimentos	11
Helena Machado	
Barbara Prainsack	
Prefácio: FICÇÃO, FANTASIA E FACTOS DO *CSI*	
Troy Duster	13
Introdução	15
O argumento 'Um num Milhão'	19
Ciência Forense *versus* Ciência	22
Conclusão	29
Capítulo 1: TECNOLOGIAS QUE INCRIMINAM	31
Tecnologias Forenses na Era do *CSI*	33
Objetivos deste Livro	37
Estudos Sociais sobre Tecnologia Forense	40
Aspetos Metodológicos	43
A Estrutura do Livro	50
Capítulo 2: O CENÁRIO AUSTRÍACO	55
Introdução	55
Leis e Regulação	59
Partilha Transnacional de Impressões Digitais e Perfis de DNA	64
Análise de DNA e de Impressões Digitais: As Práticas das Autoridades Policiais na Áustria	69
Confiança Pública no Sistema de Justiça Criminal	72
Atitudes Públicas Face às Tecnologias Genéticas	75
Conclusão	77

CAPÍTULO 3: O CENÁRIO PORTUGUÊS 79

Introdução 70
O Contexto Legal e Regulatório das Impressões Digitais 81
Planos para a Criação de uma Base Universal de Dados Genéticos 84
Contexto Legal da Base de Dados de DNA com Propósitos Forenses ... 86
Regulação Legal para Procedimentos Relativos aos Perfis de DNA 91
Organização da Investigação Criminal 92
Voltando ao Caso Madeleine McCann 95
Conclusão 98

CAPÍTULO 4: OLHARES DE DENTRO: COMO EVITAR DEIXAR VESTÍGIOS NAS CENAS DE CRIME? 101

Introdução 101
Fontes de Informação Sobre Tecnologias Forenses 103
Gerindo Conhecimento 112
Reintegração 116
Em Conclusão: Ficção e Realidade do Trabalho na Cena de Crime 117

CAPÍTULO 5: VESTÍGIOS BIOLÓGICOS: 'A PROVA NÃO MENTE' 123

Introdução 123
Máquinas da Verdade 125
Controlo, Erro Humano e Colocação de Provas na Cena de Crime 138
Conclusão 143

CAPÍTULO 6: *TODOS TEMOS UM 'BICHO' DENTRO DE NÓS* – AS BASES DE DADOS DE PERFIS DE DNA DISSUADEM OS CRIMINOSOS? 147

Introdução 147
Expandindo os usos da bioinformação forense 148
A Ficção da Dissuasão: as Perspetivas dos Reclusos 152
Quem Deve Estar na Base de Dados? 163
Conclusão 166

CAPÍTULO 7: TECNOLOGIAS QUE INOCENTAM: EXONERAÇÃO E EXCULPAÇÃO 171

Introdução 171
Exculpação e Exoneração no Sistema de Justiça Criminal 172
O(s) *Innocence Project(s)* 177

A Perspetiva dos Reclusos	179
Provocar Confissões	184
Juízes Punitivos e Advogados Preguiçosos?	187
Conclusão	192

Capítulo 8: CORPOS CRIMINAIS E AUTORIDADES ABUSIVAS	197
Introdução	197
Corpos Perigosos	199
Controlar a Visibilidade	207
O Poder das Autoridades	210
O Aprofundar do Estigma	215
Conclusão	218

Capítulo 9: CONCLUSÃO	221

Posfácio: GENÉTICA FORENSE E AS CIÊNCIAS HUMANAS	239

Robin Williams

Introdução	240
Genética Forense e Investigações Criminais	240
As Perspetivas das Ciências Humanas e as Intervenções Políticas	243
Tecnologias que Incriminam	249
Conclusão	253

Glossário	255
Referências	263
As Autoras	287

Se houver uma gota de sangue na cena de crime é uma prova irrefutável, é quase uma confissão...
                                                    Feliciano

Deixámos sempre algum vestígio atrás de nós. Não é como se nos conseguíssemos meter numa bolha e cometer um crime.
                                                    Micael

O vestígio de DNA não prova apenas que sou culpado. Também pode provar a minha inocência.
                                                    Hubert

AGRADECIMENTOS

Helena Machado
Barbara Prainsack

Este livro contou com os apoios inestimáveis de várias pessoas e de diversas instituições. Gostaríamos de destacar, em primeiro lugar, o papel relevante dos presidiários que entrevistámos em Áustria e em Portugal: sem a generosidade e disponibilidade com que partilharam connosco as suas opiniões e vivências, este livro nunca poderia ter sido escrito.

A realização do estudo que está na base deste livro foi autorizada pelo Ministério da Justiça Federal da Áustria e pela Direção-Geral dos Serviços Prisionais em Portugal. A abertura institucional para a investigação científica em ciências sociais e humanas foi uma peça chave para realizarmos este percurso.

Gostaríamos ainda de agradecer às instituições que financiaram a nossa pesquisa: na Áustria, o Ministério Federal da Ciência e Investigação (através do programa austríaco *Genomeresearch* www.gen-au.at). Em Portugal, este trabalho foi financiado por Fundos FEDER através do Programa Operacional Fatores de Competitividade – COMPETE e por Fundos Nacionais através da FCT – Fundação para a Ciência e a Tecnologia (Ministério da Educação e Ciência), através da bolsa de pós-doutoramento SFRH/BPD/34143/2006 e do projeto *Base de dados de perfis de DNA com propósitos forenses em Portugal: questões atuais de âmbito ético, prático e político* (POFC – COMPETE) (ref. PTDC/CS-ECS/098148/2008 - FCOMP-01-0124-FEDER-009231).

Este livro beneficiou dos contributos e apoios de vários colegas. As conversas que mantivemos com António Amorim, Troy Duster, Martin Kitzberger, Reinhard Kreissl, Alípio Ribeiro, Manuel Simas Santos e Robin Williams foram cruciais para a abordagem de vários aspetos científicos, legais, jurídicos, sociais e éticos da utilização das técnicas de genética molecular aplicadas à investigação criminal. Em diferentes fases de realização do estudo e de preparação do livro beneficiamos da colaboração de Christian Gesek, Andrea Lehner, Diana Miranda, Helena Moniz, Filipe Santos e Reinhard Schmid. Foram ainda muito importantes os comentários críticos a diferentes capítulos realizados por

Manuela Cunha, Catarina Frois, Jean Lo, Stefan Gschiegl, Daniel Meßner, Victor Toom, Filipe Santos e Susana Silva. Na revisão editorial desta obra colaboraram Filipe Santos e José Fernandes.

As autoras agradecem ainda à Editora Almedina e ao Centro de Estudos Sociais da Universidade de Coimbra por apoiarem a publicação deste livro.

PREFÁCIO

FICÇÃO, FANTASIA E FACTOS DO *CSI*

Troy Duster

Troy Duster é *Chancellor's Professor* no *Warren Institute on Law and Social Policy* da Universidade de Berkeley e *Emeritus Silver Professor of Sociology* na Universidade de Nova Iorque, nos EUA. Estes títulos professorais são atribuídos a académicos que se distinguem por mérito académico de excelência.

É um dos mais renomados académicos no mundo a trabalhar sobre genética e sociedade. Entre as suas principais obras constam *Cultural Perspectives on Biological Knowledge* (*Perspetivas Culturais sobre o Conhecimento Biológico*) (coorganização com Karen Garrett, 1984) e *Backdoor to Eugenics* (*Outra Porta para a Eugenia*) (2ª edição, 2003). Troy Duster foi também presidente da Associação Americana de Sociologia (2004-2005) e em 2003-2004 foi presidente da Assembleia de Diretores da Associação de Faculdades e Universidades Americanas. Foi presidente do comité consultivo acerca das Questões Éticas, Legais e Sociais do Projeto do Genoma Humano dos Institutos Nacionais de Saúde e do Departamento de Energia dos EUA.

Atualmente é membro do Comité Consultivo de Investigação do Projeto Inocência (*Innocence Project*), uma organização sem fins lucrativos que envolve advogados e outros peritos e que tem como objetivo alcançar a libertação daqueles que foram erradamente condenados a penas de prisão.

INTRODUÇÃO

As histórias policiais do tipo criminológico, que conheceram o seu apogeu com o super-detetive Sherlock Holmes, criado por Conan Doyle,[1] têm suscitado um fascínio e popularidade junto da imaginação do público que poucos outros géneros literários conseguiram. De facto, todo um século de produção de livros policiais detectivescos, de Agatha Christie, a Erle Stanley Gardner ou Dashiel Hammet,[2] alimentou sobejamente as fantasias dos leitores e encheu os cofres das editoras, dos produtores de rádio e, em anos mais recentes, dos produtores de séries de televisão e de cinema. O programa mais popular do género criminal em formato televisivo é apropriada e singelamente intitulado *CSI (Crime Scene Investigation)*. As múltiplas versões desta série, e a sua capacidade de chegar às mais remotas regiões do mundo, granjearam-lhe um êxito sem precedentes. O *CSI* é muito mais do que um fenómeno de vendas. Constitui também um fenómeno político-social com repercussões significativas nos sistemas de justiça criminal da vida

---

[1] Sir Arthur Conan Doyle (1859-1930), médico e escritor escocês, ficou famoso pelas suas histórias criminais, sobretudo pela criação da personagem de Sherlock Holmes, detective especialista em deduções lógicas e particularmente perspicaz na aplicação da ciência forense na resolução de crimes complexos.

[2] Estes três escritores criaram histórias criminais que conheceram uma enorme popularidade um pouco por todo o mundo e que deram origem a filmes no cinema, séries televisivas e novelas radiofónicas. Agatha Christie (1890-1976), escritora britânica, detém ainda hoje o recorde de vendas de livros policiais, tendo-se celebrizado mundialmente com personagens como Hercule Poirot (detetive belga) ou Miss Marple (uma idosa solteira, sagaz e constantemente atenta ao lado mais perverso da natureza humana). Erle Stanley Gardner (1889-1970), advogado norte-americano e escritor, tornou famosa a personagem de Perry Mason (um advogado de defesa que normalmente provava a inocência do seu cliente pela descoberta, por conta própria, do verdadeiro autor do crime). Dashiel Hammett, escritor americano (1894-1961), foi um dos pioneiros de um género singular de história criminal, no qual o detetive é um 'anti-herói': uma personagem obscura, dada a emoções fortes e que se move com à vontade no mundo do crime organizado (por exemplo, a personagem criada por Hammett, Sam Spade).

real, a tal ponto que o 'fenómeno *CSI*' se tornou sério merecedor de atenção académica e análise intelectual. Este livro constitui prova disso mesmo.

Há vários anos atrás, fui convidado por uma universidade de Singapura para dar uma palestra sobre o contexto político e social das novas tecnologias que se estavam a desenvolver na área da genética molecular humana. Quando comecei a falar de tecnologias forenses, decidi perguntar à audiência de mais de trezentos estudantes e docentes da universidade quantos é que já tinham visto ou ouvido falar de um programa de televisão chamado *CSI*. Quase todos levantaram as mãos. Intrigado com esta reação, decidi colocar a mesma questão alguns meses mais tarde, quando falava em Londres para uma plateia composta sobretudo por cientistas sociais. Os resultados foram semelhantes. Este episódio atesta, apenas com base em mera observação empírica, aquilo que outros já comprovaram com base em dados recolhidos, de forma sistemática, junto de audiências: o *CSI* tornou-se a série policial televisiva mais vista em todo o mundo (Brewer e Ley 2010: 111).

Seja porque os casos criminais mais mediatizados e sensacionalistas são muitas vezes julgados com recurso a júri,[3] seja por influência da ficção policial literária e audiovisual (tanto nos filmes como nas séries televisivas), a imaginação popular parece considerar, acima de tudo, o 'júri' como o principal responsável por determinar a culpa ou inocência daqueles que são acusados e levados a tribunal. Já todos vimos algum programa de televisão ou filme em que a decisão do júri é influenciada pelo trabalho de um zeloso assessor jurídico que aparece, subitamente, à última hora, com uma informação decisiva, virando de forma dramática o caso em apreciação no tribunal – e, graças a isso, faz-se justiça. É por isso que muitos reagem com surpresa ao saber que as condenações que resultam das deliberações de um júri constituem menos de 10 por cento do total das decisões do sistema de justiça criminal de qualquer país. De facto, o público é completamente afastado das deliberações mais importantes que estão na base da condenação ou libertação de um cidadão (seja porque as acusações acabam por ser retiradas pelos queixosos, ou porque nunca chegam a ser feitas formalmente).

---

[3] Júri é o conjunto de cidadãos, escolhido por sorteio, que decide sobre a culpabilidade ou não dos acusados (arguidos) em crimes dolosos contra a vida. Nos Estados Unidos o recurso ao júri (ou jurados) nos julgamentos na área criminal é muito frequente, por ser um sistema de justiça de tipo adversarial, em que o papel do juiz é frequentemente o de um árbitro passivo a quem compete definir as regras do julgamento e a admissibilidade das provas apresentadas. Assim, cabe aos representantes das partes envolvidas argumentar, perante os jurados, acerca da validade e do significado jurídico das provas admitidas a julgamento.

É necessária uma breve contextualização para explicar porque é que tal acontece, e mais importante ainda, porque é que este assunto é fundamental para compreendermos a relevância deste livro.

Há mais de três décadas que se sabe que aproximadamente 90 por cento dos arguidos (ou mais, em algumas jurisdições) que são condenados optam por se declarar culpados sem sequer chegarem a ir a tribunal (Alschuler 1979, Heumann 1978). Esta decisão poupa ao Estado o trabalho de ter de nomear um júri e levar a cabo um julgamento que, muito provavelmente, seria moroso. De facto, se um terço sequer daqueles que estão presos pedisse ou exigisse um julgamento com um júri, o sistema ficaria congestionado durante décadas. Por isso, o acordo entre as partes (*plea bargain*)[4] é uma espécie de pacto com o Diabo, algo de que todos os que fazem parte do sistema de justiça criminal têm perfeita consciência. O segmento da sociedade que ficaria surpreendido com a preponderância dos acordos de sentença, corresponde àqueles que estão fora do sistema de justiça, ou seja, o público em geral. Fascinado, ao longo de décadas, pelos programas de rádio, e mais tarde, por programas de televisão que retratam os procedimentos das pessoas envolvidas em tribunais criminais, desde *Perry Mason* ao *Law and Order*, *The Closer*, *Cold Case* e *Crime Scene Investigation*, o público tem tendência para acreditar que o júri desempenha um papel decisivo na atribuição da culpa ou da inocência.

Os julgamentos com jurados são muito dispendiosos e demorados, e cada um deles exige uma boa dose de esforço e de energia, tanto da parte da acusação como daqueles que têm o papel de defender legalmente os direitos do acusado. Nos Estados Unidos da América (EUA), por exemplo, para compor um júri de 12 membros, o Estado 'convoca', em média, pelo menos 200 cidadãos, para chegar a um processo de seleção em que participam 14 pessoas (incluindo dois suplentes). Ao longo do processo de escolha, cada uma das pessoas chamada a desempenhar esse papel é sujeita a uma série de perguntas com o objetivo de determinar, por exemplo, a sua capacidade de ser imparcial. Além disso, os jurados recebem um pagamento simbólico, e muitos queixam-se de não poderem dar-se ao luxo de ficar sem trabalhar durante períodos de tempo tão prolongados.

Por estas e muitas outras razões, tanto a acusação como os advogados de defesa tendem a preferir fazer um 'acordo fora do tribunal' do que suportar

---

[4] O acordo entre as partes ou acordo de sentença tende a ser associado a sistemas de justiça de tipo adversarial e, geralmente, envolve a admissão de culpa por parte do acusado em troca de um tratamento mais favorável pelo tribunal, por exemplo, na redução da pena.

os custos elevados que um julgamento implica. Assim chegamos a essa forma de negociação tantas vezes opaca, levada a cabo longe do escrutínio público, conhecida por 'acordo de sentença'.

Quando o Ministério Público confronta o acusado com as provas da sua culpabilidade, fá-lo na expectativa de que este confesse o crime. Tomemos como exemplo o caso de um roubo à mão armada que corresponde, nos EUA, a uma pena de prisão de 20 anos. A acusação pode 'negociar' com o acusado, e sugerir que se ele/ela assumir a culpa, a pena de prisão será apenas de sete anos. A negociação é feita, o acordo é selado – não há julgamento!

Nos EUA, quase todas as condenações são obtidas através desta negociação da sentença, longe do olhar público (Oppel 2011:1). Não fazemos a mínima ideia do que acontece durante o processo de negociação, pelo menos do ponto de vista da parte que está mais em risco – o acusado. Agora, graças a este livro, temos pela primeira vez acesso a um manancial de informação relevante sobre o ponto de vista das pessoas que foram presas depois de terem sido condenadas criminalmente. Assim, começa a preencher-se uma lacuna na nossa compreensão sobre o processo de negociação da sentença, na medida em que as autoras ampliam a voz daqueles que até agora têm sido a parte silenciosa desse processo. Ou seja, será que o processo de negociação é também ele afetado pelo chamado efeito *CSI*?[5] O que é que os reclusos pensam sobre o papel das provas de DNA[6] em termos da informação forense que é trazida perante o tribunal? Será apenas mais uma granada no arsenal de munições da acusação quando está à mesa de negociações? Será que o efeito *CSI* penetra na consciência dos arguidos ou réus quando confrontados com o seguinte: 'A prova do DNA está aqui – e é definitiva', e por isso não se empenham em negociar a redução da sentença que lhes é oferecida? Igualmente importante, como é que aqueles que se veem a braços com o sistema de justiça criminal concebem estratégias para evitarem ser apanhados nas malhas do DNA da próxima vez que cometerem um crime? Será que dão tanto crédito à natureza definitiva da prova de DNA, como acontece com a acusação, ou mais ainda? Este livro equaciona cada uma destas questões, e muitas outras.

---

[5] Como é explicado com detalhe no capítulo introdutório deste livro, o chamado efeito *CSI* é geralmente associado com o facto de, alegadamente, juízes e jurados atribuírem mais peso à prova obtida através da aplicação de técnicas de genética molecular do que a outros tipos de prova.

[6] Apesar de por vezes se encontrar a tradução, para português, de "ADN" (correspondente a ácido desoxirribonucleico), optamos por usar a sigla "DNA", correspondente à sua designação em inglês, por ser a abreviatura aprovada pela Sociedade Internacional de Bioquímica (Henriques e Sequeiros 2007).

Nas bases de dados genéticos usadas pelas autoridades de justiça criminal, as amostras são recolhidas nas cenas de crime – tal como é mostrado ao público em geral na popular série de televisão *CSI*. São as chamadas 'amostras forenses', ou 'amostras da cena de crime'. Um segundo tipo de recolha de dados provém da colheita de material biológico em pessoas que são conhecidas e identificadas pela polícia, porque de alguma forma recai sobre eles a suspeita de terem praticado atos criminais. Estas são chamadas de 'amostras conhecidas', 'amostras de infratores', ou 'amostras de sujeitos'. Em agosto de 2011, o Registo Nacional de DNA dos EUA continha mais de 10,061,069 perfis de criminosos, e 388,979 de perfis forenses.[7] Quando alguém que foi detido tem o seu perfil de DNA inserido na base de dados CODIS, este pode ser comparado com milhares de amostras recolhidas em cenas de crime já incluídas nessa base de dados genéticos.

O argumento 'Um num Milhão'

Em que condições é que o sistema de justiça criminal pode concluir que uma determinada amostra de DNA apresenta uma correspondência suficientemente forte com uma amostra já inserida numa base de dados genéticos para que possa levar à acusação de alguém por um crime? Uma amostra forense é uma descrição digitalizada de 26 pontos específicos da molécula de DNA.[8] Estes 26 pontos foram escolhidos por se pensar que são suficientemente diferenciadores de outros segmentos de DNA. Na realidade, traduzem-se em 13 *loci*, mas uma vez que o DNA é uma hélice dupla, resulta então nos 26 pontos.

Se houver *loci* suficientes do DNA do suspeito que correspondam aos do DNA recolhido na cena de crime (e se não for encontrado nenhum que seja diferente), é declarada a correspondência. Uma vez que tal aconteça, produz-se uma estatística que mostra o quão raro (ou comum) é que o perfil genético identificado existe na população em geral. Os estatísticos chamam a isto de 'probabilidade de

---

[7] O Registo Nacional de DNA dos EUA [*National DNA Index System* – NDIS] contém perfis depositados por laboratórios forenses federais, estatais e locais. O NDIS é gerido pelo FBI [*Federal Bureau of Investigation*], agência de investigação tutelada pelo Ministério da Justiça dos EUA, e faz parte do chamado CODIS [*Combined DNA Index System*], que é uma designação genérica para o conjunto de bases de dados genéticos tuteladas pelo FBI, servindo ainda esse acrónimo para designar o programa informático que é utilizado nessas bases de dados. Os números de perfis inseridos no NDIS podem ser consultados em http://www.fbi.gov/about-us/lab/codis/ndis-statistics

[8] Há três biliões de pares de base no genoma humano e, apesar de sermos semelhantes em 99,9 por cento, ainda sobram *vários milhões* de pontos de diferença entre duas pessoas.

correspondência aleatória' e normalmente acontece num número muito pequeno, o que pode ser muito útil para um procurador que tenta obter uma condenação. (Humes 2009: 2)

Em casos não resolvidos, o objetivo é tentar obter uma correspondência tão grande quanto possível dos 13 *loci*. Contudo, quando estamos perante uma base de dados com centenas de milhares de perfis de DNA, *em vez do perfil de um suspeito específico*, os estatísticos por norma reconhecem que a Probabilidade de Correspondência Aleatória (*Random Match Probability*) é erradamente formulada do ponto de vista estatístico. A questão que deve ser respondida é qual a probabilidade de a tecnologia identificar por engano uma pessoa inocente.

No outono de 2006, o Congresso norte-americano votou uma lei a autorizar um estudo exaustivo sobre a ciência forense – efetuado pelo Conselho Nacional de Investigação [*National Research Council*]. O relatório, *Strengthening Forensic Science in the United States: A Path Forward* [*Reforçando a Ciência Forense nos Estados Unidos: Um Rumo em Frente*], foi divulgado no início de 2009 e levantou sérias questões sobre a forma como a ciência tem vindo a ser negligenciada, e nalguns casos mesmo descartada, no discurso dos peritos convocados pela acusação:[9] 'Não há uniformidade na certificação dos peritos forenses, ou na acreditação dos laboratórios criminais' (National Research Council 2009: 6).

De facto, veja-se o que consta numa carta enviada ao Supremo Tribunal no caso *People v. Johnson* [139 California Appeal – Tribunal de Recurso da Califórnia – 4th 1135 (2006)] assinada por 25 estatísticos de renome:

> O facto de um suspeito ser inicialmente identificado através da pesquisa numa base de dados altera de forma inquestionável a probabilidade de a sua correspondência ser uma coincidência. ... Todos concordamos que o facto de um suspeito ser identificado através de uma pesquisa numa base de dados genéticos deve ser tida em conta (por exemplo, quando se procura avaliar as probabilidades de haver uma correspondência acidental).

Este argumento tem uma repercussão importante em todos os casos por resolver, mas sobretudo naqueles em que é a única prova existente. Vejamos o caso de John Davis. Trata-se de um preso, do estado da Califórnia, que foi associado a uma violação seguida de homicídio que aconteceu em São Francisco em 1985. A associação foi obtida através daquilo que no jargão policial anglo-saxónico é

---

[9] Disponível no sítio web da National Academy Press http://www.nap.edu/catalog/12589.html

denominado de um '*cold-hit*', ou seja, um caso em que a amostra é colhida de um suspeito e uma pesquisa na base de dados revela uma correspondência com casos não resolvidos. Davis tinha sido preso por furto, e o seu DNA foi recolhido e inserido na base de dados estadual:

> 'A única prova contra ele era o DNA (a correspondência), aliada ao facto de ele ter vivido na zona naquela altura'. ... A ... correspondência foi obtida após se ter conseguido extrair DNA do sémen encontrado no corpo da vítima de homicídio. ... a correspondência foi considerada válida em 13 secções diferentes, ou *loci* ... [e] uma correspondência de 13-*loci* é inquestionável ... (Jefferson 2008).

Contudo, a advogada de defesa de Davis, Bicka Barlow, tinha também um grau académico em genética. Barlow tinha lido sobre um caso interessante no Arizona, em que duas pessoas tinham uma correspondência de nove *loci*. Segundo aquilo que o conhecimento estatístico convencional é capaz de garantir, a probabilidade de existir uma correspondência aleatória de nove *loci* seria de uma num milhão. Bicka Barlow solicitou mais informação sobre este caso e ficou a saber, em novembro de 2005, que a base de dados criminal do Arizona continha perfis genéticos de 65,493 infratores e, 'nesse grupo, 122 pares de pessoas tinham perfis de DNA que correspondiam em nove *loci* e 20 pares de pessoas tinham perfis que correspondiam em 10 *loci*' (Jefferson 2008: 32).

Esta história transforma-se num melodrama interessante em torno da busca da verdade *versus* os imperativos organizacionais do FBI e o interesse dos advogados da acusação na proteção da imagem da tecnologia do DNA enquanto prova definitiva em casos não resolvidos e entretanto já arquivados. Barlow divulgou na Internet os resultados da sua pesquisa para dar a conhecer a outros defensores públicos aquilo que encontrou. Depois disso, intimou o Departamento de Justiça da Califórnia para obrigar o laboratório forense estatal a analisar a frequência com que estas correspondências inesperadas surjam na base de dados criminal da Califórnia.

> O FBI enviou um alerta nacional [para os laboratórios forenses] que dizia 'avisem--nos caso recebam algum pedido semelhante', afirmou ela e '...o Procurador-Geral do Arizona enviou-me por fax uma carta do CODIS que basicamente dizia, "se não tirares isto [o *post* que Barlow divulgou no site da Internet], impedimos o teu Estado de participar na base de dados nacional"' (Jefferson 2008: 33).

Um juiz de São Francisco recusou-lhe autorização para investigar a base de dados da Califórnia.

Ciência Forense *versus* Ciência

Barlow não está sozinha no seu ceticismo em relação ao uso da tecnologia de DNA para obter correspondências em casos já arquivados mas ainda por resolver. Erin Murphy (2007) levantou questões semelhantes sobre os limites do grau de certeza neste tipo de correspondências. No entanto, este é um mundo em que o efeito *CSI* conquistou o imaginário público, e em que a prova de DNA tende a ser vista como praticamente infalível (Williams 2004).

Hoje temos alguns dados que sugerem que quando os acusados são confrontados com a 'informação' de que há provas de DNA contra eles, ficam mais predispostos a encará-las como 'provas definitivas' – e assim, mais inclinados para aceitar acordos de negociação da sentença que serão menos vantajosos para eles (Prainsack e Kitzberger 2009). Murphy (2007) e outros autores sublinharam já a disseminação do efeito *CSI* junto do público em geral. Mas o trabalho de Prainsack e Kitzberger (2009) sugere que há circunstâncias que aumentarão de forma previsível as probabilidades dos acusados serem mais suscetíveis ao efeito *CSI*, isto é, a tendência para acreditarem que a prova de DNA é suficiente para garantir uma condenação. O trabalho que realizaram na Áustria, com entrevistas junto de indivíduos condenados, mostra o quanto a *Mística do DNA* (Nelkin e Lindee 1995) se tornou uma espécie de dado adquirido dos nossos tempos. Uma vez que a acusação começou também a ter mais consciência deste facto, pode-se dizer àqueles que são detidos e acusados de um crime que se encontrou 'uma correspondência de DNA' – quer se tenha, quer não!!! E isto é permitido por lei. Em segundo lugar, haverá cada vez mais casos a serem apresentados aos procuradores que resultam de correspondências entre perfis de 'criminosos conhecidos' – entre os quais tende a aumentar o número daqueles que são meramente detidos – e perfis de casos por resolver que se encontram armazenados nas bases de dados. Estes dados remetem-nos para uma distinção crucial entre ciência e ciência forense. Um dos aspetos fundamentais da ciência é a replicação dos seus resultados por um investigador independente. Se um investigador afirma que fez uma descoberta com base em dados empíricos, ele ou ela deve divulgar o seu método de pesquisa e permitir o escrutínio dos seus procedimentos, para que outros cientistas possam determinar se a sua descoberta foi falsificada, manipulada, se foi um acaso, se é de facto replicável, etc. Em tribunal isto não acontece com as provas provenientes da correspondência de DNA. Os laboratórios forenses são por norma propriedade de agências governamentais que *recusam* a admissibilidade do trabalho feito por laboratórios independentes, 'de fora', com capacidade para utilizar os mesmos 'métodos científicos' a fim de corroborar ou refutar o resultado de uma correspondência de DNA (Murphy 2007). Esta barreira à comparação de análises laboratoriais não é ciência – mas é o estado atual da ciência forense. O que está em causa não é apenas a reputação científica de um investigador sénior – os riscos podem envolver a condenação de uma pessoa inocente à pena de morte, ou a prisão perpétua de um cidadão erradamente acusado de violação e homicídio.

Com este livro de Helena Machado e Barbara Prainsack ficamos a saber que as opiniões sobre uma base universal de dados genéticos (isto é, uma em que todos os residentes de um país têm o seu DNA inserido numa base de dados nacional) diferem de forma radical em Portugal e na Áustria. Em 2005, Portugal anunciou um plano para criar uma base universal de dados genéticos (ver Capítulo 3 sobre o desenrolar desta questão). Nunca foi concedido financiamento para este projeto, por isso, na prática este plano nunca se concretizou. No entanto, revela o quão incontroversa seria esta proposta, pelo menos ao nível político. Num acentuado contraste, ficamos a saber que os austríacos se opõem veementemente a uma base de dados nacional com as mesmas características.

Estes dados evocam a profunda divisão verificada nos EUA, em que os brancos são mais propensos do que os negros a apoiar a recolha 'neutra' de DNA a uma grande parte da população (Duster 2006a). Tanto para austríacos como para afro-americanos nos EUA, as memórias indeléveis da história social do passado recente do século XX, desempenham um papel central no seu ceticismo sobre a neutralidade de bases de dados universais. Nos EUA, parte da história continua a fazer-se sentir sobretudo devido à diferença racial tão acentuada que se verifica nas detenções relacionadas com droga.

Sabemos que os afro-americanos são detidos por delitos menores, como a posse de marijuana, a uma taxa de pelo menos cinco vezes mais do que os brancos, apesar de haver provas concretas que demonstram que o consumo (e posse) de marijuana é mais comum entre brancos do que entre negros, em todas as faixas etárias (Levine e Small 2008). O DNA de detidos está a ser recolhido de forma cada vez mais rotineira (hoje em dia nos EUA há 12 Estados que fazem recolha de DNA a pessoas que estão apenas sob detenção), e assiste-se, assim, a um novo tipo de convergência que prenuncia um aumento das disparidades raciais nas condenações e nas taxas de encarceramento. Como foi sublinhado, a grande maioria das pessoas que são condenadas criminalmente assumem-se como culpadas, sem que o seu caso alguma vez vá a julgamento.

Parte desta história prende-se com os discursos da acusação quando afirmam que a impressão digital de DNA é uma prova inquestionável, definitiva.

Tanto num livro recente de Lynch et al. (2008), como nas últimas pesquisas de Kahn (2009) e Murphy (2007, 2008) encontramos relatos dos momentos históricos que marcaram a evolução da construção destes argumentos. Mas existe um outro lado que tem que ver com a já antiga questão dos equilíbrios entre segurança e liberdade – as 'necessidades especiais' do Estado para proteger os seus cidadãos *versus* o direito individual à privacidade. Por exemplo, há limites constitucionais que impedem o Estado de entrar em nossas casas e faça buscas aos nossos bens sem ter uma boa justificação (mandado). Contudo, o governo pode, e faz, buscas ao nosso DNA – como veremos – sem qualquer outro 'motivo' senão o facto de os nossos dados terem aparecido numa base de dados genéticos devido à arbitrariedade de forças sociais e políticas. Ao longo das últimas três décadas, a população prisional dos EUA aumentou de forma drástica, mais do que duplicando, ao ponto de hoje ter encarcerados mais de dois milhões dos seus cidadãos (Austin et al. 2007). Muitos acabam presos porque viviam em comunidades onde a polícia faz uso sistemático de operações antidroga do género provocatório, onde agentes policiais procuram adquirir estupefacientes para deter o vendedor, operações conhecidas como '*buy and bust*' ('compra e prende'). Para muitos, pode ser uma novidade saber que estas operações policiais são raras em zonas maioritariamente habitadas por brancos, onde o uso de droga é *comparativamente mais elevado* do que em comunidades afro-americanas e latinas (Levine e Small 2008). À medida que mais e mais detidos são registados nas bases de dados genéticos forenses nacionais, vemos que há uma intersecção cada vez mais volátil entre raça e etnia por um lado, e a 'certeza' do DNA forense, por outro. Isto leva-nos à necessidade de equacionarmos o erro comum sobre a validade do uso da prova de DNA na exoneração *versus* condenação. Erin Murphy recorre a uma analogia ilustrativa para explicar porque é que as duas estratégias envolvem dois níveis de certeza muito diferentes:

> ... o uso do perfil de DNA para incriminar uma pessoa – e com isto quero dizer que o suspeito é provavelmente a origem da amostra – difere em grande medida do seu uso para o inocentar. A analogia mais simples é a do tipo de sangue. Imagine-se uma cena de crime em que a polícia encontra uma amostra de sangue que pertence a um homicida. Os técnicos da cena de crime testam a amostra de sangue e revelam que é do tipo O. Mais tarde, a polícia encontra dois suspeitos e retira-lhes uma amostra de sangue. Um dos suspeitos é do tipo AB; o outro é do tipo O. Podemos, sem margem para dúvidas, dizer que a primeira pessoa não é o homicida, mas no que respeita ao segundo suspeito, podemos apenas dizer que

se encontra numa categoria de pessoas que inclui o assassino. A probabilidade de ser de facto o assassino é tão grande quanto o número de outras pessoas que têm aquele tipo sanguíneo, bem como outro tipo de provas que sejamos capazes de apresentar. (Murphy 2008: 493)

Algumas das diferenças entre a Áustria e Portugal podem ser explicadas pela respetiva história social de cada um dos países. No Capítulo 2 deste livro, que foca a Áustria, ficamos a perceber que a relutância em aceitar um sistema que reúna o DNA de toda a população está relacionada, em grande medida, com a falta de transparência do modo como funcionam as 'redes de poder'. Assim, não é tanto uma questão de haver à partida um ceticismo por parte dos cidadãos sobre a legitimidade científica do DNA forense, mas sim de existir uma ansiedade geral face aos interesses poderosos e secretos, a que se junta o medo da corruptibilidade daqueles que fazem parte dessas obscuras redes de poder. Isto não equivale a subvalorizar o contexto sociopolítico mais alargado, caracterizado pela antipatia que os austríacos sentem face às tecnologias genéticas – que se reflete, por exemplo, numa forte rejeição a alimentos geneticamente modificados. Em vez disso, deverá ser colocada maior ênfase nos relatos sensacionalistas dos meios de comunicação social sobre a existência de amostras de cenas de crime contaminadas em laboratórios, como os que se registaram no caso do 'fantasma de Heilbronn' (ver Capítulo 2). Durante mais de uma década, a polícia procurou uma mulher que supostamente tinha deixado vestígios do seu DNA numa grande variedade de cenas de crime, mas só mais tarde se veio a saber que se tratava de uma operária fabril que estava encarregue de empacotar as zaragatoas de algodão que eram usadas nas recolhas de vestígios de cenas de crime e que terá contaminado esses materiais.

Em nítido contraste com o mau estar e ceticismo geral revelado pelos austríacos sobre o poder policial não-escrutinado, os portugueses tiveram uma longa e ininterrupta história de aceitação passiva da recolha de dados pessoais por parte do Estado. Ficamos a saber que Portugal tem uma história de classificação e registo dos seus cidadãos, e de emissão de cartões de identificação com base nessa mesma informação pessoal, que remonta a mais de um século antes do aparecimento da tecnologia de DNA. No final da década de 1920, surgiram novas leis que tornaram obrigatórias as impressões digitais de todos os que se candidatassem ao ensino secundário ou à universidade. Em 1944, o Departamento de Serviços de Identificação criou um sistema que obrigava tanto o cidadão comum como os criminosos condenados a fornecerem as suas impressões digitais para um cartão de identificação. Por isso, existe em Portugal um longo historial de consentimento por parte dos seus cidadãos em colaborar com o Estado na recolha de dados pessoais. Este historial criou as condições para a divulgação, em 2005, que o governo estaria a preparar legislação pioneira em matéria de DNA, tornando-se o primeiro país a solicitar que todos os cidadãos e residentes vissem registado o seu perfil de DNA numa base de dados universal. Por várias razões que nada tiveram que ver com a reação pública (que, na verdade, não existiu), este plano nunca chegou a ser implementado.

Se esta história social oferece um contexto de análise útil e importante, o capítulo sobre Portugal (Capítulo 3) traz ainda um outro contributo analítico no que diz respeito à forma sensacionalista como os média retratam a criminalidade, o que poderia reforçar a convicção da população em aceitar de imediato uma eventual colaboração com uma base de dados genéticos universal. Contudo, há alguns 'desvios' importantes nesta matéria – particularmente o novo desenvolvimento que diz respeito à inclusão na base de dados genéticos portuguesa da classificação étnica juntamente com outros dados de identificação. Como demonstrei noutro lugar (Duster 2006a), estes são aspetos problemáticos, se não mesmo preocupantes. Logo que o material genético possa ser agrupado por categorias étnicas e raciais, poderá haver uma forte propensão para relacionar as duas – e qualquer associação pode facilmente ser transformada em ilações apoiadas numa suposta legitimidade científica, avançando-se explicações genéticas para o complexo comportamento humano. Estamos neste caso perante um desenvolvimento novo em Portugal, uma vez que as estatísticas criminais até agora têm sido organizadas apenas por nacionalidade.

Tendo em conta as diferenças consideráveis na história e nas políticas estatais relativamente à recolha de DNA, é quase contraintuitivo verificar-se que um terço dos casos dos reclusos austríacos entrevistados tinha envolvido provas de DNA, enquanto apenas menos de dois por cento dos reclusos portugueses tinham sido implicados pelo DNA. O facto de haver uma muito maior aceitação pela parte dos portugueses em usar estas tecnologias, levaria a crer que estes números seriam inversos.

Talvez o dado mais interessante seja o facto de os presos afirmarem que, quando se trata de DNA, 'as provas não mentem' e quando o DNA se revela inconclusivo ou indeterminável, atribuem-no a erro humano ou a manipulação propositada. Ou seja, os reclusos caem no mesmo erro que a população em geral ao acreditarem que uma não correspondência de DNA é tão definitiva quanto o seria uma correspondência. Como já foi referido, uma 'correspondência total' está dependente do pressuposto de que não existem outras correspondências possíveis, ou de que as probabilidades são tão astronomicamente baixas que dificilmente seriam conclusivas. Por sua vez, está dependente do uso correto de parâmetros populacionais apropriados e *socialmente relevantes* – bem como um conjunto de outras decisões tomadas pelos peritos que nunca podem ser isoladas do respetivo contexto. É claro que a possibilidade de erro humano acidental existe sempre – mas mais perturbador é saber-se que vários laboratórios já cometeram erros sucessivos nos seus relatórios de correspondências, os quais facilmente poderiam ter sido detetados caso tivesse havido um mínimo de reavaliação por analistas independentes.

No final de 1999, e depois de nove meses de inquirições, foi revelada a forma como a polícia da divisão de Rampart, do Departamento da Polícia de Los Angeles, 'plantava' drogas e armas nos arguidos para garantir a sua condenação – maioritariamente afro-americanos e latinos – e depois testemunhava em tribunal, sob juramento, que tinha encontrado essas provas no local.[10] Estes esquemas vieram a público apenas porque um agente da polícia que trabalhava numa unidade especial de Rampart (Recursos Comunitários Contra Criminosos de Rua), começou a testemunhar contra os seus colegas enquanto aguardava julgamento para responder pela segunda vez por acusações de roubo de cocaína confiscada. Este agente, Rafael Perez, testemunhou que ele e outros polícias tinham colocado armas nos suspeitos, fabricado provas relacionadas com drogas, e mentido nos relatórios de detenção. Como resultado, mais de 120 arguidos criminais viram as suas condenações anuladas, e foram pagos mais de 42 milhões de dólares em indemnizações (Glover e Lait 2003).

Nos últimos 10 a 15 anos, vieram a público grandes escândalos de corrupção policial em Dallas, Nova Orleães, Filadélfia e Chicago. Em Dallas, a polícia incriminou e conseguiu que fossem deportados 39 latinos, ao testemunhar que estes estavam na posse do que diziam ser cocaína. Acabou por vir a saber-se que a substância apreendida era gesso, e não cocaína (Harrison 2002). Também relevante é o caso infame de uma apreensão de droga em Tulia, Texas, em que um polícia corrupto prendeu e depois ajudou a condenar cerca de três dúzias de pessoas através da colocação de drogas e falsos testemunhos. Estas condenações foram mais tarde revogadas, quando o Governador concedeu perdão a

---

[10] As próximas três páginas são adaptadas de um artigo que publiquei no *Journal of Law, Medicine and Ethics* (Duster 2006a).

35 pessoas, e o polícia foi acusado de perjúrio (Gold 2003). Este caso só conquistou a atenção nacional após Bob Herbert ter decidido fazer uma série de revelações na sua coluna no jornal *The New York Times*.

Devem bastar apenas mais alguns exemplos para revelar os contornos de uma tendência nacional que se verifica nos EUA, e que desenham um mosaico de pontos e linhas que podem ser ligadas mostrando que há motivos plausíveis para suscitar suspeição. No início da década de 1990, no 39º distrito policial de Filadélfia, cinco polícias deram-se como culpados de incriminar suspeitos, subornar testemunhas, e fabricar provas – resultando na revogação de mais de 50 condenações e na investigação de vários milhares de detenções. Lynn Washington, professor de direito e editor do *Philadelphia New Observer*, identificou fatores mais complexos envolvidos neste caso, afirmando que 'o que é mais perturbador na corrupção em Filadélfia, é que o Procurador-Distrital sabia o que os polícias andavam a fazer, mas foi conivente com a prática de provas fabricadas porque isso aumentava as taxas de condenação' (Parenti 1996). Também a polícia da cidade de Nova Iorque foi atingida por um escândalo parecido, quando 16 polícias da 48ª esquadra do Bronx foram detidos e indiciados por 'crimes que iam desde a falsificação de provas, ao roubo de dinheiro e armas que provinham de buscas ilegais a apartamentos'.

É possível acrescentar ainda mais motivos para explicar este ceticismo se olharmos para os fundamentos em que se apoiam as diferentes opiniões sobre o grau de 'certeza' atribuído atualmente aos testes de DNA. Por um lado, é possível exonerar uma pessoa condenada por um crime, quando a análise do DNA da cena de crime não corresponde ao da pessoa que foi condenada. Por outro lado, torna-se possível a detenção e condenação de alguém que antes não era considerado suspeito, quando há uma correspondência entre o seu DNA e o DNA encontrado na cena de crime. Se o DNA é a única prova contra o acusado no contexto em que ocorreram estes escândalos, vemos porque é que alguns receiam o potencial abuso por parte de agentes de polícia de má-fé, determinados a obter condenações. Ou seja, se a polícia consegue atribuir armas e cocaína àqueles contra quem vai depois testemunhar para obter uma condenação, *de certeza* que também consegue 'plantar' DNA. A legitimidade do sistema de justiça criminal assenta em primeiro lugar na aplicação justa das leis. Quem (ou que segmento da sociedade) acreditaria que a polícia pudesse realmente fabricar provas de DNA ou, mesmo imaginando que o fizesse, que a prova de DNA seria suficiente para obter uma condenação sem qualquer outra prova circunstancial?

Conclusão

A resposta a esta última questão é vital para compreendemos como e quando é que as engrenagens do sistema de justiça criminal deixaram de estar bem articuladas – e de como é que isso pode gerar uma 'crise de legitimidade' dos principais intervenientes. O trabalho de Machado e Prainsack permite-nos entrar na 'caixa negra' do processo de negociação da sentença, e ao fazê-lo dá-nos os primeiros dados para preencher a nossa falta de conhecimento sobre o modo *como é feita justiça*. O velho *cliché* segundo o qual ninguém quer realmente saber como são feitas a cerveja e as salsichas é uma metáfora que se aplica bem à justiça, mas pode impedir as nossas capacidades coletivas para reduzir a injustiça. No Posfácio deste livro, Robin Williams faz uma excelente síntese da pesquisa na área das ciências humanas e sociais sobre DNA forense, assinalando que este é o primeiro livro que analisa de forma sistematizada o modo como os reclusos experienciam esta nova tecnologia. Este é um primeiro passo que deixa uma importante porta aberta. É provável que sirva de inspiração para que se leve a cabo uma tão necessária pesquisa sobre este tema, muito em especial no país com as mais altas taxas de encarceramento do mundo, os EUA. Nos últimos 30 anos, este país teve um aumento de 500 por cento de cidadãos postos atrás das grades, perfazendo agora um total de 2.3 milhões. E por que processo terão sido lá colocados?

GRÁFICO 1
Reclusos sob Jurisdição Estatal ou Federal (1977-2004) nos EUA

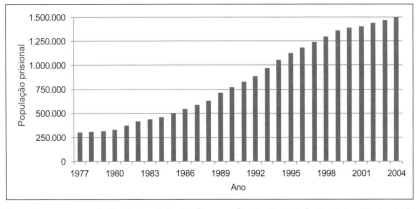

Fonte: Departamento de Estatísticas da Justiça (Bureau of Justice Statistics), Estatísticas Nacionais de Reclusos (National Prisoner Statistics – NPS-1)

No final de setembro, em 2011, o *New York Times* publicou uma história na primeira página, com notícias surpreendentes sobre o facto dos acordos de sentença serem ainda mais comuns do que investigações anteriores mostravam. Hoje em dia, na maior parte das jurisdições, o acordo prejudicial chega a um total de 97 por cento de todas as condenações (Oppel 2011:1). As páginas que se seguem oferecem-nos um modelo útil para contextualizar dados como estes – recorrendo à história política e social dos Estados-nação para situar e explicar os níveis de aceitação pública relativamente à expansão das tecnologias forenses de DNA.

CAPÍTULO 1

TECNOLOGIAS QUE INCRIMINAM

O corpo humano, por onde passa, deixa vestígios que podem permitir tirar ilações se uma pessoa esteve num determinado lugar ou em contato com outra pessoa ou objeto. Este facto faz com que a capacidade do conhecimento científico e tecnológico para detetar a presença de vestígios humanos numa cena de crime seja uma ferramenta preciosa do sistema de justiça criminal na árdua e complexa tarefa de identificar autores de crime. Crucial na investigação criminal é aquilo que hoje alguns designam por 'bioinformação', para se referirem aos dados que provêm da análise de uma variedade de características físicas e biológicas da pessoa (Nuffield Council on Bioethics 2007: 5). Esses dados podem incluir vestígios de DNA e impressões digitais, mas também outro tipo de elementos, como, por exemplo, *scan* da íris, fotografias ou imagens recolhidas por câmaras de vigilância.

O papel de destaque que as provas produzidas com base em vestígios físicos e biológicos do corpo humano, de um modo muito particular as provas baseadas em resultados do uso de técnicas de genética molecular (vulgarmente conhecidas por tecnologias de DNA), tornou-se tão importante que este livro tem como enfoque principal compreender o impacto criado por estas 'tecnologias que incriminam', a partir do olhar de um grupo social muito particular: indivíduos condenados a pena de prisão pela prática de crime.

Estas 'tecnologias que incriminam' ganharam relevo não só nas investigações criminais e nos julgamentos dos tribunais, mas também no imaginário público, em virtude de séries televisivas como *Crime Scene Investigation* – *CSI* – a mais popular série policial no mundo (Brewer e Ley 2010: 111). Estudiosos e peritos em vários países falam de um 'efeito *CSI*' que designa, em traços gerais, a ideia de que a grande popularidade desta série de televisão tem vindo a criar visões idealizadas e ficcionais sobre como atuam e como deveriam, idealmente, atuar as tecnologias forenses, ou seja, as tecnologias que estão ao serviço da descoberta das circunstâncias em que ocorreu um determinado crime. Mais à frente explicaremos com detalhe em que consiste o fenómeno social do 'efeito *CSI*'.

Este livro foca as perceções sobre tecnologias forenses partilhadas por um grupo – os reclusos – que até agora tem recebido relativamente pouca atenção na discussão sobre os benefícios e riscos inerentes ao uso de tecnologias de DNA. O nosso estudo foi levado a cabo em dois países – Áustria e Portugal – o que nos permitiu alcançar conclusões que, hipoteticamente, podem assumir um carácter transnacional. Ou seja, alguns dos resultados obtidos nesta pesquisa muito possivelmente podem ser verificados noutros países. Em primeiro lugar, encontrámos semelhanças nas opiniões dos presos em ambos os países: os nossos dados sugerem que pode, de facto, existir um imaginário coletivo partilhado relativamente ao papel das tecnologias de DNA no combate ao crime; e que este conjunto de perceções pode derivar, em primeira instância, do contacto com séries policiais norte-americanas centradas na ciência e tecnologias forenses, como é o caso do *CSI*. Em segundo lugar, a dimensão comparativa possibilitou-nos identificar áreas em que os reclusos austríacos e portugueses adotam perspetivas diferentes, como por exemplo, relativamente à recetividade de se criar em cada país uma base de dados genéticos com finalidades de investigação criminal que reúna informação de todos os cidadãos (condenados e não condenados). Este cenário de uma base de dados forense 'universal' foi apoiado por muitos dos nossos entrevistados portugueses, mas por nenhum dos austríacos. As diferenças e semelhanças encontradas entre os presos austríacos e portugueses na avaliação e atribuição de sentido que fazem às tecnologias forenses, levantam a seguinte questão, complexa e intrigante: quais serão os efeitos que os diferentes contextos jurídico-legais, políticos e históricos podem ter no entendimento que reclusos de países diferentes fazem das tecnologias empregues na análise da cena de crime, e do seu respetivo uso no sistema de justiça criminal?

Este livro explora também as descrições e interpretações que os reclusos fazem das regras e práticas seguidas pela polícia no uso de vestígios corporais como meio para estabelecer uma relação entre um ato criminal concreto e o corpo de uma pessoa específica. Em que medida é que a perceção dos presos sobre as 'tecnologias que incriminam' está ou não relacionada com as ideias dominantes sobre as tecnologias forenses divulgadas em programas de televisão do género do *CSI* e outros meios de comunicação social? Uma forma de responder a esta questão de partida é explorar os nexos de causalidade entre crime, tecnologia e os meios de comunicação social a partir das narrativas dos presos que entrevistámos. Os olhares dos reclusos prisionais sobre o valor da ciência e da tecnologia no combate ao crime estão intrinsecamente interligados com as imagens culturais disseminadas pelos meios de comunicação sobre as tecnologias de DNA e outros métodos de investigação criminal. Não significa isto que as visões dos presos se limitem a reproduzir os conteúdos projetados pelas séries televisivas e outras construções populares sobre o papel da ciência avançada na investigação do crime. As perspetivas que este livro explora partem de experiências concretas com o mundo do crime e com a justiça – são, em suma, fragmentos de histórias da vida real.

Tecnologias Forenses na Era do *CSI*

Na história da identificação criminal, o século XX foi a 'Era da Dactiloscopia', isto é, da disseminação e da elevada credibilidade conferida às análises das impressões digitais nos processos de investigação criminal (Cole, 2001). Neste livro defendemos a ideia que vivemos hoje, em pleno século XXI, a 'Era do *CSI*'. Que diferenças e semelhanças existirão entre ambas?

A dactiloscopia é o método de identificar impressões digitais e baseia-se na comparação entre duas (ou mais) impressões digitais dos dedos humanos, palma da mão ou mesmo dedos dos pés, para determinar se estas impressões são provenientes do mesmo indivíduo. Nunca foram encontradas duas pessoas com as mesmas impressões digitais, nem mesmo em gémeos idênticos. As impressões digitais são características físicas que se desenvolvem antes do nascimento e permanecem inalteráveis durante toda a vida. Apesar de ser frequente considerar-se que o final do século XX marcou a viragem da era da dactiloscopia para a era do DNA (anunciado como o novo 'padrão de ouro' das técnicas de identificação), as impressões digitais continuaram a ser o método mais comumente usado para identificação na investigação forense de cenas de crime (Bradbury e Feist 2005, McCartney 2006a, Nuffield Council on Bioethics 2007: 15). Isto levanta a questão de saber porque é que a prova de DNA tem ganho tamanha importância tanto no meio académico (quando se trata de discutir o impacto da ciência e tecnologia na justiça) como no âmbito público e televisivo, quando há outros métodos forenses que são igualmente importantes relativamente ao número de casos que ajudam a resolver: será apenas porque as tecnologias de DNA são mais recentes e, portanto, mais entusiasmantes devido ao fator 'novidade'?

A análise forense de DNA normalmente implica comparações entre perfis genéticos extraídos de amostras biológicas recolhidas de um local, objeto ou pessoa que se pensa estar associado a um crime, para determinar a probabilidade de esses vestígios provirem de determinada pessoa (por exemplo, de um suspeito ou de uma vítima). O DNA de um indivíduo é único, exceto quando estamos perante gémeos idênticos. Todas as substâncias biológicas recolhidas nas cenas de crime, como sangue, cabelo, sémen, urina, pele, saliva, suor e lágrimas, contêm DNA. Uma amostra de DNA pode também ser obtida através de um esfregaço bucal a uma pessoa já identificada – esse método consiste em escovar ligeiramente o interior da bochecha com uma zaragatoa,[11] de maneira a recolher saliva e células – ou pela recolha de amostras de cabelo (incluindo as raízes, uma vez que contêm as células necessárias para análise), de amostras de sangue (geralmente, nos dias de hoje, através de uma picada no dedo[12]), ou raspando uma parte do corpo para retirar uma pequena amostra da pele de uma pessoa.[13]

Neste livro exploramos também como é que a investigação criminal tem vindo, na era da presença da genética no sistema de justiça criminal, a ser alvo das mensagens culturais dos média, alimentando assim um fenómeno a que chamamos a 'Era do *CSI*'. As representações televisivas das investigações criminais colocam a tónica na tecnologia: os heróis das séries policiais já não são os detetives, mas sim as tecnologias de identificação forense (Kruse 2010a), em especial a prova de DNA, simbolizando uma ideologia em que as máquinas são mais confiáveis e 'seguras' do que a ação e conhecimento humanos.

Os estudos académicos sobre a forma como os meios de comunicação social retratam os usos das tecnologias de investigação forense no trabalho da investigação criminal, e os efeitos que podem ter no seio de públicos diferenciados, têm aumentado nos últimos anos, sobretudo nos EUA, país com um sistema de justiça de tipo adversarial, em que jurados e advogados assumem protagonismo na barra dos tribunais: os jurados (cidadãos) podem decidir sobre a culpabilidade ou não dos acusados (réus) e cabe aos representantes das partes envolvidas argumentar acerca da validade e do significado jurídico das provas admitidas a julgamento; enquanto o papel do juiz é frequentemente o de um 'árbitro passivo' ao qual compete definir as regras do julgamento e a admissibilidade

---

[11] Haste com uma pequena esponja na extremidade – por exemplo, cotonete.

[12] Uma forma de recolher amostra de sangue é a punção venosa (introdução de agulha na veia). Mas atualmente esse método de recolha é considerada, em muitas jurisdições, uma prática que pode violar a integridade física e moral do indivíduo. Deste modo, a prática mais habitual é a punção dactilar (vulgarmente conhecida por 'picada no dedo').

[13] O método de raspagem para recolha de pele é usado na Áustria – raspagem da zona da testa ou pescoço – quando as pessoas que são obrigadas por lei a fornecer uma amostra biológica se recusam a cooperar. Em Israel, em contraste, as raízes do cabelo são as únicas amostras que podem ser recolhidas pela força (quando o suspeito se recusa a fornecer voluntariamente uma amostra (Zamir et al. 2011). Estas práticas de recolha de amostra ilustram com clareza as diferentes noções culturais e jurídicas sobre qual é o método menos intrusivo fisicamente de obter DNA de alguém que não coopera.

das provas apresentadas. O principal objeto de estudo tem sido o efeito *CSI* nos espectadores deste tipo de série televisiva (Brewer e Ley 2010, Cavender e Deutsch 2007, Schweitzer e Saks 2007) e nos jurados, mas também nos juízes e nos próprios investigadores policiais (Cole e Dioso-Villa 2007, 2009, Durnal 2010, Huey 2010, 2008, Shelton et al. 2006).

Apesar de não haver consenso sobre se existe ou não um 'efeito *CSI*', e exatamente em que é que esse fenómeno consiste (ver Ley et al. 2010), este é geralmente associado com o facto de, alegadamente, juízes e jurados atribuírem mais peso à prova obtida através da aplicação de técnicas de genética molecular do que a outros tipos de prova. As histórias policiais inspiradas em tecnologias forenses avançadas fazem circular imagens culturais que refletem uma ideia dominante, e tomada como verdadeira e absoluta, em relação ao trabalho dos investigadores e ao poder decisivo das técnicas de identificação forense – sobretudo a perceção sobre a prova de DNA como sendo uma 'prova infalível'. Este imaginário é construído e propagado não só pelas séries televisivas centradas na ciência forense na luta contra o crime, mas também por jornalistas, advogados e outros atores do sistema de justiça, como juízes, procuradores e a própria polícia.

Em suma, a literatura existente sobre o suposto efeito *CSI* tem discutido principalmente a influência das séries televisivas em moldar a perceção sobre a tecnologia de DNA, os procedimentos rotineiros de análise da cena de crime, e as etapas do processo de identificação de infratores criminais junto de audiências que geralmente estão distantes do 'mundo real' da investigação criminal e do trabalho dos tribunais. Daí o foco principal ter incidido sobre a influência que séries como o *CSI* têm nos jurados – cidadãos comuns convocados pelos tribunais para avaliar casos criminais que podem ser complexos e que podem envolver provas de DNA. Contudo, não tem sido dada suficiente atenção às perspetivas dos presos,[14] e é precisamente essa lacuna que este livro procura colmatar: um dos nossos objetivos é tentar saber até que ponto é que estas imagens culturais são (ou não) reproduzidas pelos reclusos prisionais.

A crença de que as perceções e práticas das pessoas relativamente à prova de DNA têm sido influenciadas pelas mensagens mediáticas tem merecido tanta atenção na literatura académica (por exemplo, ver Cole e Dioso-Villa 2007, 2009, Podlas 2006, Robbers 2008, Tyler 2006) que alguns autores começaram

---

[14] Algumas abordagens parcelares das visões dos presos podem ser encontradas em Duster (2004, 2006a), Machado et al. (2011), Machado, Santos e Silva (2011), Prainsack 2010b, Prainsack e Kitzberger 2009, e também Bhati (2010).

inclusivamente a falar do 'efeito do efeito *CSI*': o fenómeno segundo o qual *as suposições* sobre o tipo de mudanças que as expetativas e comportamentos sociais face às tecnologias forenses sofreram devido às representações dos meios de comunicação social começaram, por sua vez, a modificar essas mesmas expectativas e comportamentos (Cole e Dioso-Villa 2007, 2009, ver também Capítulo 5).

Independentemente da discussão sobre o efeito *CSI* – ou o 'efeito do efeito *CSI*' – torna-se claro que as instituições de justiça criminal do século XXI incorporaram com entusiasmo a possibilidade de utilização do potencial da bioinformação para identificar autores de crimes. O facto de a colaboração internacional no controlo da criminalidade ser impulsionada pela criação de infraestruturas que facilitam o acesso à bioinformação por parte das autoridades legais e agências de justiça criminal, ilustra isso mesmo.[15]

Do nosso ponto de vista, os indivíduos condenados a cumprimento de pena de prisão representam um grupo de decisão importante: muitos destes indivíduos têm as suas impressões digitais, os seus perfis de DNA, bem como outros dados pessoais já inseridos em bases de dados policiais, e muitos deles estão ativamente envolvidos em carreiras criminais. Além disso, as narrativas dos indivíduos condenados permitem suscitar outra questão, ainda insuficientemente debatida quando se aborda os erros do sistema de justiça: o potencial inocentador das tecnologias de DNA (ver Capítulo 7). Neste âmbito, é importante considerar que as tecnologias de DNA podem ser particularmente úteis para exculpar quem foi erradamente considerado suspeito, bem como para exonerar quem foi erradamente condenado (ver Capítulo 8).

Com base nos dados recolhidos em cinquenta e sete entrevistas qualitativas com reclusos prisionais na Áustria e em Portugal, discutimos como, neste grupo em particular, as representações sobre a genética forense revelam padrões de exposição, mas também de distanciamento crítico e reflexivo, face às imagens culturais divulgadas pelos média, que caracterizam a prova do DNA como um elemento de alta fiabilidade ou de quase infalibilidade. O objetivo do nosso livro é contribuir para uma análise empírica mais sustentada e

---

[15] Um exemplo recente é o Tratado de Prüm (Prainsack e Toom 2010), pelo qual todos os Estados Membros da União Europeia deverão disponibilizar reciprocamente acesso automatizado às respetivas bases de dados nacionais de perfis genéticos, dados dactiloscópicos e registos de matrícula de veículos com o intuito de combater o crime organizado, o terrorismo e a imigração ilegal. Existem ainda acordos bilaterais entre os EUA e diversos países europeus que facilitam a consulta e partilha de bases de dados de diversos tipos com propósitos de identificação forense.

mais pormenorizada quanto à contextualização do efeito *CSI* (Duster 2006a, Huey 2010, Mopas 2007) sublinhando o papel crucial das experiências pessoais dos reclusos e a sua posição privilegiada no que se refere à familiarização com as tecnologias forenses de identificação, em virtude do seu envolvimento no mundo real do crime e da investigação criminal.

Em várias ocasiões iremos falar 'das' representações e perspetivas dos nossos entrevistados como se fossem homogéneas. Fazemo-lo para referir a opinião defendida pela maioria dos nossos informantes. Quando há perspetivas opostas, serão salientadas e claramente sublinhado o facto de serem expressas por uma minoria. No entanto, quando falamos 'dos reclusos' e dos seus pontos de vista, fazemo-lo exclusivamente para facilitar a compreensão da nossa análise. Não queremos de forma alguma fazer passar a ideia de que não houve *nuances* ou diferenças também no seio 'desta' opinião dominante. Tomando as palavras de Gresham Sykes (2007 [1958]: 63), um dos pioneiros na área dos estudos prisionais:

> Não podemos evidentemente negar a existência de certos perigos quando falamos da perspetiva dos presos sobre o encarceramento, uma vez que pode levar a subentender-se que todos veem a sua condição exatamente da mesma forma. Pode até afirmar-se que na realidade há tantas prisões como reclusos – que cada homem traz para a instituição prisional as suas próprias necessidades e o seu próprio *background*, e que cada um faz a sua própria interpretação da vida dentro de muros. Não pretendemos negar que cada homem encara de forma diferente a sua experiência de encarceramento, e atribui ênfases distintas a esta condição na sua narrativa pessoal.

Objetivos deste Livro

As interconexões entre os meios de comunicação social e a prisão têm sido objeto de estudo tanto pela forma como os média retratam os reclusos e o encarceramento, facultando à população em geral pontos de referência para se imaginar como é a vida na prisão (Altheide e Coyle 2006, Cheliotis 2010, Jewkes 2007, Mason 2006); como pela constatação que as mensagens e imagens culturais dos média servem também de guião para a identidade prisional e as relações de poder entre presos (Jewkes 2002). Este livro procura contribuir para a área temática das articulações entre os média e a prisão ao explorar as representações dos presos sobre as tecnologias de identificação na era do *CSI*, numa combinação complexa das inter-relações entre a cultura popular em torno do crime e da tecnologia, trajetórias biográficas individuais e respetivas 'carreiras criminais'.

Este estudo explora ainda as articulações que se estabelecem entre as opiniões dos presos sobre as tecnologias forenses e as experiências dos próprios reclusos quando lidam com o sistema de justiça criminal: o que pensam acerca do trabalho da polícia e dos tribunais, sobre os dispositivos e práticas de vigilância que recaem em suspeitos e condenados, e como se situam em relação aos próprios problemas de exclusão e estigmatização sociais que, eventualmente, se poderão aprofundar pela dupla condição de condenados e de indivíduos que têm os seus dados pessoais em bases de dados policiais.

As implicações legais e criminais do uso policial e forense da análise de DNA e de bases de dados genéticos têm sido amplamente estudadas ao longo na última década (Schroeder e White 2009, Pratt et al. 2006, Williams et al. 2004, Williams e Johnson 2008); assim como têm sido debatidas as suas dimensões sociais e societais (Jasanoff 1998, 2004a, 2006, Lynch 2003, Williams 2010a, 2010b, Williams e Johnson 2008, bem como Lynch e McNally 2009 e Heinemann et al. 2012). A pesquisa em ciências sociais sobre a utilização das tecnologias de DNA nas investigações criminais com base em casos empíricos é ainda relativamente escassa (com algumas notáveis exceções, como Williams et al. 2004, Williams e Johnson 2008, Kruse 2010b, Toom 2010 e Lynch et al. 2008), e é uma área de estudo em que não existe praticamente nenhum trabalho de pesquisa empírica comparativa sobre este tema.

Este livro não visa avaliar as disposições éticas ou legais relacionadas com o uso de tecnologia avançada nos locais de crime, mas antes discutir, de forma aprofundada, e seguindo uma abordagem das ciências sociais, os significados e os efeitos das tecnologias usadas na cena de crime na era do *CSI*. Como foi dito acima, este livro desenvolve também uma análise comparativa, com base em dois casos de estudo que representam dois contextos diferentes: explora-se o uso forense das tecnologias de DNA num país, a Áustria, que criou a sua base de dados genéticos para investigação criminal em 1997 e tem hoje uma das maiores bases de dados do mundo deste tipo; e em Portugal, que só em 2008 criou uma base de dados forense de perfis de DNA para investigação criminal (servindo também propósitos de identificação civil). Neste sentido, estes casos de estudo trazem nova informação sobre o modo como as diferenças das políticas, da operacionalização, e também do contexto histórico, podem influenciar a perceção dos nossos entrevistados relativamente às tecnologias de DNA usadas pelas instituições judiciárias. Ao mesmo tempo, deve ser sublinhado que apesar das diferenças óbvias entre os dois países (nomeadamente, em termos de desenvolvimento económico e tradições históricas de utilização de tecnologias genéticas), há também semelhanças muito significativas, principalmente quando comparamos estes países com os sistemas de justiça criminal anglo-saxónicos: tanto a Áustria como Portugal são países em que as prisões são geridas pelo Estado e onde as entidades privadas não desempenham um papel importante nem na provisão de serviços dentro do sistema penal, nem no contexto da investigação criminal, já que a provisão de perícia forense está largamente circunscrita a instituições estatais ou afetas ao Estado. Para além disso, a criminalidade não é central no discurso dos meios de comunicação social nem ocupa um papel de relevo na agenda das políticas públicas em nenhum dos dois países, quando comparada com o que acontece em países que têm grandes bases de dados genéticos para investigação criminal, como o Reino Unido e os EUA. Os austríacos orgulham-se com frequência das baixas taxas de criminalidade do país – apenas se destaca o maior volume de roubos e furtos, crimes atribuídos a grupos estrangeiros. Também Portugal tem uma taxa baixa de crimes graves no contexto europeu. Por fim, tanto a Áustria como Portugal são países com características sociopolíticas de 'Estados fechados', sem grande tradição de transparência e abertura à participação da sociedade civil na produção de políticas, e a ocupação e atribuição de cargos políticos e administrativos são feitas principalmente com base em redes informais de poder. Além disso, tanto na Áustria como em Portugal, os cidadãos tendem a considerar que a corrupção está a aumentar e que as medidas anticorrupção adotadas pelos respetivos governos são ineficazes (Transparency International 2011).

Este livro discute ainda temas de relevância transnacional e que atravessam domínios culturais variados, em vez de se centrar apenas numa abordagem com ênfase em idiossincrasias nacionais. Alguns exemplos de temas que tratamos neste estudo mas que poderão ter uma relevância mais abrangente, provavelmente aplicável às realidades de outros países, são a prevalência, entre presos, de uma exposição ao efeito *CSI*, traduzida no facto de as séries televisivas funcionarem como um instrumento que 'ensina' criminosos, ajudando-os a tornarem-se 'especialistas' em não deixar vestígios nos locais do crime (Capítulo 4); as crenças predominantes sobre a eficácia e 'veracidade' das tecnologias de DNA tanto na identificação de criminosos (Capítulo 5) como na exoneração de indivíduos (Capítulo 7); a ideia de que as bases de dados genéticos forenses têm um valor limitado na prevenção e dissuasão da criminalidade (Capítulo 6); e a opinião que as bases de dados genéticos aprofundam os processos sociais de estigmatização dos presidiários, pois estes acreditam que as tecnologias genéticas podem ser mal usadas, devido à perceção negativa generalizada sobre a polícia e o sistema de justiça criminal (Capítulo 8).

Estudos Sociais sobre Tecnologia Forense

No que se refere ao tema específico deste livro – a perceção dos presos sobre as tecnologias usadas na investigação do crime – as autoras são pioneiras neste tipo de investigação[16] e conduziram a única pesquisa existente que fornece um estudo comparativo e empiricamente informado das opiniões deste grupo social particular, sobre a forma como decorre o trabalho de aplicação de técnicas forenses de identificação desenvolvido na análise de cenas de crime e em outros momentos do processo de investigação criminal.

A maior parte da literatura recente na área das ciências sociais ou do direito em matéria de tecnologias forenses centra-se nas bases de dados genéticos do Reino Unido e dos EUA. Um dos tópicos mais abordados é a evolução social e histórica das tecnologias forenses. Neste campo, existe a obra de referência do sociólogo Simon Cole (2001) sobre a história das técnicas e tecnologias de identificação criminal, que foca as impressões digitais – o 'padrão de ouro' da identificação forense desde o início do século XX. Já na abordagem da 'Era do DNA', Robin Williams e Paul Johnson (2008) socorreram-se de uma perspetiva sócio-histórica na sua análise da evolução da Base de Dados Genéticos Forense do Reino Unido (oficialmente conhecida por *UK National Criminal Intelligence DNA Database* – NDNAD). Estes autores centraram-se nos aspetos técnicos e legais do uso de perfis de DNA de bases de dados genéticos para fins de identificação criminal. Por sua vez, o sociólogo Michael Lynch e colegas (Lynch et al. 2008) estudaram as polémicas associadas ao uso da impressão digital genética e a evolução da sua aplicação em casos civis e criminais, muito embora focando apenas contextos legais adversariais (característicos de países anglo-saxónicos) e salientaram os desafios e dilemas presentes nas fronteiras entre ciência forense e a esfera da lei, aspeto esse também largamente discutido em alguns trabalhos de Sheila Jasanoff (2004a, 2006). Também na mesma linha de análise dos percursos da tecnologia de DNA na justiça norte-americana,

---

[16] Este estudo foi precedido de algumas publicações das autoras que apresentaram resultados parcelares desta investigação junto da comunidade académica internacional. Alguns resultados do caso de estudo austríaco foram publicados na revista *Social Studies of Science* (Prainsack e Kitzberger 2009) e num capítulo sobre a Áustria (Prainsack 2010b) que integra a obra organizada por Richard Hindmarsh e Barbara Prainsack (2010): *Genetic Suspects: Global Governance of Forensic DNA Profiling and Databasing [Suspeitos Genéticos: A Governação Global das Bases de Dados Genéticos Forenses]*. No que respeita ao caso de estudo português, alguns resultados com enfoque na perspetiva dos presos sobre os potenciais efeitos da vigilância através das bases de dados genéticos foram divulgados num artigo na revista *Forensic Science International* (Machado, Santos e Silva 2011).

Jay Aronson (2007) desenvolveu uma abordagem histórica, desde as primeiras tentativas e vicissitudes do uso de DNA nos tribunais dos EUA, e o caminho percorrido até esta tecnologia se tornar um sucesso sem precedentes em termos de prova judicial.

Outros estudos dão-nos uma perspetiva dos usos de tecnologias de DNA em diferentes países, nomeadamente, em sistemas de justiça de tipo inquisitorial.[17] A obra coletiva *Genetic Suspects: Global Governance of Forensic DNA Profiling and Databasing [Suspeitos Genéticos: A Governação Global das Bases de Dados Genéticos Forenses]* (Hindmarsh e Prainsack 2010) reúne contribuições de académicos e especialistas de diferentes disciplinas e oriundos de distintas partes do mundo, que discutem, a partir de vários contextos nacionais, a história, regulação, aplicações práticas, configurações do discurso político e do debate público sobre bases de dados genéticos com finalidades forenses e policiais. Ainda numa perspetiva comparativa – reunindo capítulos que estudam as bases de dados genéticos forenses no Reino Unido, Japão, Austrália, Alemanha e Itália – Krimsky e Simoncelli (2011) oferecem uma análise da implementação deste tipo de bases de dados nestes países. Contudo, o enfoque desta obra é colocado predominantemente nas dimensões do direito, da ética e liberdades civis, e as suas consequências para a cidadania. Há outros estudos que tratam sobretudo os aspetos legais do uso do DNA, como Kobilinsky et al. (2004) e Semikhodskii (2007). Para além destes, o trabalho de Lee e Tirnady (2004), respetivamente um patologista forense e um advogado, discute do ponto de vista técnico as aplicações e implicações alargadas da tecnologia de DNA, embora a tónica tenda mais para a perspetiva da 'divulgação científica' do que para a análise crítica. Charlotte Spencer (2003) também contribuiu para este debate, com um livro acessível a públicos não especializados, que sintetiza os conceitos básicos subjacentes às aplicações da tecnologia de DNA na identificação criminal, usando como exemplo casos policiais reais.

Outra obra a destacar é o livro organizado por David Lazer (2004), que aborda as dimensões éticas e legais da presença da tecnologia de DNA no sistema de justiça criminal, em particular no contexto norte-americano, reunindo contributos de autores com diferentes formações disciplinares e provenientes

---

[17] Na tradição inquisitorial o juiz tem um papel predominante na condução do julgamento e na apreciação da prova, conduzindo os interrogatórios e decidindo quais são as provas aceites em julgamento. A diferença fundamental é que enquanto num sistema adversarial há lugar a um confronto entre duas versões dos factos com a finalidade de resolução do litígio, no sistema inquisitorial a função do tribunal é 'apurar a verdade' (Crombag 2003).

de várias áreas de conhecimento. Os temas explorados nessa coletânea vão desde a importância do significado e do contexto do uso de DNA na cena de crime, ao seu uso na análise pós-condenação, bem como nos aspectos sociais, legais e éticos associados às bases de dados genéticos. Por fim, o livro de Carole McCartney, *Forensic Identification and Criminal Justice: Forensic Science, Justice and Risk* [*Identificação Forense e Justiça Criminal: Ciência Forense, Justiça e Risco*] (2006a), baseado em várias entrevistas a pessoas envolvidas no sistema de justiça criminal britânico, ilustra os usos práticos das tecnologias de DNA em várias dimensões concretas, desde o trabalho de produção legislativa, à investigação criminal, às atividades dos tribunais, ou à criação de bases de dados para uso policial. O livro de McCartney faz uma avaliação crítica das dimensões societais das bases de dados genéticos e da tecnologia de DNA, considerando as limitações, os riscos, e os impactos futuros que virão a ter nas sociedades contemporâneas.

Um tema que tem vindo a ser largamente debatido no contexto do uso forense de perfis de DNA, e em particular das bases de dados genéticos, é o risco de discriminação de determinados grupos étnicos. O trabalho do sociólogo norte-americano Troy Duster (2004, 2006b) tem sido um contributo valioso para a consciencialização deste problema, tanto entre académicos, como junto do público mais alargado. Sobre esta questão, também é relevante o livro de Krimsky e Simoncelli (2011) sobre bases de dados forenses e direitos civis, e o capítulo de Harriet Washington (2010) sobre 'as dimensões raciais na análise forense de DNA nos EUA'. A antropóloga Amade M'Charek (2008, ver também M'Charek et al. 2011) tem vindo a estudar a forma como a noção 'raça' é usada em tecnologias forenses, desenvolvendo esforços no sentido de desconstruir o argumento subjacente à genética forense de que a 'raça' pode ser objetificada e esvaziada do seu significado político e social. Não obstante a inegável importância das questões relacionadas com 'raça' e 'etnia', esta temática não foi abordada neste livro, porque os estudos que efetuámos na Áustria e em Portugal não apresentam uma amostra diversificada em termos de origem étnica. Apesar de a amostra austríaca incluir indivíduos cujos pais são emigrantes (sobretudo oriundos de zonas da ex-República da Jugoslávia), e no caso português ter sido entrevistado um emigrante proveniente da Ucrânia e outro que tinha emigrado para o Canadá, mas foi deportado para Portugal depois de ter cometido um crime nesse país, na estratégia de recrutamento de voluntários que foi adotada – amostragem de conveniência – não resultou a inclusão no estudo de indivíduos de diferentes etnias.

Aspetos Metodológicos

O nosso estudo envolveu a realização de entrevistas semiestruturadas a um total de cinquenta e sete reclusos, em duas prisões na Áustria (em 2006 e 2007) e em três prisões em Portugal (em 2009). Apesar da ênfase principal deste livro recair sobre a opinião dos reclusos relativamente às 'tecnologias que incriminam' e a sua compreensão do uso que é feito da bioinformação na investigação criminal, a nossa pesquisa levou-nos a procurar informação adicional junto de membros do sistema de justiça criminal nos dois países. Entrevistámos advogados, procuradores do Ministério Público, agentes da polícia e investigadores criminais que forneceram esclarecimentos técnicos sobre legislação, etapas e processos de investigação criminal e procedimentos judiciais relativos à Áustria e a Portugal. Estes informantes prestaram também informação valiosa sobre os usos práticos e reais das tecnologias de informação forense, arquivos policiais e bases de dados que incluem vários tipos de elementos – desde amostras biológicas e perfis de DNA, a perfis psicológicos criminais, fotografias e informação biográfica sobre criminosos no ativo. Além disso, recolhemos e analisámos documentos legislativos e a cobertura mediática de casos criminais que tiveram grande exposição pública e em que as tecnologias de DNA tiveram destaque.

Obtivemos permissão do Ministério da Justiça Federal da Áustria e da Direção-Geral dos Serviços Prisionais portugueses para efetuar entrevistas aos reclusos. Em ambos os países foi apresentado aos diretores dos estabelecimentos prisionais um pedido para ser fornecida uma lista de potenciais entrevistados. Foi concebida uma amostra teórica, baseada na representatividade pela diversidade e exemplaridade (Hamel et al. 1993), combinada com uma amostragem de conveniência. Os reclusos do nosso estudo são diversificados em termos de perfil sociodemográfico (idade, estado civil, escolaridade e profissão) e de registo criminal (tipo de crime e duração da sentença). Foram entrevistados reclusos em cujos casos a bioinformação desempenhou um papel essencial na investigação e/ou no julgamento (nomeadamente impressões digitais ou provas de DNA), e outros em que isso não se verificou (ver Tabela 1.1). Por outras palavras, a experiência pessoal do recluso com estes meios de prova não foi um requisito de inclusão no estudo; procurámos antes obter uma amostra alargada que incluísse presos para além daqueles que, devido à sua experiência em primeira mão, seria de esperar terem um conhecimento prévio bastante específico das tecnologias forenses (de tecnologias de DNA mas também de impressões digitais).

No processo de recrutamento de voluntários para o estudo, os reclusos foram informados que iriam participar num projeto de investigação em ciências sociais sobre tecnologias forenses de identificação, vestígios criminais e bases de dados genéticos. Todos os cinquenta e sete presos que entrevistámos são homens, uma vez que as entrevistas foram realizadas apenas em prisões masculinas. O efeito desta parcialidade é mitigado pelo facto de, na altura em que foram feitas as entrevistas, as mulheres configurarem aproximadamente apenas cinco por cento de toda a população encarcerada.[18]

À data das entrevistas, os participantes deste estudo tinham entre 20 e 60 anos de idade, a maioria dos quais (trinta e um reclusos) com idades compreendidas entre os 25 e os 35 anos. Uma grande maioria (trinta e nove) era solteira, sete eram casados, oito divorciados, e três viúvos. No que respeita a estes parâmetros, os presos que entrevistámos correspondiam à população prisional 'típica' existente também noutros países (Tonry 2001; para mais detalhes, ver Capítulo 9). Vinte e seis dos nossos informantes eram austríacos, trinta eram de nacionalidade portuguesa e um era cidadão ucraniano a cumprir pena numa prisão portuguesa. Os níveis de educação variavam muito: desde presos que tinham apenas até quatro anos de escolaridade (seis reclusos, todos portugueses), a indivíduos que tinham entre seis e nove anos de escola (quarenta reclusos), seis presos tinham frequentado ou completado o ensino secundário, enquanto cinco reclusos frequentaram ou estavam a frequentar (a partir da prisão) um curso de ensino universitário. É de salientar que dos reclusos mais escolarizados, a frequentar cursos de licenciatura, quatro eram portugueses e um austríaco. A profissão de grande parte dos entrevistados previamente à sua prisão era no sector secundário, sobretudo na construção civil e na indústria, trabalhando, respetivamente, como serventes e operários. Na amostra austríaca havia um número surpreendentemente alto de cozinheiros profissionais: seis indivíduos.

Os crimes pelos quais foram condenados os reclusos deste estudo (esta lista não é exaustiva; para mais detalhes, veja-se a Tabela 1.1) são: ofensas corporais; tráfico de droga; coerção, homicídio (incluindo tentativa de homicídio); violação; roubo; e abuso sexual de menores. As penas de prisão dos nossos entrevistados

---

[18] Na Áustria, a 1 de setembro de 2007, 209 (4.2 por cento) de 4.983 indivíduos a cumprir sentenças de prisão de mais de 18 meses eram mulheres. Em Portugal, a 31 de dezembro de 2009, 613 (5.5 por cento) de um total de 11.099 indivíduos a cumprir pena de prisão eram mulheres. Estes dados resultam de pesquisa efetuada na base de dados austríaca, por cortesia do Gabinete de Sentenças Prisionais da República da Áustria, e nas estatísticas portuguesas fornecidas pela Direção-Geral dos Serviços Prisionais portugueses – DGSP (2009).

iam desde os cinco meses até à prisão perpétua.[19] No total, apenas em menos de metade dos casos é que a bioinformação (como impressões digitais ou provas de DNA) desempenhou um papel significativo na investigação e/ou no julgamento (ver Tabela 1.1).[20]

Depois de recrutados voluntários para este estudo nos estabelecimentos prisionais, foram realizadas entrevistas individuais em que apenas estiveram presentes o entrevistador e o recluso.[21] No momento de realizar a entrevista, cada recluso encontrou-se com o entrevistador numa sala normalmente usada para interrogatórios e aconselhamento jurídico ou psicológico, sem supervisão ou presença dos guardas prisionais ou outros representantes da autoridade, nem câmaras de vigilância. O entrevistador começava por fazer uma breve apresentação oral sobre o objetivo global do projeto de pesquisa. Aos entrevistados foi também dito que os dados eram confidenciais, nomeadamente todo o material que viesse a ser publicado recorreria a pseudónimos e alterar-se-ia a informação que pudesse potencialmente identificar a pessoa, tal como o dia e ano de nascimento e o crime cometido, se necessário. Os entrevistados foram ainda esclarecidos que a sua participação deveria ser voluntária e gratuita, e que lhes seria possível recusar a continuidade na participação neste estudo a qualquer momento, se assim o desejassem. Todos os reclusos assinaram um formulário de consentimento informado.

A duração das entrevistas variou entre os 13 e os 120 minutos; a maior parte durou entre 50 e 80 minutos. Foram transcritas todas as entrevistas e os dados

---

[19] Enquanto que na Áustria é possível a prisão perpétua, em Portugal a pena máxima é de 25 anos.

[20] O ano de nascimento foi ligeiramente alterado para minimizar o risco de identificação dos nossos informantes.

[21] Na Áustria, as entrevistas foram conduzidas apenas por um entrevistador (Barbara Prainsack) e em Portugal por três entrevistadores (Helena Machado e seus colaboradores, Filipe Santos e Diana Miranda). Filipe Santos e Diana Miranda eram investigadores juniores a trabalhar nos projetos 'Justiça, Média e Cidadania' (FCOMP-01-0124-FEDER-007554, 2007-2010) e 'Bases de Dados de DNA com fins forenses em Portugal: temas contemporâneos em ética, práticas e políticas' (FCOMP-01-0124-FEDER-009231, 2010-2011), desenrolados no Centro de Estudos Sociais, Universidade de Coimbra, Portugal e financiados pela Fundação para a Ciência e Tecnologia (Ministério da Educação e Ciência 2010-2013); e 'CSI atrás de Grades' (financiado pelo Instituto de Ciências Sociais, Universidade do Minho, Portugal, 2009). O seu trabalho foi orientado por Helena Machado, coordenadora científica dos estudos. O estudo austríaco recebeu um generoso apoio da GEN-AU (Genomeresearch na Áustria, www.gen-au.at) Programa ELSA do Ministério Federal da Ciência e Investigação em 2006 e 2007.

TABELA 1.1
Caracterização da amostra de reclusos na Áustria

Recluso (nome)	Ano de Nascimento	Crime Principal que esteve na base da condenação	Sentença (duração)	Impressões digitais e/ou vestígios de DNA tiveram algum peso na investigação/julgamento?	Notas
Anton	1965	Abuso sexual agravado de menores	3 anos	Não	
Bernhard	1979	Furto qualificado	3 anos	Sim	Afirmou ter sido identificado com base no DNA (sangue que deixou no local do crime)
Christoph	1967	Rapto, chantagem	10 anos	Não	Afirmou que não se tinha preocupado com os vestígios que deixou durante o rapto porque a polícia '*não tinha o meu DNA*' [o seu perfil ainda não constava da base de dados nacional]
Dorian	1947	Homicídio	15 anos	Não	
Ernst	1977	Fraude	3 anos	Não	
Fritz	1975	Tráfico de estupefacientes, furto, roubo	8 anos	Não	
Gert	1977	Violação	3,6 anos	Sim	Afirmou ter sido identificado com base no DNA encontrado no local do crime
Hubert	1966	Abuso sexual de menores	7 anos e 6 meses	Não	Disse que foi 'Feito um exame de DNA [os lençóis da cama foram analisados para encontrar vestígios de DNA] mas não foram encontrados vestígios'
Ingo	1964	Furto qualificado, Homicídio qualificado	Perpétua	Sim	Referiu que cortaram a cabeça e as mãos da vítima e enterraram o corpo por terem receio que o '*DNA* ou as impressões digitais ou algo do género' fossem 'encontrados'
Jürgen	1978	Ofensas corporais agravadas	5 anos	Não	
Karl	1957	Homicídio, tentativa de homicídio	17 anos	Não	
Ludwig	1978	Homicídio	15 anos	Não	
Matthias	1974	Homicídio qualificado em dois casos	Perpétua	Sim	

TECNOLOGIAS QUE INCRIMINAM   47

TABELA 1.1 (cont.)
Caracterização da amostra de reclusos na Áustria

Recluso (nome)	Ano de Nascimento	Crime Principal que esteve na base da condenação	Sentença (duração)	Impressões digitais e/ou vestígios de DNA tiveram algum peso na investigação/julgamento?	Notas
Norbert	1957	Homicídio na forma tentada em três casos	Perpétua	Não	
Oliver	1973	Tentativa de homicídio, tentativa de violação	Aberta (dependente da avaliação psicológica)	Sim	Quando descreveu as provas contra si, referiu um 'lenço de mão manchado de sangue' e o DNA desse lenço não pertencia nem a ele nem à vítima
Paul	1970	Roubo agravado, roubo com ameaça de arma	15 anos	Sim	Afirmou que foi encontrado um *vestígio de DNA* num dos bancos que assaltou
Quentin	1982	Fogo posto	8 anos	Não	
Richard	1959	Abuso sexual de menores, violação	5 anos	Não	
Sigi	1970	Ofensas corporais, coação	18 meses	Não	
Thomas	1987	Fogo posto	24 meses	Não	
Uwe	1974	Homicídio qualificado, agressão	Aberta (dependente da avaliação psicológica)	Sim	Disse que a polícia encontrou um vestígio na mala do carro que foi identificado com a vítima – e que o vestígio o convenceu de que deveria confessar
Vincent	1968	Tráfico de estupefacientes, posse ilegal de arma de fogo, agressão agravada, furto	8 anos	Não	
Walter	1978	Violação e vários casos de homicídio na forma tentada	Aberta (dependente da avaliação psicológica)	Sim	Mencionou uma 'pesca de DNA' que foi levada a cabo para identificar o violador ('*Recolheram milhares de DNA*' [sic])
Xaver	1980	Agressão	18 meses	Não	
Ygor	1985	Violação na forma tentada	18 meses	Sim	
Zeno	1978	Tráfico de estupefacientes, agressão, roubo agravado na forma tentada	???	Não	

TABELA 1.1 (cont.)
Caracterização da amostra de reclusos em Portugal

Recluso (nome)	Ano de Nascimento	Crime principal que esteve na base da condenação	Sentença (duração)	Impressões digitais e/ou vestígios tiveram algum peso na investigação e/ou julgamento?	Notas
Amadeu	1966	Homicídio qualificado, furto qualificado, roubo	23 anos	Sim	
Amândio	1978	Homicídio qualificado consumado e na forma tentada, Tráfico de estupefacientes, roubo, furto qualificado	25 anos	Não	Condenado com base na confissão dos coarguidos
Amaro	1969	Homicídio qualificado e homicídio qualificado na forma tentada	20 anos	Não	
António	1983	Tráfico de estupefacientes	5 anos	Não	Existia fotografias das suas cicatrizes e tatuagens
Artur	1971	Roubo agravado, roubo agravado na forma tentada, furto qualificado	12 anos	Não	Recusou submeter-se à recolha de DNA. Afirma que a polícia tentou acusá-lo por um crime que não cometeu afirmando que tinham sido encontradas impressões digitais suas no local do crime. Foi inocentado desse crime
Carlos	1957	Lenocínio, violação, violação agravada, tráfico de menor e de estupefacientes	7 anos e 6 meses	Não	
Daniel	1973	Homicídio qualificado, homicídio na forma tentada, fogo posto	24 anos	Sim	
David	1967	Homicídio qualificado na forma tentada	3 anos e 10 meses	Não	
Emílio	1977	Homicídio, coação sexual, roubo	15 anos	Sim	
Feliciano	1975	Homicídio simples	12 anos	Não	
Frederico	1955	Associação criminosa (líder), extorsão, tráfico de estupefacientes, conversão e transferência de bens	20 anos	Não	
Gaspar	1970	Furto qualificado, consume de estupefacientes, roubo	5 anos e 6 meses	Não	Afirma ter sido condenado anteriormente com base em provas falsas de impressões digitais
Gil	1976	Tráfico de estupefacientes	6 anos	Não	

TECNOLOGIAS QUE INCRIMINAM 49

TABELA 1.1 (cont.)
Caracterização da amostra de reclusos em Portugal

Recluso (nome)	Ano de Nascimento	Crime principal que esteve na base da condenação	Sentença (duração)	Impressões digitais e/ou vestígios tiveram algum peso na investigação e/ou julgamento?	Notas
Henrique	1972	Furto e Falsificação	3 anos	Não	Foi submetido a análise de DNA e impressões digitais. Não é claro se estes dados foram determinantes para a sua condenação
Jaime	1980	Homicídio qualificado	16 anos	Sim	
João	1960	Ofensas corporais com dolo, violação	5 anos e 4 meses	Não	
Joaquim	1960	Abuso sexual de menores dependentes	6 anos	Não	
Joel	1987	Violação agravada	5 anos e 6 meses	Não	
Lucílio	1975	Condução de veículo sem habilitação legal	2 anos	Não	
Luís	1983	Furto qualificado, furto de uso de veículo introdução em lugar vedado ao público	9 anos	Não	
Manuel	1982	Homicídio qualificado tráfico de estupefacientes	14 anos	Não	
Mariano	1980	Homicídio qualificado	17 anos	Não	
Martim	1982	Violação na forma consumada, coação na forma tentada, rapto	9 anos e 3 meses	Sim	
Micael	1978	Violação	12 anos e 1 mês	Não	
Miguel	1965	Condução de veículo sem habilitação legal	5 meses	Não	Foi submetido a análise de DNA no Canadá
Nelson	1974	Abuso sexual de menor e falsidade de depoimento, roubo	9 anos	Não	Disse que o seu DNA foi 'muitas vezes recolhido no hospital'
Olegário	1978	Roubo e declarações falsas	3 anos e 6 meses	Não	
Ovídio	1976	Tráfico de estupefacientes, detenção ilegal de arma	8 anos	Não	
Rúben	1978	Burla qualificada, falsificação de documentos, acesso ilegítimo a sistema ou rede informática, falsas declarações	6 anos	Não	Foi submetido a análise de escrita manual e recolha de impressões digitais
Tomás	1981	Violação e homicídio qualificado	21 anos	Sim	
Valter	1984	Rapto, violação, roubo, roubo com ameaça de arma	18 anos	Sim	Análises de DNA exculparam-no de um crime de violação. Foi condenado por roubo com base em impressões digitais

recolhidos foram comparados sistematicamente, postos em contraste, sintetizados e codificados por temas e categorias, seguindo de perto os princípios da abordagem *Grounded Theory* (Glaser e Strauss 1967, na esteira de Charmaz 1990. Veja-se também Charmaz 2000), segundo a qual a finalidade é fazer emergir novos conceitos com base no contexto empírico analisado.

O guião das entrevistas semiestruturadas incluía os seguintes grandes temas: a vida do entrevistado antes de ter praticado o crime que o conduziu à prisão; o crime praticado, focando em especial as provas de DNA e de impressões digitais, caso tivessem tido algum impacto; fontes de informação sobre as tecnologias de DNA e impressões digitais, e sobre bases de dados de investigação criminal; vestígios deixados na cena de crime e a interpretação dos entrevistados sobre a natureza destes vestígios, o seu potencial incriminatório e o seu contexto científico; avaliação da ação das autoridades judiciais e as opiniões sobre futuros cenários desejáveis ou indesejáveis na investigação criminal e no funcionamento do sistema de justiça criminal; a importância das bases de dados genéticos e da tecnologia de DNA na prevenção e dissuasão da criminalidade; as expectativas face à reintegração na sociedade e experiências de estigma relacionadas com o encarceramento.

A Estrutura do Livro
Este livro começa por descrever as características específicas dos contextos austríaco (Capítulo 2) e português (Capítulo 3), dando a conhecer a existência de tecnologias de DNA e de bases de dados genéticos forenses em culturas legais específicas e com histórias distintas no domínio da governação das tecnologias. São dois países muito diferenciados no que respeita à abrangência e aos contextos em que são usadas tecnologias de DNA, com a Áustria a iniciar em 1997 a criação da base de dados nacional forense e a operar, hoje em dia, uma das maiores bases de dados genéticos do mundo, e Portugal tendo criado a sua base de dados genéticos apenas em 2008, conhecendo esta, até hoje, um modesto desenvolvimento.

Ambos os capítulos começam por discutir casos de investigação criminal que marcaram a opinião pública e que são muitas vezes mencionados como tendo aberto a porta para a familiarização do grande público com a criação de bases de dados de perfis genéticos com propósitos forenses e a utilização da tecnologia de DNA em casos reais, tanto na Áustria como em Portugal. O Capítulo 2 inclui ainda uma perspetiva abrangente sobre o processo de harmonização de práticas e sistemas que facilitem a partilha de impressões digitais e perfis genéticos em curso na Europa, áreas em que as autoridades austríacas têm vindo a assumir um lugar de vanguarda. Apresenta-se a história do uso de tecnologias forenses na investigação criminal nestes países, desde o início do recurso a impressões digitais e a criação de arquivos policiais, até às práticas atuais e as disposições legais no respeita à recolha de amostras de DNA e de impressões digitais em indivíduos suspeitos e criminosos condenados. Nestes capítulos introdutórios a ênfase é colocada na conjuntura histórica, legal e cultural que integra o uso da ciência e da tecnologia na 'luta contra o crime', e explicam-se os diferentes níveis de confiança pública no sistema de justiça e nos seus agentes. Concluímos que em ambos os países em que foram conduzidos os nossos casos de estudo, o papel desempenhado pelos meios de comunicação social, ao divulgar casos criminais de grande impacto, é central para compreendermos a ligação entre a investigação criminal, o sistema de justiça e a perceção pública dessas atividades.

Mas não são só os meios de comunicação social que têm um papel relevante nestas matérias: as séries policiais transmitidas pela televisão em que é usada tecnologia sofisticada, como o *CSI*, são para os diferentes públicos importantes fontes de informação sobre as tecnologias forenses, bem como sobre o tipo de vestígios biológicos que podem conduzir a uma identificação. O Capítulo 4 é dedicado às reflexões dos presos sobre estas representações transmitidas pelos média e o modo como influenciaram as suas próprias práticas. A este propósito é importante questionar o seguinte: será que o *CSI* ou outras séries policiais centradas na ciência forense, transmitidas pela televisão, aumentam a 'consciência forense' dos (potenciais) criminosos (Beauregard e Bouchard 2010)? O Capítulo 4 explora também o eventual efeito que provocou nos nossos entrevistados o contacto com séries de ficção policiais sobre ciência forense, discutida na literatura como outra variante do já mencionado efeito *CSI* (o 'efeito educativo'), segundo o qual estes programas de televisão atuam como um veículo de conhecimento para criminosos ou potenciais criminosos, ensinando-lhes como evitar ou remover vestígios das cenas de crime.

A perspetiva dos reclusos sobre as tecnologias forenses corresponde menos ao cliché o 'ponto de vista do criminoso' do que poderíamos inicialmente pensar. Defendemos que as representações dos nossos entrevistados sobre as tecnologias de DNA e as suas aplicações na investigação criminal não podem ser explicadas apenas pelo efeito *CSI* (ver também Machado 2012). Se, por um lado, nas suas narrativas ao longo das entrevistas os presos tinham sido aparentemente influenciados pelo que viram nas séries policiais transmitidas pela televisão, por outro lado, os nossos entrevistados assumiram um distanciamento crítico relativamente ao cenário de alta tecnologia apresentado no *CSI*, assinalando o que era 'irrealista' nas representações televisivas do trabalho na cena de crime (tanto do lado dos criminosos, como do lado dos investigadores criminais na cena de crime). Deste modo, dão significado ao que veem na televisão, incorporando nas suas opiniões e perspetivas sobre o *CSI* e as tecnologias forenses ingredientes da sua própria experiência com determinados elementos e momentos do processo de investigação criminal, desde o trabalho de análise da cena de crime, até à construção de prova com base em instrumentos tecnológicos.

A discussão do imaginário cultural disseminado pelo *CSI* e por outras séries policiais é também o ponto de partida do Capítulo 5, em que estudamos o significado e a importância que os presos atribuem aos vestígios biológicos na condenação de um indivíduo. A maior parte dos nossos entrevistados considerou a prova de DNA como uma 'máquina da verdade'[22] graças ao poder científico que se atribui ao modo como esta prova é obtida e os seus resultados convertidos em relatório científico. A crença que a prova de DNA é a 'prova científica', é 'à prova de bala', e a suposta capacidade de produzir elementos probatórios incontestáveis, levou os nossos informantes a afirmarem que as tecnologias de DNA têm um poder quase absoluto em termos de identificação, e um lugar único entre as várias tecnologias forenses. A maioria dos nossos entrevistados vê a identificação de indivíduos por perfil genético como uma tecnologia com uma capacidade probatória e de identificação criminal muito superior às impressões digitais. Contudo, embora grande parte do potencial conferido às tecnologias de DNA seja atribuído ao facto de a prova genética ser produzida por máquinas e não por humanos (veja-se Mnookin 2008), a infalibilidade das tecnologias de DNA não foi considerada absoluta pelos presos que entrevistámos: estes referiram que há a possibilidade de haver erros humanos. Concretamente, a esse respeito, os nossos entrevistados manifestaram uma forte suspeição relativamente aos agentes da polícia ou a pessoas mal-intencionadas que possam 'plantar' deliberadamente vestígios biológicos em cenas de crime para os incriminar; ou então, afirmaram recear que as autoridades mintam sobre a existência de prova de DNA para obterem confissões da parte de suspeitos criminais.

---

[22] O sociólogo Michael Lynch e colegas usam este termo, em obra do mesmo título – *Truth Machine. The Contentious History of DNA Fingerprinting* [*A Máquina da Verdade. A História Controversa da Impressão Digital Genética*] – para se referirem à perceção generalizada do DNA como infalível (Lynch et al. 2008).

A bioinformação tem vindo a ser entendida por políticos e investigadores criminais como uma ferramenta importante na identificação, prevenção e dissuasão do crime. O Capítulo 6 começa por discutir como é que a adoção de instrumentos científicos e tecnológicos para corroborar ou identificar pessoas tem vindo a fazer parte de uma instrumentalização crescente das práticas de vigilância dos Estados modernos. Nesse contexto, analisa-se a avaliação feita pelos reclusos sobre a importância das bases de dados genéticos na prevenção e dissuasão da criminalidade, tendo em conta o modo como perspetivam eventuais e futuros cenários de alargamento do uso de perfis genéticos e bases de dados de DNA para fins forenses, por exemplo, passando a incluir nessas bases de dados os perfis genéticos de todos os cidadãos. Neste capítulo, um outro aspeto interessante a salientar é o facto de os nossos dados mostrarem que os reclusos prisionais estabelecem uma hierarquia entre criminosos 'profissionais' e 'pequenos criminosos' quando se referem ao potencial das bases de dados genéticos para prevenir e dissuadir o crime. As bases de dados genéticos são vistas como tendo uma maior probabilidade de identificar, deter e condenar 'pequenos criminosos', uma vez que os nossos entrevistados presumem que a estes falta a experiência e o 'olho clínico' dos criminosos 'profissionais', ou que estão demasiado bêbedos, drogados ou distraídos para se preocuparem com evitar deixar vestígios na cena de crime. Por outro lado, os presos referem-se aos criminosos 'profissionais' como indivíduos que conseguem planear com antecedência um crime, são metódicos, têm cuidados acrescidos e precauções adicionais para evitar serem identificados e detetados e fazem uma gestão calculada dos riscos de 'ser apanhado'.

O Capítulo 7 reflete sobre o potencial que os vestígios obtidos na cena de crime através de tecnologia avançada, em especial as provas de DNA, têm para exonerar suspeitos e para ilibar os que tenham sido erradamente condenados. O recurso a tecnologias avançadas na análise da cena de crime foi descrita pelos nossos entrevistados como um potencial 'aliado', tanto de suspeitos como de indivíduos condenados, porque transfere responsabilidade das mãos (e das mentes) dos humanos, vistos como sujeitos a erro ou a más intenções, para máquinas (tecnologias), supostamente mais objetivas e infalíveis, que podem corrigir o erro humano. Este capítulo analisa o contributo que as provas obtidas através de tecnologia de DNA tem vindo a assumir no trabalho do *Innocence Project*, uma organização norte-americana que se dedica a ilibar pessoas erradamente condenadas, e cujas práticas e experiências têm vindo a ser reproduzidas noutros países, como por exemplo no Reino Unido, Canadá, Nova Zelândia e Austrália.

O Capítulo 8 mapeia as impressões dos nossos entrevistados sobre os seus corpos 'criminais' e o potencial estigma que lhes está associado, por ser um corpo que foi alvo de vigilância policial, detenção e reclusão na prisão. O mesmo corpo que pode ser um instrumento importante para cometer um crime representa, igualmente, um fator de risco, na medida em que pode facilitar a deteção e identificação: os autores de crimes podem ser identificados e incriminados através de características externas visíveis, como cicatrizes, tatuagens, cor do cabelo ou traços físicos específicos. As substâncias corporais, como o DNA ou as impressões digitais, são também sujeitas a gestão e controlo da parte do próprio indivíduo que comete ou pretende cometer um crime, sendo elementos que envolvem a avaliação de riscos. Já a informação inserida nas bases de dados genéticos forenses a respeito de quem foi condenado pela prática de crime pode representar, do ponto de vista dos presos, um 'aprofundamento' do estigma da delinquência, que já transportam nos seus corpos e nas suas identidades em virtude da sua condição de reclusos prisionais. Neste sentido, este capítulo ilustra os processos sociais mediante os quais os presos aplicam o seu conhecimento sobre as provas recolhidas na cena de crime, sobretudo provas de DNA, nas suas próprias experiências com a polícia e com o sistema de justiça criminal, em relação aos quais a maioria dos entrevistados expressou opiniões muito negativas.

O último capítulo deste livro (Capítulo 9) oferece algumas conclusões finais acerca da reflexão e perceção dos reclusos a respeito das tecnologias forenses e as suas narrativas sobre o valor e utilidade dos perfis de DNA e das bases de dados genéticos no sistema de justiça criminal. Aqui, exploramos a ideia de que as dúvidas que os presos levantam sobre o uso indevido ou incorreto destas tecnologias, e o efeito dúbio que as bases de dados genéticos têm na prevenção e dissuasão criminal devia ser tomada em consideração nos debates públicos em torno deste assunto, produzindo impactos na alteração de políticas públicas nesta matéria. Concluímos que existem fortes semelhanças nos presos austríacos e portugueses na maneira como entendem e se relacionam com estas 'tecnologias que incriminam', independentemente das importantes diferenças entre estes dois sistemas de justiça criminal e no plano das condições da vida prisional na Áustria e em Portugal. Este capítulo final sugere ainda a necessidade de serem realizados mais estudos empíricos e comparativos na dimensão social, política e regulatória das tecnologias genéticas forenses.

CAPÍTULO 2

O CENÁRIO AUSTRÍACO

Introdução
Em 1974, Johann Unterweger ('Jack'), de 24 anos, filho de uma prostituta de Viena, na Áustria, e de um membro das Forças Armadas norte-americanas, foi condenado a prisão perpétua pela morte de uma mulher de 18 anos. A vítima, como declarou mais tarde Unterweger, fazia-lhe lembrar a sua mãe (Gepp 2007). Unterweger passou o tempo na prisão a escrever poemas, contos para crianças, e uma autobiografia intitulada *Purgatory – A Journey to Jail* [*Purgatório – Uma viagem para a Prisão*] (1983), que fez grande sucesso, de tal forma que artistas e escritores austríacos de grande proeminência – como Elfriede Jelinek, que veio a ser laureado com o Prémio Nobel da Literatura (2004) – assinaram petições em sua defesa. Destes movimentos de apoio público resultou a sua libertação antecipada, depois de ter cumprido apenas 16 anos de prisão. Depois da sua libertação, Unterweger foi considerado um caso exemplar de uma reintegração bem-sucedida: a sua autobiografia era lida e discutida nas escolas, as suas histórias para crianças foram recriadas em programas de rádio, e Unterweger trabalhou também como jornalista de televisão, organizando programas sobre reabilitação de presidiários. Mas depressa voltou à sua velha paixão de matar mulheres. No papel de jornalista, no canal de televisão ORF (canal estatal austríaco), fez reportagens noticiosas sobre os casos de homicídio em que foi ele o autor. No espaço de dois anos, estrangulou pelo menos nove mulheres, na sua maioria prostitutas, na Áustria, República Checa, e Estados Unidos. Foi preso em 1992 em Miami, Flórida, e extraditado para a Áustria. A 29 de junho de 1994 foi condenado pela segunda vez a prisão perpétua pela acusação de nove homicídios (Leake 2007). Enforcou-se na sua cela, nessa mesma noite, com o cordão das calças de fato-de-treino.

O caso Unterweger foi a primeira vez, na história austríaca, em que a prova decisiva para uma condenação resultou da análise de DNA. Unterweger tinha escondido os corpos das suas vítimas austríacas em *Wienerwald*, os bosques que circundam a cidade de Viena, onde viriam a ser descobertos meses mais tarde. A descoberta de cabelos de uma das vítimas no carro de Unterweger, bem como fibras do seu cachecol num dos corpos, foram elementos decisivos para a sua incriminação.

Menos de três anos depois da condenação de Unterweger, a 1 de outubro de 1997, entrou em funcionamento na Áustria a base de dados genéticos forense nacional: foi uma das primeiras a nível mundial, e a segunda na Europa, precedida apenas dois anos pela criação da primeira base de dados genéticos centralizada, em Inglaterra e País de Gales, em 1995. A custódia da base de dados genéticos austríaca pertence ao Ministério Federal do Interior (*Bundesministerium für Inneres*, BMI). Um ano depois da criação da base de dados na Áustria, tinham sido resolvidos 149 crimes com base nos perfis aí inseridos; em 2004, o número tinha aumentado para mais de 1.400. Um inquérito desenvolvido pelo *European Network of Forensic Science Institutes* – ENFSI [*Rede Europeia de Institutos de Ciência Forense*] em dezembro de 2011, concluía que o número de coincidências entre perfis de indivíduos e amostras de vestígios das cenas de crime inseridos na base de dados genéticos austríaca tinha chegado aos 14.809 (ENFSI 2011). Proporcionalmente ao total da população, o número de perfis genéticos arquivados na base de dados austríaca está entre os maiores da Europa e mesmo do mundo (ENFSI 2011, Prainsack 2008, 2010b).

Mas em termos históricos, o uso de impressões digitais para objetivos de identificação, tanto a nível mundial como na Áustria, é evidentemente muito mais antigo. Debrucemo-nos mais detalhadamente sobre a evolução histórica dos métodos científicos de identificação criminal para compreendermos porque é que as impressões digitais foram consideradas, até há bem pouco tempo, o padrão-ouro da identificação forense. Além disso, como veremos mais adiante, não obstante o sucesso sem precedentes da identificação forense por técnicas de genética molecular (tecnologia de DNA), a partilha de dados dactiloscópicos (impressão digital) continua a desempenhar um papel decisivo na troca de bioinformação a nível transnacional no âmbito do combate ao crime.

Como demonstrou Simon Cole no seu livro sobre identificação criminal (Cole 2001), no final do século XIX as impressões digitais assumiram um papel rival ao chamado sistema de Bertillon francês. O sistema de Bertillon, que deve o nome ao seu inventor, o criminologista e antropólogo francês Alphonse Bertillon, materializou o primeiro arquivo sistematizado de dados de identificação criminal. Este sistema reunia uma descrição detalhada de suspeitos e condenados, recorrendo à medição padronizada do corpo, uma descrição verbal (*portrait parlé*), fotografias, e quando aplicável, o registo de características invulgares, como sinais ou cicatrizes. Embora no final do século XIX se considerasse que o sistema de Bertillon iria continuar a ser o modelo dominante na identificação criminal na Europa e na América do Norte, este apresentava várias desvantagens quando comparado com as impressões digitais: as medições corporais dos suspeitos variavam conforme quem as fazia. Ao que parece, só em França, onde quase todos os técnicos que manuseavam a informação para ser inserida no arquivo criminal tinham sido treinados pelo próprio Alphonse Bertillon, é que não se registava este problema de variação interpessoal. Para além disso, o sistema de Bertillon era considerado inadequado para crianças e mulheres; nas primeiras, porque os seus corpos estavam em crescimento e a medição corporal era instável; no caso das últimas, o contacto físico próximo necessário para fazer as medições, entre oficiais masculinos e mulheres suspeitas ou condenadas, era considerado inapropriado (Cole 2010, ver também Fosdick 1915, Meßner 2010a).

Contudo, a grande vantagem das impressões digitais em relação ao sistema de Bertillon estava relacionada com o trabalho desenvolvido na cena de crime. Enquanto no sistema de Bertillon os registos pessoais continham medidas corporais do indivíduo, tornando possível às autoridades 'reconhecer' alguém que já estivesse registado no sistema, as impressões digitais permitiam que fossem estabelecidas relações entre pessoas e locais onde ocorreram crimes (Cole 2001). Assim, a impressão digital foi – a par da análise da marcas das pegadas de sapatos – a primeira técnica que, com o apoio dos vestígios biológicos recolhidos nas cenas de crime, poderia ser relacionada a suspeitos específicos ou a pessoas incluídas nos registos policiais ou forenses já centralizados. Como resultado destas potencialidades, em 1930 as impressões digitais tinham substituído o sistema de Bertillon como método e sistema de identificação criminal praticamente em todo o lado, mesmo em França. Esta mudança tecnológica trouxe alterações na distribuição do poder e das tarefas no seio do sistema de justiça criminal: com o sistema de Bertillon, a parte mais difícil era fazer as medições, ao passo que a seleção da informação e arquivo da mesma eram feitas por pessoal menos qualificado. No domínio das impressões digitais, acontecia exatamente o oposto: embora a recolha de impressões digitais em si mesma não requeresse capacidades ou treino especial, o mesmo já não se podia dizer da classificação, arquivo e identificação das mesmas. Isto significou que, com a instituição das impressões digitais como 'tecnologia padrão' de identificação criminal, a perícia policial foi transferida da esquadra para o departamento central (veja-se Cole 2001: 87).

À semelhança de muitos países europeus, também a Áustria adotou o sistema de Bertillon, que complementava e alargava o sistema de registo de suspeitos e condenados com base num arquivo fotográfico, existente neste país desde os finais dos anos de 1860 (o chamado 'álbum de criminosos', ver Meßner 2010a: 230). No entanto, passou mais de uma década desde que Bertillon apresentara internacionalmente o seu sistema, até que as autoridades de Viena o adotassem em 1898. O método das impressões digitais, pelo contrário, foi adotado um ano depois de ter sido implementado em Inglaterra: as autoridades vienenses começaram a usar o método das impressões digitais em paralelo com o sistema de Bertillon a partir de 1902.

Em 1908, o criminalista austríaco Hans Gross afirmou que apesar do sistema de Bertillon ser muito útil, as impressões digitais eram 'anatomicamente mais rigorosas' (Gross 1908: 458, cit. em Meßner 2010a: 240). Em menos de duas décadas o sistema de Bertillon deixou de ser usado em Viena. Muitos criminalistas e criminólogos austríacos partilhavam a avaliação do seu colega da Baviera, Robert Heindl, que considerava o sistema de Bertillon 'Inútil para a prática [de investigação criminal] diária'. [Esse sistema] é o resultado de uma obsessão quase patológica com a classificação' (Heindl 1922: 425, ver Meßner 2010a: 243, Meßner 2010b). Desde essa altura, a recolha de impressões digitais tornou-se rotineira no processo de estabelecer a identidade de um determinado indivíduo em contextos policiais. Embora não exista um motivo claro que explique a relutância das autoridades austríacas em implementar o sistema de Bertillon e a sua rápida adesão à identificação por impressão digital, a razão pode estar relacionada com o complicado sistema de indexação dos dados no sistema de Bertillon, tal como sucedeu noutros países europeus (Cole e Lynch 2010: 111). Poderia também dever-se à preferência por um sistema que facilitasse a sua padronização além-fronteiras.

A Áustria foi um país que esteve sempre envolvido de forma ativa na transnacionalização e internacionalização da partilha de dados com propósitos policiais e forenses. Desde há décadas que existe um forte empenho político na colaboração transnacional em matéria de investigação criminal: a Áustria desempenhou um papel de relevo na criação, em 1923, da Interpol (*International Criminal Police Organization* – Organização Internacional de Polícia Criminal) e contribuiu ativamente, com a participação de peritos austríacos, na materialização de uma infraestrutura da Interpol para a troca de perfis de DNA durante os anos de 1990. Hoje em dia, as autoridades austríacas facultam conhecimento pericial e ajuda prática a países europeus que estão em processo de criação de bases de dados genéticos a nível nacional.

Neste capítulo iremos, numa primeira parte, apresentar uma panorâmica das disposições legais e das práticas relativas à recolha de impressões digitais e perfis de DNA de suspeitos e criminosos condenados, e à inserção de informação em bases de dados forenses na Áustria. Passar-se-á depois a uma discussão de casos conhecidos que contribuíram para a desconfiança nas forças de autoridade e nos tribunais em particular, e nas agências governamentais em geral. Por fim, abordamos algumas características austríacas relacionadas com as especificidades da sua herança política, histórica e cultural, e sobretudo o acentuado ceticismo face às tecnologias genéticas. Este último aspeto é de facto o resultado da combinação entre memórias coletivas sobre os graves atrocidades para a humanidade que resultaram da relação entre ciência e poder político durante o período nazi (Barondess 1996), e um certo tipo de romantismo em torno da ideia de natureza, que data de muito antes da Segunda Guerra Mundial (Prainsack e Gmeiner 2008). Estes fatores moldam não só as atitudes do público mas também dos grupos de decisão – tais como os indivíduos condenados a pena de prisão, mas também os agentes da autoridade, como iremos explicar – em relação ao uso de tecnologias genéticas no âmbito da investigação criminal.

Leis e Regulação

Comecemos com alguns comentários gerais sobre os procedimentos das investigações criminais e dos julgamentos judiciais na Áustria. As investigações criminais são chefiadas pelo Procurador, de acordo com as regras do departamento de investigação e ação penal austríaco. Depois de finalizada a investigação, e estando reunidos elementos de prova considerados suficientes pelo Procurador para se obter uma condenação, são formalizadas as acusações.

O objetivo do processo penal é encontrar a 'verdade material'. Esta característica distingue os processos penais dos processos civis, que se baseiam no princípio da disposição, isto é, em que as partes formulam a 'sua própria' verdade. Em contraste, a noção de verdade material que guia os processos penais não é estabelecida pelas partes, mas sim pela versão que mais se aproxima dos 'factos ocorridos'. Ou seja: a verdade material é a verdade que se procura obter de forma a que corresponda o mais fielmente possível aos factos ocorridos – do que realmente aconteceu – e que se pretende que seja obtida independentemente do interesse das partes.

Para garantir esta distinção face aos julgamentos de âmbito cível, o sistema processual austríaco para julgamentos penais caracteriza-se pelo 'princípio do acusatório' (*Anklagegrundsatz*). Contrastando com o princípio inquisitório, em que o tribunal investiga, faz a acusação e age como juiz; com o princípio do acusatório, só o Procurador (e, nalguns casos, o queixoso) está autorizado para produzir uma acusação. Outros fatores de contraditório nos processos de ação penal no sistema austríaco são a posição de igualdade conferida à procuradoria e à defesa na busca da verdade material, recorrendo-se em certos casos à convocação de júris para determinar a culpabilidade.

O cariz inquisitorial do sistema judicial austríaco verifica-se no papel desempenhado pelas testemunhas periciais. Os peritos só podem ser convocados pelo tribunal (§126 alínea 3 do Código do Processo Criminal [*Strafprozessordnung*, StPO]); e têm de constar no registo estatal de peritos judiciais. A defesa não pode chamar estes peritos, apenas peritos de serviços privados que participam na construção da versão da defesa, na qualidade de testemunhas periciais.

No que respeita à identificação forense, o centro de identificação por impressões digitais austríaco faz parte do AFIS (*Automated Fingerprint Identification System* – Sistema Automático de Identificação por Impressão Digital). No processo de estabelecer a identidade de alguém no contexto de uma detenção ou investigação criminal, é frequente a recolha de impressões digitais e da impressão da palma das mãos, que são depois verificadas no sistema para confirmar se coincidem com outras retiradas de cenas de crime, ou se essas impressões estão registadas sob um nome diferente. Desde 2003 que o AFIS inclui também impressões digitais dos requerentes de asilo, que são depois enviadas para a base de dados europeia de impressões digitais, a Eurodac (*European Dactyloscopy*). A base legal para a recolha de impressões digitais está contemplada na Lei da Polícia de Segurança Austríaca (*Sicherheitspolizeigesetz*, SPG, BGBl I Nr 56/2006, ver em particular §65).

Ainda no que se refere à recolha de amostras de DNA de suspeitos, a Lei da Polícia de Segurança Austríaca estipula que o DNA pode ser obtido no contexto da identificação forense apenas se a pessoa em questão for suspeita de ter cometido uma ofensa grave,[23] e se houver motivo, devido ao tipo de

---

[23] Uma 'ofensa grave' é definida no §16 [2] SPG como uma ameaça a um bem legal por via da comissão de um crime punível por um tribunal e que foi cometido com intencionalidade, e não a mando de outrem. Para além disso, os critérios de 'ofensa grave' apenas se cumprem se (1) o crime é punível de acordo com o Código Penal [existem algumas exceções]; ou (2) se é punível de acordo com a Lei de Proibição [de atividades nazis] (*Verbotsgesetz*); ou (3) se é punível de acordo com a Lei das Substâncias Ilegais (*Suchtmittelgesetz*), exceto se a posse ou aquisição da substância ilegal se destina exclusivamente para consumo próprio do suspeito. Em março de 2013, o Tribunal Constitucional Austríaco entendeu que os critérios de inserção e de retenção

crime[24] cometido ou a personalidade[25] do suspeito, para a presunção de que possa vir, no decurso de futuras ofensas graves, a deixar indícios que possibilitem a sua identificação com base na informação genética já recolhida (§67.1 SPG).

A lei estipula que o laboratório que faz o exame molecular genético não pode receber qualquer tipo de informação sobre a identidade da pessoa (§67.2 SPG). Os laboratórios podem examinar apenas as partes do DNA que se destinam à identificação, o que exclui o perfil fenotípico – a análise de DNA não para fins de identificação mas para determinar prováveis características físicas ou 'étnicas' de alguém (Graham 2008, Kayser e Schneider 2009, M'Charek et al. 2011, Prainsack 2010a). Para além disso, em todos os casos em que as autoridades sejam obrigadas a apagar o registo inserido nas bases de dados, devem também destruir as amostras biológicas (§ 67.3 SPG) (Tabela 2.1).

A eliminação de dados genéticos pode ocorrer nas seguintes circunstâncias: primeiro, quando o indivíduo cujo perfil de DNA foi inserido na base de dados atingir os 80 anos de idade e se não tiver sido sujeito a nenhum exame com objetivo de identificação forense nos cinco anos anteriores; segundo, se o dador de DNA[26] for menor à data em que se obteve o material para identificação forense, não tendo sido alvo de identificação forense nos últimos cinco anos; terceiro, cinco anos depois da morte do dador; e quarto, se o dador de DNA já não for suspeito de ter cometido um delito grave. Nestes casos, é obrigatória a remoção dos dados por iniciativa própria das autoridades, exceto se a sua retenção for considerada necessária por circunstâncias concretas que indiciem

---

de perfis genéticos definidos pela Lei da Polícia de Segurança Austríaca (*Sicherheitspolizeigesetz*, SPG) teriam de ser revistos no prazo de 1 ano. O Tribunal entendeu ainda que os critérios de inclusão eram demasiado abrangentes: tal como estavam definidos pela lei era possível colher – e incluir na base de dados genéticos – também perfis de detidos e de suspeitos de crimes pouco graves (precisamente porque a definição de 'ofensa grave' no SPG é demasiado ampla). Além disso, o Tribunal considerou que deviam ser criadas condições para ser mais fácil a possível eliminação de determinados perfis inseridos na base de dados genéticos.

[24] Por via de um memorando interno, o Departamento Federal de Polícia Criminal autorizou uma lista de crimes em que a recolha de DNA (através de zaragatoa bucal) deverá constituir procedimento padrão; a lista engloba categorias de crimes que se considera terem um risco particularmente elevado de reincidência, como crimes contra a propriedade e crimes sexuais, crimes envolvendo substâncias ilícitas, e crimes violentos.

[25] Esta condição é observada se o suspeito tiver registo criminal.

[26] Utilizamos a expressão 'dador de DNA' para nos referirmos a qualquer indivíduo (um condenado ou um simples voluntário) que tenha o seu perfil genético inserido na base de dados forense.

TABELA 2.1
Síntese da Regulação da Base de Dados de DNA Forense Austríaca

Ano de Criação	1997
Legislação	Lei Austríaca da Polícia de Segurança. (*Sicherheitspolizeigesetz*, SPG, BGBl I Nr 56/2006)
Custódia da Base de Dados	Ministério Federal do Interior. (*Bundesministerium für Inneres*, BMI)
Entidade responsável pela recolha	Qualquer agente policial está autorizado a desenvolver medidas de identificação de suspeitos de crimes graves.
Sujeitos a recolha de DNA	Suspeitos. Pessoas Condenadas. Voluntários ('transeuntes circunstanciais'). Vítimas. Corpos não identificados. Pessoas desaparecidas se houver indicações concretas de crime, suicídio, ou um acidente. Agentes da polícia (a criação de uma base de dados policiais para efeitos de eliminação está ainda a ser levada a cabo).
Obrigatório Consentimento Informado	Não.
Uso de coerção física	Sim, com garantia da integridade física do indivíduo. Quando tem de ser usada força física, um agente faz um esfregaço da pele da testa ou da nuca.
Tipo de amostra	Esfregaço bucal ou equivalente.
Acesso aos Dados de DNA	Os funcionários dos institutos forenses só têm acesso aos valores dos perfis de DNA e aos números de referência. A polícia e as autoridades judiciais têm acesso a todos os detalhes.
Anonimização das amostras para análise laboratorial	Sim. As amostras são codificadas para análise laboratorial.
Recolha em massa de DNA (*DNA dragnets*)	Apenas para crimes puníveis com cinco anos de prisão ou mais, em que não existam outros meios para obter pistas, e têm de ser autorizadas pelo tribunal.

que a pessoa pode vir a cometer ofensas graves. A eliminação dos arquivos do perfil genético pode ainda ser feita a pedido do dador. Tal sucede nos casos em que a suspeição original deixa de se verificar, ou quando se conclui que o ato que levou à suspeição não era ilegal ou criminoso.[27]

TABELA 2.2
Critérios de Inserção e Remoção de Perfis de DNA e de Retenção e Destruição de Amostras

Critérios para inserção de perfis	Todos os indivíduos condenados. Vestígios em cenas de crime. Suspeitos de terem cometido uma ofensa grave. Suspeitos em que se presuma, tendo em conta o ato ou a personalidade dos indivíduos, que no caso de virem a cometer outras ofensas graves possam deixar vestígios que possibilitam a identificação com base na informação genética recolhida.
Critérios para remoção de perfis	Pessoas condenadas: retenção indefinida. Suspeitos: se forem absolvidas e a retenção não for considerada necessária pelas autoridades (os suspeitos absolvidos devem elaborar um pedido escrito ao Ministério Federal do Interior para terem os seus perfis eliminados).
Retenção e destruição de amostras	Sempre que os perfis forem apagados, as amostras devem ser destruídas Amostras não identificadas são conservadas até que os casos correspondentes estejam resolvidos. Pessoas condenadas: 80 anos de idade (se não tiver sido sujeito a identificação nos 5 anos anteriores). Menores: depois de 5 anos sem que tenha havido outro exame forense. Suspeitos: se forem absolvidos e a retenção não for considerada necessária pelas autoridades (os suspeitos absolvidos devem elaborar um pedido escrito ao Ministério Federal do Interior para que as suas amostras sejam destruídas).

A lei austríaca não especifica a idade mínima das pessoas a quem se podem recolher amostras de DNA para fins identificação forense. Contudo, na prática, os agentes de polícia abstêm-se de recolher amostras de DNA a indivíduos

---

[27] Na prática, a secção §73.1 descreve a maioria de todas as possibilidades de apagar dados e destruir amostras. Muitas são devidas a ter expirado o limite de tempo de conservação dos perfis. A secção §74, que confere ao ex-suspeito o direito a requerer a eliminação dos dados, é aplicada anualmente a apenas um pequeno número de casos. Muitos destes casos pertencem a suspeitos que não são condenados devido a terem responsabilidade diminuída no momento em que foi praticado o crime. Os suspeitos recebem uma folha com a informação deste direito na altura em que lhes é retirada a amostra de DNA.

com menos de 10 anos de idade. Outro aspeto da lei austríaca que tem sido alvo de críticas severas por parte de grupos envolvidos na defesa de questões de privacidade e proteção de dados pessoais, foi a legalização, em 2004, através de uma revisão do Código do Processo Criminal (veja-se, em especial, §123.2 StPO), da possibilidade de alargamento da recolha de amostras de DNA a grupos amplos de indivíduos de forma a identificar um suspeito (através de 'pesca de DNA' – *DNA dragnets*[28]). Os representantes da polícia austríaca responderam a essa crítica referindo-se à sua política generalizada de uso restrito e seletivo de uma recolha alargada de amostras biológicas, e alegando que este procedimento seria usado apenas nos casos em que se considerasse ser absolutamente necessário (isto é, em casos com grande alarme social e quando nenhum outro meio de investigação garanta a obtenção de pistas), e apenas em crimes para os quais a lei prescreve sentenças de prisão superiores a cinco anos. Uma operação de 'pesca de DNA' só pode ser pedida por um procurador público e tem de ser aprovada por um tribunal. Até agora, na Áustria, não foi realizada nenhuma recolha de DNA deste tipo.

Partilha Transnacional de Impressões Digitais e Perfis de DNA
Enquanto membro da União Europeia, a Áustria integra o Tratado de Prüm, um conjunto de regulações e práticas que concedem às autoridades judiciais dos Estados Membros acesso recíproco e automatizado a bases de dados nacionais que incluem perfis de DNA, impressões digitais, e registos de matrícula de veículos noutros países membros da UE (Prainsack e Toom 2010).[29] A criação deste Tratado remonta a 2005, quando sete países da UE – Áustria, Bélgica, França, Alemanha, Luxemburgo, Países Baixos e Espanha, assinaram uma convenção na cidade alemã de Prüm (Convenção de Prüm 2005). Apesar de a

---

[28] A recolha em massa de amostras de DNA (ou 'pesca de DNA– *DNA dragnets*) é um procedimento relativamente comum, por exemplo, entre a polícia britânica. A primeira vez que se assistiu a um procedimento policial deste tipo foi em 1987, quando duas adolescentes britânicas foram raptadas e assassinadas. A polícia recolheu amostras de cerca de 5000 jovens do sexo masculino num perímetro geográfico que se considerou abranger a zona de residência do homicida. Colin Pitchfork acabou por ser identificado como o autor desses crimes e este foi o primeiro caso criminal no Reino Unido a ser resolvido com base em técnicas de genética molecular.

[29] Também países não membros da UE, como a Noruega, a Islândia e os Estados Unidos assinaram, ou estão vias de assinar, tratados com Estados Membros da UE que incluem disposições que visam a partilha de dados em moldes semelhantes à troca de dados efetuada sob o regime de Prüm.

Convenção estar aberta à participação de todos os outros países UE, na altura apenas tinha o estatuto de tratado internacional com força de lei para os sete países signatários. Estes sete países deram início à convenção para intensificar a colaboração no combate à imigração ilegal, ao crime transnacional, e ao terrorismo internacional (Prainsack e Toom 2010). Três anos mais tarde, em 2008, a UE decidiu conferir à Convenção poder vinculativo,[30] o que significou que todos os países membros da UE que ainda não o tivessem feito, teriam de criar bases de dados de DNA, de impressões digitais e de registos automóvel, de modo a permitir o acesso aos seus dados às autoridades competentes de países da UE (ver mais detalhes em Prainsack e Toom 2010). O argumento subjacente a esta medida foi, e continua a ser, que a expansão da UE e do espaço *Schengen*, abolindo o controlo fronteiriço entre a maioria dos países da UE, aumentou a mobilidade de criminosos por toda a Europa. Assim, a função principal desta partilha transnacional de bioinformação é a de facilitar a resolução de casos criminais através da identificação de pessoas nas bases de dados de DNA ou no AFIS (Sistema Automático de Identificação por Impressão Digital) de outros Estados membros, sobretudo quando não há correspondência entre os indícios recolhidos na cena do crime, e os perfis genéticos ou impressões digitais constantes nas bases de dados do país onde o crime foi cometido. Para além disso, o Tratado de Prüm também permite às autoridades policiais associarem à mesma pessoa (ainda não identificada) crimes por resolver nos seus próprios países e em outros Estados membros; verificar se há pessoas registadas em vários Estados membros com identidades diferentes, e tentar estabelecer a sua verdadeira identidade; e pesquisar pedidos de localização de indivíduos, bem como a existência de mandados de captura.

O sistema funciona permitindo aos agentes de investigação criminal (ou outros membros do sistema judiciário, nos países em que as bases de dados forenses não são detidas pela polícia) procurarem correspondências para os seus pedidos de busca nas bases de dados nacionais de outros países da UE. No caso de se encontrar uma correspondência, então a parte interessada pode entrar em contacto com o país onde se verifica essa ocorrência e pedir dados nominais – como o nome e endereço da pessoa com quem houve correspondência de DNA, impressão digital, ou registo do veículo. Em alguns casos, a parte requerente faz uma análise para confirmar os dados, com uma nova análise à amostra de DNA para diminuir a possibilidade da correspondência automática ser um falso

---

[30] As Decisões relevantes são a 2008/615/JAI e a 2008/616/JAI (Conselho UE 2008a, b).

positivo, situação que se tem vindo a tornar frequente dada a enorme quantidade de perfis existentes nas bases de dados genéticos forenses por toda a Europa (Hicks et al. 2010, Weir 2004, 2007).

No que diz respeito a impressões digitais, a parte requerente deve disponibilizar os recursos humanos necessários para estabelecer a autenticidade da coincidência entre duas impressões digitais. Ao contrário dos perfis de DNA, que podem ser comparados de forma automática, no caso das impressões digitais o computador apenas consegue identificar um determinado número de correspondências possíveis para uma dada impressão (ver Dror e Hampikian 2011). Tal acontece porque a correspondência de impressões digitais obriga à comparação de impressões 'totais' (ou seja, de uma impressão digital com boa qualidade retirada do dedo inteiro ou da palma das mãos, que esteja inserida na base de dados) com impressões parciais ou latentes deixadas na cena de crime.[31] O processo de comparação entre padrões para averiguar a correspondência de impressões digitais implica uma verificação 'manual' (Cole 2001). Este é um processo muito moroso, que torna impossível que, por exemplo, sempre que ocorra uma correspondência entre duas impressões digitais nas bases de dados dos países membros da UE abrangidos pelo sistema automático de identificação por impressão digital, se leve a cabo uma análise de confirmação (isto é, uma análise mais detalhada das impressões) tanto por parte do país requerente, como do país a quem é feito o pedido (ver também Schmid 2010). Acresce ainda que a possibilidade de correspondência da impressão digital, para além de envolver pessoas, tempo e outros recursos necessários para a sua análise, depende de outros fatores como a qualidade da impressão digital, a importância do caso em relação ao qual foram encontrados, vestígios, etc.

Do ponto de vista da Áustria, até agora o Tratado de Prüm tem sido muito bem-sucedido: até 2 de novembro de 2010, a Áustria tinha conseguido 10.000 correspondências de perfis de DNA de outras bases de dados; 1.333 foram correspondências entre vestígios recolhidos em cenas de crime na Áustria e amostras de outros países (Schmid 2010). Infelizmente, não existem dados sobre o número de casos em que estas amostras serviram de prova para mais

---

[31] Com o Acordo de Prüm, estão previstos os seguintes cenários que possibilitam a comparação: dez impressões com dez impressões (TP; a TP é a impressão dos dez dedos excluindo a palma de mão); dez impressões com impressões latentes (LT); impressão da palma (PP) com impressão latente (LP); TP para LT não solucionadas; LT para LT não solucionadas; PP para PP latentes não solucionadas PP; LP para LP não solucionadas (ver Schmid 2010).

investigações e/ou foram decisivas no processo de condenação.[32] No que toca a impressões digitais, também a 2 de novembro de 2010, a Áustria recebeu 41.447 pedidos de correspondência que resultaram em 3.770 correspondências positivas.[33] A identificação resultou em várias centenas de mandados de captura decretados por tribunais austríacos, pela polícia e por tribunais internacionais, e por 924 casos de utilização de nomes falsos (Schmid 2010).

A Áustria também partilha dados de impressões digitais através do sistema Eurodac, que arquiva impressões digitais de requerentes de asilo e certos tipos de imigrantes ilegais[34] através do Sistema de Informação de Vistos (VIS AFIS),[35] cujo principal objetivo é ajudar na implementação de uma política comum de vistos e no combate à 'compra de vistos', uma prática utilizada por cidadãos que não pertencem à UE, e a quem foi rejeitado o visto num país Schengen, tentando noutro países Schengen até que algum lhes dê entrada. Por fim, os dados são também partilhados através do Sistema de Informação Schengen II (SIS II) que, contudo, não está ligado ao AFIS, e foi concebido para armazenar apenas 10 imagens de impressões. No entanto, está previsto ligar o SIS II – que virá também a guardar fotografias – com o AFIS, e esperando-se que melhore

---

[32] No entanto, deve ser notado que provar relações de causalidade entre correspondências de DNA ou impressões digitais para garantir condenações é uma tarefa bastante difícil. Nalguns casos em que se obtém correspondência de DNA ou impressões digitais, estas não são uteis para a investigação (p. ex. quando há uma correspondência num caso de violação em que ambas as partes reconhecem ter havido relações sexuais mas discordam sobre o facto de ser ou não consensual), e/ou a prova concreta provém de uma origem diferente (p. ex. de uma testemunha ocular). Assim, as declarações políticas ou mediáticas que atribuem uma relação linear e de causa-efeito entre as taxas de condenação e a obtenção de correspondências de DNA ou impressões digitais, terão mais motivações ideológicas do que bases empíricas sólidas.

[33] Em novembro de 2010, quando estes números foram obtidos, a Áustria partilhava dados de impressões digitais ao abrigo do regime Prüm apenas com a Alemanha, o Luxemburgo, a Eslovénia e a Espanha.

[34] O sistema Eurodac tem por base a Regulação do Conselho Europeu 2725/2000. É gerida por uma unidade central na Comissão Europeia e consiste numa base de dados centralizada que contém impressões digitais bem como tipos particulares de informação pessoal sobre o portador da impressão (país de origem da UE; género; local e data de submissão de pedido de asilo; ou local e data da detenção da pessoa; número de referência, data da recolha das impressões digitais; data de transmissão das impressões para a unidade central do Eurodac). Para mais informações sobre o Eurodac veja-se UE 2010a.

[35] VIS AFIS tem por base a Regulação (CE) 767/2008. Os dados registados no VIS são: informação sobre o requerente e os vistos pedidos, concedidos, recusados, anulados, revogados, ou prorrogados; fotografias; dados de impressões digitais; referências a pedidos anteriores de vistos e aos ficheiros de pedidos de indivíduos a viajar em conjunto (UE 2010b).

substancialmente a capacidade do SIS II na identificação de pessoas que usam identidades falsas. O SIS II facilita às autoridades dos países Schengen,[36] bem como à Europol[37] e ao Eurojust,[38] a obtenção de informação sobre pessoas e bens.[39] Dada a sua localização no centro da Europa, e a posição destacada que tem ao nível das infraestruturas que detém para a troca transnacional de dados, a Áustria conta com um elevado número de pedidos de pesquisa, bem como de correspondências, entre impressões digitais de criminosos condenados, e requerentes de asilo e imigrantes ilegais (Schmid 2010). Para além disso, em 2009, 59 por cento dos novos registos de identificação austríacos eram de suspeitos ou criminosos estrangeiros (Schmid 2010).

---

[36] Em 1995 cinco países membros da UE – Bélgica, França, Alemanha, Luxemburgo e Países Baixos – assinaram o chamado acordo de Schengen (com o nome da cidade luxemburguesa em que foi assinado. O objetivo deste tratado internacional (que tal como a Convenção de Prüm não era uma lei da UE no momento em que foi assinado) era facilitar a livre circulação de pessoas dentro das fronteiras desta área, o que na prática significava a abolição do controlo fronteiriço. Portugal, a Espanha, a Itália e a Áustria aderiram ao Tratado em 1997. Dois anos mais tarde, o Tratado de Amesterdão adotou o acordo de Schengen como uma lei da UE, e tornou-o parte do chamado *acquis communautaire* (o corpo de leis, regulações e normas da UE a que têm de se submeter automaticamente os novos países que adiram à UE). No entanto, os países que adotam atualmente o acordo de Schengen não são totalmente congruentes com os países membros da UE: enquanto os países da UE como a Irlanda e o Reino Unido optaram por ficar fora de Schengen, vários países não-membros da UE como a Islândia, a Noruega e a Suíça, optaram voluntariamente por aderir a Schengen. Isto significa que qualquer residente de um país não membro da União Europeia que tenha um visto Schengen pode também viajar para estes três países não-membros sem ter de atravessar quaisquer controlos fronteiriços. Para além disso, três micro-países que não são nem Estados-membros da UE, nem signatários de Schengen, são de facto parte da zona Schengen devido aos seus acordos bilaterais com países que lhes fazem fronteira: Mónaco, San Marino e a cidade do Vaticano. À data da escrita deste capítulo, três países da UE – Bulgária, Chipe e Roménia – apesar de estarem vinculados pelo acordo de Schengen, ainda não o tinham implementado. Para mais informação ver UE 2010c.

[37] A Europol é uma entidade responsável pela aplicação da lei nos países da UE. A sua missão é, em particular, lidar com problemas de relevância europeia e transnacional, como contra-terrorismo, crime organizado, etc.

[38] Eurojust é uma entidade de cooperação judicial da UE. A sua função é auxiliar e ajudar a coordenar medidas contra o crime grave que afeta o território de mais do que um país Estado-membro da UE.

[39] As bases legais do SIS II são a Regulação (CE) 1987/2006 e a Decisão do Conselho 2007/533/JAI. Para mais informação veja-se UE 2010d.

Análise de DNA e de Impressões Digitais: As Práticas das Autoridades Policiais na Áustria

Qualquer procedimento de detenção envolve a recolha de dados verbais, fotografias e dados dactiloscópicos sob a forma da impressão da palma da mão do suspeito. Apesar de a lei austríaca não restringir a gama de crimes em que se podem recolher amostras de DNA dos suspeitos, na prática (e com base num decreto do Ministério do Interior [*Erlass*]), a amostra de DNA é apenas recolhida em determinadas circunstâncias definidas pela lei, conforme explicamos anteriormente. Os 'dados verbais' registados pelas autoridades referem-se a todos os aspetos pessoais da pessoa detida, incluindo os que estão nos documentos legais e nos cartões de identificação. Em segundo lugar, são tiradas fotografias do rosto e do corpo, bem como de 'características peculiares', como sejam tatuagens. Terceiro, os dados dactiloscópicos são obtidos com a ajuda de um *scanner* automático que recolhe dados dos dez dedos e da palma da mão, inserindo-os diretamente na(s) base(s) de dados. Os dados dactiloscópicos, segundo os nossos informantes da polícia austríaca, são a melhor ferramenta para identificação forense na altura da detenção, uma vez que 'são únicos em cada indivíduo e relativamente baratos de obter e processar'.

Por ano, os casos de recolha de prova a nível nacional são cerca de 25.000. Menos de metade incluem a recolha de amostras de DNA. Nos casos em que é tirada uma amostra de DNA, a polícia verifica primeiro se o perfil do detido está já inserido na base de dados, com a ajuda das impressões digitais e da palma das mãos. Uma vez que os detidos podem tentar esconder a sua identidade fornecendo um nome falso, podem ser traídos pelos dados dactiloscópicos: se as impressões resultarem numa correspondência existente na base de dados, presume-se que não é a primeira vez que aquela pessoa é detida, e o seu perfil de DNA pode também estar já registado. Os perfis incluídos na base de dados genéticos provêm de dois grupos de pessoas: ou de suspeitos (a estes, o DNA pode ser retirado coercivamente, normalmente da testa ou do pescoço),[40] ou de pessoas que não são suspeitas mas que podem ter deixado inadvertidamente DNA no local do crime, embora por razões legítimas (as chamadas 'presenças ou transeuntes circunstanciais', *Gelegenheitspersonen*). Por norma, encontram-se

---

[40] Normalmente, as amostras de DNA recolhidas coercivamente não são amostras de sangue. Nesta situações, o suspeito é colocado em posição de submissão por um ou dois agentes e um outro faz um esfregaço da pele da testa (se a cabeça do suspeito estiver puxada para trás) ou do pescoço (se o pescoço do suspeito estiver fixo numa posição frontal).

entre estes, os companheiros, familiares, colegas de casa e vizinhos, pessoal de limpeza, mas também vítimas. Os seus perfis de DNA são usados apenas para fins de os eliminar enquanto suspeitos: se os seus perfis de DNA corresponderem a perfis de vestígios recolhidos na cena de crime, sabe-se que estas correspondências não pertencem ao infrator (a menos que o 'transeunte circunstancial' venha a tornar-se ele próprio um suspeito). Os perfis de DNA obtidos dessas 'presenças circunstanciais' não são inseridos na base de dados, o que significa que não são usados em buscas de rotina a perfis provenientes de vestígios das cenas de crime.

Em teoria, as amostras de pessoas consideradas 'transeuntes circunstanciais' podem ser conseguidas legalmente de forma coerciva. No entanto, de acordo com os representantes das autoridades judiciais entrevistados para este estudo, não é comum acontecer na prática. Isso deve-se ao facto de no caso de uma pessoa identificada no âmbito das 'presenças circunstanciais' na cena de crime se mostrar relutante em se submeter voluntariamente ao esfregaço bucal ser informada de que pode vir a ser considerada suspeita; e nesse caso, o seu perfil de DNA será inserido na base de dados e usado futuramente em eventuais buscas. Se, por outro lado, fornecer voluntariamente uma amostra, manterá inalterada a sua condição de 'transeunte circunstancial'.

Relativamente ao transporte de amostras de DNA para os laboratórios, são usados determinados códigos de barras para identificar amostras colhidas de suspeitos/condenados, e outros códigos de barras para os seguintes grupos: voluntários ('presenças circunstanciais'); vítimas; perfis de corpos não identificados; perfis de pessoas desaparecidas, se houver indicadores concretos de crime, suicídio ou acidente; e por fim, perfis dos agentes policiais. Também se aplicam diferentes níveis de comparação (procedimentos de rotina ou procedimentos *ad hoc*) aos perfis incluídos nos diferentes ficheiros da base de dados genéticos.

Para reduzir o risco de contaminação do DNA recolhido da cena de crime com DNA retirado de um suspeito, os laboratórios criminais são obrigados por lei a processar em locais diferentes os vestígios recolhidos da cena de crime e as amostras retiradas dos indivíduos. As análises de DNA são conduzidas em três laboratórios distintos, todos pertencentes a instituições de pesquisa académica: os departamentos de Medicina Forense da Universidade de Innsbruck, da Universidade de Medicina de Viena, e da Universidade de Salzburgo. Os contratos com estas instituições estipulam um número máximo de vestígios de cenas de crime e de amostras de suspeitos que podem ser analisados; de momento, o limite anual é de cerca 4.000 vestígios de cenas de crime e 12.000 amostras individuais (excluídas destas limitações estão as amostras de DNA relacionadas com a investigação de crimes particularmente graves, sendo os custos destas análises assegurados pelos próprios tribunais). Se, num determinado ano, o número real de amostras submetidas para análise estiver abaixo do limite definido por contrato, então o Ministério recebe um 'crédito para vestígios' que transita para o ano seguinte. Uma vez que, por norma, as amostras biológicas colhidas de indivíduos não estão contaminadas com outras substâncias (recolher e guardar DNA de um esfregaço bucal é uma tarefa relativamente simples), são muito mais baratas de processar do que as amostras de DNA recolhidas em cenas de crime, que envolvem dificuldades técnicas associadas às diferentes circunstâncias em que foram colhidas: são amostras provenientes de superfícies diversas, com quantidades de DNA muito variáveis e apresentando diferentes estados de preservação. O custo médio da criação de um perfil de DNA com base numa amostra de uma cena de crime é atualmente de 255€, enquanto o perfil com base numa amostra bucal (o típico perfil recolhido de um 'sujeito identificado') ronda os 90€.

O rigoroso limite da quantidade de amostras recolhidas na cena de crime que podem ser submetidas para análise, obriga os investigadores criminais a dividir em dois grupos os vestígios de DNA recolhidos na cena de crime: o primeiro grupo reúne amostras consideradas de análise indispensável; as amostras do segundo grupo serão guardadas e eventualmente analisadas mais tarde se, no decorrer de uma investigação, se revelar que uma determinada amostra pode trazer pistas que ajudem a resolver o caso. Por exemplo, se houve um homicídio no terceiro andar de um prédio com vários apartamentos, os investigadores criminais podem guardar beatas de cigarros recolhidas à porta do prédio. Por motivos de contenção de custos, estas beatas não serão submetidas a análise de DNA, mas sim arquivadas. Mas se, por exemplo, uma testemunha afirmar que viu um estranho a fumar à porta do prédio antes do crime acontecer, as beatas serão então enviadas para um laboratório forense para análise de DNA. Para além destas considerações de contenção de custos, a decisão sobre quais os vestígios que devem ser analisados, e quais devem ser retidos, também varia conforme a qualidade da amostra. Sangue, saliva ou esperma, por exemplo, são considerados 'bom' material, a partir do qual é provável que se consiga extrair DNA válido, enquanto outras substâncias, como o suor, apresentam mais problemas. Nesse sentido, têm prioridade para análise as provas consideradas 'boas'.

Os perfis de DNA obtidos no laboratório consistem em 11 números, que correspondem aos resultados da impressão genética de dez *loci* genéticos, mais o resultado do cromossoma do sexo. Se a qualidade da amostra o permitir, o perfil obtido é inserido automaticamente na base de dados. No caso de um perfil coincidir com outro já inserido na base de dados, o Ministério solicita uma análise confirmatória ao laboratório em questão (nestes casos, usa-se uma segunda amostra de DNA, ainda por analisar, que tenha sido submetida ao laboratório juntamente com a primeira amostra).

Em resumo, as práticas forenses de perfis e bases de dados de DNA na Áustria são, como se vê, muito menos emocionantes e realizadas a um ritmo muito mais lento do que é normalmente retratado nos *thrillers* televisivos. Para além disso, os nossos informantes austríacos mostraram-se muito menos empolgados com a investigação criminal levada a cabo com recurso a tecnologia avançada do que os seus 'colegas' da TV. Sublinharam várias vezes o facto de o trabalho ser árduo, demorado e, na maior parte dos casos, monótono.

Confiança Pública no Sistema de Justiça Criminal
Regra geral, os representantes da polícia e do Ministério do Interior na Áustria acentuam os benefícios de uma regulação rígida e da monitorização das tecnologias forenses de DNA (Prainsack 2010a). O apoio público às leis em vigor que regulam a investigação criminal, as análises de perfis de DNA e de impressões digitais e o trabalho policial em geral, foi reconhecido como uma pré-condição necessária ao bom desempenho das autoridades. Contudo, a confiança pública nas instituições de justiça criminal foi posta em causa no contexto de vários casos famosos em que se levantaram suspeitas sobre assuntos relacionados com a investigação policial e/ou o julgamento, embora nunca tivesse sido provada má conduta das autoridades. Alguns dos chamados 'escândalos' tiveram particular impacto no modo como a justiça criminal e as autoridades em sentido lato são avaliadas pelo público em geral. Todavia, em contraste com outros países como os EUA, a ciência e a tecnologia forense não têm um grande destaque na história destes 'escândalos'. Em vez disso, o que sobressai nestas histórias é uma narrativa que alia o sentimento de impotência das pessoas 'normais', face a alegadas redes e esquemas de que fazem parte aqueles que são considerados como a elite política, económica e social. O inimigo do 'homem comum' (*kleiner Mann*) não é tanto uma autoridade governamental em particular, mas a noção generalizada da falta de transparência na forma como são tratados os casos criminais de maior notoriedade, a par da opinião que políticos, empresários e meios de comunicação social têm interesses ocultos implicados nos mesmos.

Este padrão narrativo integra duas características da sociedade austríaca: primeiro, a presunção que as redes de poder estão organizadas, em larga medida, em associações não-transparentes ou semitransparentes, maioritária ou exclusivamente formadas por homens, cujas alianças remontam aos seus tempos de estudantes, quando se tornaram membros dos chamados *Kartellverbände* (cartéis ou grupos muito fechados que são, na sua maioria, de orientação católica e conservadora), associações de estudantes, ou grupos elitistas e/ou esotéricos (e.g., Kreisky 1992). Para os de fora – em que, já agora, se incluem as mulheres – estas redes são de difícil acesso, e determinados processos políticos ou de negociação empresarial de 'grande escala' permanecem não só inacessíveis mas também ocultos, e portanto distantes da compreensão e conhecimento da parte daqueles que lhes são estranhos. A segunda característica está relacionada com a primeira, embora de forma diferente: ainda que vários inquéritos mostrem que os níveis aparentes de corrupção no sector público sejam comparáveis aos da Alemanha, Reino Unido, Irlanda, e Japão (que se situam nos vinte países com as taxas mais baixas de corrupção, ver Transparency International, 2011), há um sentimento público crescente de que as elites políticas e empresariais da Áustria estão a tornar-se cada vez mais corruptas.[41]

Não existem dados concretos sobre aquilo que pensa o público acerca dos maiores escândalos judiciários ocorridos na Áustria nos últimos anos. No entanto – apesar de ser um exagero chamar-lhes 'erros da justiça', uma vez que não houve julgamento, e não se conseguiu provar a existência de erros – alguns casos criminais foram especialmente importantes no debate público: um deles diz respeito a uma mulher chamada Natascha Kampusch, raptada aos dez anos de idade, e mantida em cativeiro numa pequena cave durante oito anos. A polícia desistiu das buscas relativamente pouco tempo depois do seu desaparecimento, por considerar que era altamente improvável que pudesse ainda estar viva. Aos 18 anos, Natascha Kampusch conseguiu escapar. O seu raptor, Wolfgang Priklopil, não foi acusado uma vez que se suicidou quando descobriu que Natascha tinha fugido (Hall e Leidig 2006, Kampusch 2010).

A história de Natascha Kampusch deu origem a uma acesa discussão pública, não só porque, ao contrário do sentimento público, a menina Kampusch recusou-se a denegrir o seu raptor, mas também porque testemunhas afirmaram terem visto *dois* suspeitos envolvidos no seu rapto (Seeh 2010). Houve suspeitas

---

[41] Para uma informação atualizada sobre os índices globais de corrupção, veja-se *Transparency International* (2011).

de que as autoridades pudessem ter 'encoberto' a verdade sobre a existência de mais pessoas envolvidas no rapto, e recusaram-se a efetuar uma investigação mais minuciosa (Kraske 2008). A este respeito, no entanto, nada ficou provado.

Outro acontecimento que teve impacto negativo na confiança pública nas instituições de justiça criminal, decorreu na esfera da política e dos interesses de negócios (Mayr 2010). Um exemplo foi o caso que envolveu Karl-Heinz Grasser, ex-Ministro Federal das Finanças e antigo aliado do já falecido político de direita extremista, o controverso Jörg Haider, conhecido pela sua simpatia com as ideologias nazis e xenófobas. Grasser foi Ministro das Finanças sob o mandato do partido conservador *Österreichische Volkspartei* [Partido do Povo]. Grasser deixou a política e começou uma carreira empresarial em 2007, depois de ter estado por diversas vezes no centro da atenção pública pelo envolvimento, ainda como titular da pasta de Ministro das Finanças, em escândalos relacionados com o alegado recebimento de presentes de empresas e alegado financiamento da Federação de Indústrias Austríacas para desenvolvimento e manutenção do próprio website pessoal (ver, por exemplo, Mayr 2010, Simonian 2007). Grasser foi mesmo acusado em tribunal devido ao seu alegado envolvimento no chamado 'caso Buwog', em que foi acusado de ter lucrado pessoalmente com a venda de imóveis do Estado a uma empresa imobiliária, em 2004 (Bryant 2010). Apesar de o julgamento estar ainda pendente no momento da escrita deste capítulo, teve já um impacto considerável, no sentido em que contribuiu para o aumento da perceção que a Áustria é um 'oásis de corrupção', como o descreve Mark Pieth, Presidente do Grupo de Trabalho sobre *Subornos nas Transações de Negócios Internacionais* da OCDE (cit. em Bryant 2010).

Em 2010, a então Ministra Federal da Justiça, Claudia Bandion-Ortner, colocou 40 dos 300 procuradores públicos na investigação de crimes de colarinho branco (Bryant 2010), mostrando que o governo levava o problema a sério. Alguns meses mais tarde, em abril de 2011, Bandion-Ortner foi substituída no Ministério da Justiça, em resposta ao aumento das críticas de juízes e procuradores públicos sobre a sua alegada conduta intolerante (p. ex., criticava os juízes por não trabalharem com rapidez suficiente, e impunha abusivamente prazos de investigação aos procuradores públicos) e pela incapacidade para lidar eficazmente com o problema da corrupção. Contudo, continua a manter-se uma ideia pública generalizada sobre a Áustria enquanto país onde os membros das classes mais poderosas conseguem, com frequência, escapar à justiça e as autoridades e que as agências governamentais colaboram com outros membros das elites sociais para 'abafar' determinados casos.

Num certo sentido, o caso de Jack Unterweger, que vimos no início deste capítulo, que saiu da prisão graças à intervenção de várias celebridades empenhadas na sua libertação, pode ser entendido como o modelo para a história deste tipo de 'escândalos': um 'mau' é protegido pelos seus amigos poderosos e, de forma não totalmente transparente para o público, dispensado de cumprir a pena atribuída. Uma vez libertado, continua a acumular dividendos para si próprio e ao mesmo tempo representa uma ameaça para cidadãos inocentes.

O sentimento de impotência, a par da transparência duvidosa de uma espécie de 'Estado profundo', reflete-se também nos testemunhos e perspetivas dos indivíduos condenados a pena de prisão, que entrevistámos no estudo apresentado neste livro, como fica claro sobretudo no Capítulo 8, quando os presos nos relataram as desconfianças que têm em relação à atuação da polícia e dos tribunais.

Atitudes Públicas Face às Tecnologias Genéticas
Nos anos de 1990, a Áustria foi considerada o país 'mais crítico da engenharia genética da Europa' (Wagner et al. 1998). Ao longo de 2010, vários inquéritos de opinião levados a cabo na União Europeia colocaram a Áustria como a maior opositora dos 'alimentos genéticos' (ORF Science 2004) e as taxas de oposição na Áustria aos alimentos geneticamente modificados têm-se mantido consistentemente acima da média europeia. Este marcado ceticismo face à genética é expresso não só em inquéritos de opinião, mas assume-se como tema importante no debate público: por exemplo, em 1997, uma petição pública contra a legalização da importação de alimentos geneticamente modificados na Áustria angariou um milhão e 200 mil assinaturas, um número substancial num país com uma população total de apenas oito milhões.

O 'receio dos genes' continua a ter influência no debate político atual e influencia as restrições regulamentares na legislação e na regulação que se refere à tecnologia genética: Alguns grupos de ativistas (partidos políticos, grupos feministas, direitos de pessoas deficientes) preferem não tocar nos temas biopolíticos do que arriscar-se a outra mobilização anti-tecnologia da parte das massas (Prainsack e Gmeiner 2008: 388). Para além disso, apesar dos alimentos geneticamente modificados estarem no centro do ativismo anti-tecnologia-genética, a resistência e o ceticismo não se restringem apenas à comida. Como mostraram dados facultados pelo Eurobarómetro (Comissão Europeia 2010), a Áustria não só apresenta o mais baixo nível de apoio público aos organismos geneticamente modificados no conjunto de todos os países da UE, como está também entre os países com os mais baixos índices de apoio à pesquisa de células embrionárias humanas, à troca e partilha de dados pessoais e material biológico, e até mesmo no que respeita à nanotecnologia (Comissão Europeia 2010: 6).

É difícil avaliar quais os fatores que explicam tamanha rejeição da genética e as biotecnologias na Áustria. Apesar do papel que aqui poderá desempenhar a influência da prevalência cultural de um certo 'romanticismo em torno da natureza', ou seja, o forte apoio público manifestado na Áustria ao respeito e amor pela natureza e à defesa da preservação do que é 'natural' (Prainsack e Gmeiner 2008), isto não é explicação suficiente para os elevados níveis de ceticismo austríacos face à genética e às biotecnologias. É sem dúvida o mesmo imaginário público que se prende com a genética na esfera da medicina – sobretudo aquele ideário que, por norma, afirma estar-se 'a mexer com a natureza', e a com a própria essência da vida – que molda as atitudes quanto ao uso de tecnologias genéticas nas atividades policiais e forenses. Apesar de não conseguirmos encontrar uma resposta a esta questão no âmbito deste capítulo, para interpretarmos a racionalização e os comportamentos dos principais grupos de decisão e do público relativamente às tecnologias de DNA, também no domínio das práticas policias e forenses, é de uma importância crucial chamar-se a atenção para esta atitude cultural austríaca de desconfiança em relação à genética. Embora a precisão e fiabilidade da ciência forense e da tecnologia de DNA não seja posta em causa (ver Capítulo 4 e Capítulo 5), os genes são encarados como revelando algo de intrinsecamente humano – a sua essência? – que não deve ser exposto. Se é aceitável infringir este princípio no caso daqueles que são considerados como criminosos, não será certamente aceitável no que respeita às pessoas 'inocentes' (talvez aí se encontre a explicação para os presos austríacos discordarem de bases de dados genéticos que contem a informação de todos os cidadãos, enquanto os presos portugueses manifestam recetividade a esse cenário – ver Capítulo 6).

Encontrámos esta atitude de ceticismo face às tecnologias genéticas também entre membros da polícia. Por exemplo, depois de a contaminação de cenas de crime por parte de membros da polícia ter sido reconhecida como um problema sério (Schmid e Scheithauer 2010), o Ministério Federal do Interior propôs, em 2009, a criação de uma base de dados 'de eliminação' da polícia. Estas bases de dados, tal como existem, por exemplo na Suíça, Inglaterra e País de Gales, e Austrália, contêm os perfis de DNA de membros das forças policias. Os perfis de DNA obtidos a partir de vestígios recolhidos da cena de crime no contexto de uma determinada investigação podem ser comparados com os perfis dessa base de dados. No caso de haver uma coincidência, os investigadores podem presumir que a correspondência resulta de uma situação de contaminação durante ou depois do processo de preservação da cena de crime e/ou durante a etapa de recolha de provas, evitando, assim, os custos desnecessários de procurar um suspeito desconhecido, como aconteceu no famoso caso do 'fantasma de Heilbronn'.[42]

Quando o Ministro Federal do Interior divulgou o plano para criar uma base de dados deste género, suscitou uma resistência imediata da parte dos sindicatos da polícia, que caracterizaram esta base de dados como dispendiosa e desnecessária e, curiosamente, como sendo 'contra a proteção da liberdade pessoal do agente policial' (ORF news 2010). Este tema tornou-se de tal forma controverso que chegou a ser tratado no horário nobre dos canais noticiosos de televisão austríacos.

Conclusão

Este capítulo começou por apresentar a evolução histórica do uso de impressões digitais e perfis de DNA para identificação e investigação criminal e o respetivo contexto legislativo. Mostrou-se como as impressões digitais e os perfis de DNA também desempenham um papel importante nas infraestruturas europeias na prevenção e combate da criminalidade e nesse contexto afirmámos que os agentes de polícia austríacos e representantes das autoridades policiais tiveram um lugar central no estabelecimento de uma cooperação internacional e europeia na troca de bioinformação. Para além disso, em vez de considerarem as tecnologias forenses – e o perfil de DNA em particular – como 'máquinas da verdade' (Peter Neufeld cit. em Lynch et al. 2008), ou seja, como fontes infalíveis de provas 'verdadeiras', os agentes com quem falámos mostraram um elevado nível de consciência relativamente aos eventuais problemas inerentes ao uso destas tecnologias (contaminação, erros humanos ou mecânicos, cálculos estatísticos complexos, etc., Prainsack 2010a).

---

[42] O caso do 'fantasma de Heilbronn', ou o caso 'da mulher sem rosto', refere-se a uma investigação policial de larga escala que envolveu a busca multinacional de uma hipotética mulher *serial killer*, desconhecida, que teria deixado vestígios de DNA em cenas de crime na Áustria, França e Alemanha, entre 1993 e 2009. Até que finalmente se deu conta que o DNA encontrado nas cenas de crime era proveniente de uma operária fabril que empacotava as zaragotas de algodão que eram usadas para recolha de vestígios recolhidos em cenas de crime (BBC News 2009). Schmid e Scheithauer (2010: 24) divulgaram um estudo piloto em que 202 voluntários das forças policiais facultaram amostras de DNA e impressões digitais: os resultados indicaram que 55 deles tinham deixado, não intencionalmente, vestígios de DNA em 74 locais de crime, e impressões digitais em 26 ocasiões.

Apesar de não haver nenhum dado a indicar que a confiança pública no sistema de justiça criminal seja mais baixa na Áustria do que acontece por norma noutros países da UE, alguns casos recentes demonstram um aumento dos níveis de descontentamento relativamente à transparência e fiabilidade do sistema de justiça criminal. Contudo, esta perceção negativa do sistema de justiça não parece estar diretamente relacionada com o sistema de justiça criminal, mas antes parece resultar de algo que os cidadãos avaliam como estando errado no sistema político enquanto um todo. As presunções sobre a forma como as elites políticas e empresariais têm interesses comprometidos e se protegem e ajudam mutuamente, mesmo em detrimento da justiça, coincide com as críticas públicas acerca da corrupção das elites austríacas. Em ambas as circunstâncias – o grau relativamente alto de confiança nas autoridades públicas, e a atribuição da erosão desta confiança aos casos recentes de corrupção e à perceção geral do sistema político da Áustria como sendo um 'Estado profundo'– oferecem um contexto relevante para a interpretação que fazemos sobre as opiniões negativas que os indivíduos condenados a pena de prisão apresentam acerca do trabalho da polícia e sobre o sistema de justiça criminal (ver Capítulo 8). Estas narrativas coletivas, tanto de confiança como de corrupção, constituem referenciais tácitos nas narrativas dos presos que entrevistamos.

Um outro ponto de referência é o ceticismo pronunciado e relativamente generalizado face às biotecnologias e à genética na Áustria. Devem-se naturalmente à combinação de memórias coletivas das calamidades provocadas pelo casamento entre ciência e poder político durante o período nazi, e a um certo tipo de ideia romântica da natureza, que entende como reprovável ou profundamente perturbadora qualquer 'interferência' com a natureza. Esta interferência não se restringe a acontecimentos tangíveis como a poluição, mas também à esfera das interferências ontológicas, como a abertura da 'caixa negra' genética, entendida como um dos repositórios da essência humana.

Tanto a confiança pública nas autoridades como o ceticismo geral em torno das tecnologias genéticas são relevantes ainda noutro aspeto: contribuem para a convicção, entre as autoridades policiais, de que a adesão rígida às regras e normas de conduta no uso de tecnologias de identificação forense – e em particular, genéticas – é da maior importância. Para evitarem ser vítimas da hostilidade austríaca face às tecnologias genéticas, a par com baixos níveis de literacia científica (Comissão Europeia 2010), a informação sobre a base de dados de genéticos forense que é transmitida para os meios de comunicação social é muito limitada.

CAPÍTULO 3

O CENÁRIO PORTUGUÊS

Introdução

Em maio de 2007, um casal britânico – Gerald Patrick McCann e Kate Marie Healy – encontrava-se na estância balnear *Ocean Club*, no Algarve, com os seus três filhos (Madeleine, de 3 anos, e os gémeos Sean e Amelie, de 2 anos). Na noite de 3 de maio, Madeleine foi dada como desaparecida do quarto onde supostamente estaria a dormir com os irmãos, enquanto os pais jantavam com amigos num restaurante próximo do apartamento onde tinham deixado os filhos. A investigação inicial da Polícia Judiciária baseou-se no pressuposto de que Madeleine tinha sido raptada. A 15 de maio, um homem que vivia perto do *Ocean Club*, Robert Murat, foi identificado e declarado oficialmente como arguido;[43] alegadamente, as razões para tal suspeição seriam a sua disponibilidade, considerada entusiástica e excessiva, em ajudar a polícia na investigação ao longo dos dias que se seguiram ao desaparecimento de Madeleine, nomeadamente, o seu voluntarismo em assumir o papel de intérprete durantes as investigações. No entanto, nunca houve qualquer prova concreta contra ele.

O desaparecimento de Madeleine McCann foi um caso criminal de grande notoriedade, que atraiu um nível de atenção mediática – nacional e mundial – sem precedentes em situações deste tipo. O desaparecimento da criança permaneceu na memória do público e tornou-se uma referência cultural que pode

---

[43] Segundo o Artigo 57 do Código de Processo Penal de 2007, arguido é o estatuto de um indivíduo contra quem foi feita uma acusação formal ou requerida instrução num processo penal. O Artigo 58 define que uma pessoa pode ser constituída arguido com base na suspeita fundada da prática de crime. O estatuto de arguido está concebido para fornecer aos indivíduos determinados direitos, tais como o direito de saber informação sobre as acusações ou o direito de permanecer em silêncio durante os interrogatórios e de ter sempre presente um advogado, bem como obrigações e medidas de coação que podem ir desde a simples prestação de termo de identidade e residência, se não tiver havido uma acusação formal e a investigação estiver ainda a decorrer, até à prisão preventiva.

ter afetado duradouramente as representações em torno do crime e da justiça (Altheide e Devriese 2007, Jewkes 2004, Reiner 2002, Surette 1998), das práticas policiais (Cavender e Deutsch 2007, Huey 2010, Innes 2001, Jackson e Bradford 2009) e da perceção pública sobre as tecnologias forenses em Portugal (Machado e Santos 2009, 2011). A combinação entre a exposição pública deste caso criminal altamente mediatizado, por um lado, e o baixo nível de confiança nas autoridades judiciárias e nos tribunais por outro, é um fator importante para a compreensão do nexo entre tecnologia, crime e justiça criminal em Portugal. Os meios de comunicação social desempenham um papel crucial nestas inter-relações, tal como o uso de tecnologias de DNA em casos de grande impacto reforça os argumentos a favor do desenvolvimento das tecnologias forenses aplicadas à investigação criminal, como por exemplo o alargamento do âmbito das bases de dados de DNA.

Este capítulo começa por dar uma descrição detalhada das disposições legais em Portugal no domínio das impressões digitais e da base de dados de perfis de DNA para fins forenses. A partir daí, damos conta das principais fases do processo de criação de uma base nacional de dados genéticos para fins forenses, que começou com os planos iniciais do governo português, em 2005, para criar uma base de dados para toda a população. Mais tarde, foi promulgada uma lei que, comparada com a maioria dos outros países europeus, assume uma abordagem restritiva no que diz respeito a critérios de inserção de perfis genéticos na base forense e à retenção desses dados (Machado e Silva 2010).

Uma das características específicas do sistema de justiça português é a de que, ao longo dos anos, houve várias tentativas para tornar mais idênticos os procedimentos de identificação civil com os de identificação criminal. Outra particularidade do sistema de justiça português é a sua orientação inquisitória, e a coexistência de bases de dados informais da polícia que contêm vários tipos de dados (desde amostras biológicas e perfis de DNA, a dados mais descritivos sobre o carácter do infrator, a sua história criminal e hábitos, marcas físicas distintivas, alcunhas e outros registos de atividades suspeitas) com os registos criminais oficiais, que contêm impressões digitais e informação sobre todas as condenações penais decretadas por tribunais portugueses, além de condenações emitidas por tribunais estrangeiros relativamente a cidadãos portugueses.

Na última secção deste capítulo, discutimos as implicações do caso Madeleine McCann relativamente à perceção pública sobre as tecnologias forenses e o trabalho de investigação criminal. A análise deste caso criminal é importante uma vez que mostra que apesar das provas forenses terem um papel cada vez mais importante no trabalho de investigação criminal, o seu uso continua a enfrentar problemas. Para além disso, o caso McCann – não apenas devido à atenção generalizada de que foi alvo – pode ter fornecido condições políticas e sociais favoráveis ao apoio público na criação de uma base de dados genéticos para fins forenses (Dundes 2001, Gamero et al. 2007, Hindmarsh 2008) em Portugal (Machado e Santos 2011).

O Contexto Legal e Regulatório das Impressões Digitais
Tal como sucede em vários países por todo o mundo (Cole 2001), o desenvolvimento burocrático do estado português moderno foi acompanhado pela criação de sistemas modernizados de identificação criminal. A identificação de autores de crime tem sido alvo de preocupação dos Estados modernos desde meados do século XIX, quando as ciências biológicas começaram a ser usadas de forma sistemática para esta finalidade. Como foi descrito em detalhe no Capítulo 2, daí em diante começaram a ser utilizadas várias formas de individualização, envolvendo observação e mensuração do corpo, e recorrendo àquelas que na altura eram consideradas as mais aperfeiçoadas técnicas científicas disponíveis, como a antropometria e a dactiloscopia.

Portugal não foi exceção no desenvolvimento dos sistemas de identificação criminal, acompanhando a expansão do aparelho burocrático do Estado moderno. Desde o início do século XX que o sistema antropométrico foi usado para medir o comprimento dos ossos (em reclusos masculinos e em cadáveres). Em 1902 – quatro anos depois da sua adoção pelo sistema austríaco – a antropometria tornou-se o método oficial para identificar presos em Portugal. Todos os reclusos masculinos eram sujeitos a um exame em que os seus corpos eram medidos com uma precisão milimétrica, e as suas características físicas registadas com rigor científico (Madureira 2003: 284). Também em Portugal não levaria muito tempo até que as impressões digitais substituíssem a antropometria, desde o momento em que o primeiro corpo foi identificado com a ajuda das técnicas de impressões digitais em 1904.

À semelhança do que sucedeu na Áustria (ver Capítulo 2) e noutros países europeus, as impressões digitais desenvolveram-se mais rápida e generalizadamente em Portugal do que a antropometria. A razão mais plausível para este facto é o baixo custo de um sistema de identificação criminal com suporte em impressões digitais, e o facto de requerer pessoal menos especializado para esse trabalho (Cole e Lynch 2010: 111). Enquanto a antropometria era considerada como um trabalho da competência dos cientistas, ou pelo menos de pessoal altamente treinado, as impressões digitais tornaram-se rapidamente parte das práticas policiais diárias, passando também a ser usadas com propósitos de identificação civil. A primeira tentativa para criar um arquivo de dados dos cidadãos para identificação civil remonta a 1912, numa iniciativa do governo Republicano que tinha abolido a monarquia em Portugal dois anos antes. O governo planeou a introdução de cartões de identificação para uso de todos os funcionários públicos que iriam incluir impressões digitais dos cinco dedos da mão direita, uma fotografia, e a descrição de características distintivas. Por outras palavras, o objetivo era usar o conhecimento científico e as técnicas empregues na identificação criminal para finalidades de identificação civil.

Esta primeira tentativa para recolher e arquivar de forma sistematizada os dados de identificação civil de toda a população falhou. Mas, nas décadas seguintes, outras medidas que visaram a expansão da base de dados de impressões digitais acabaram por ser bem-sucedidas. Este projeto de criação de uma base de dados universal com impressões digitais para uso civil e forense em Portugal ocorreu em paralelo com desenvolvimentos ocorridos em países como a Argentina, em 1910, e nos EUA entre os anos de 1930 e o início dos anos de 1940 (Cole e Lynch 2010: 112). Porém, ao contrário do que se verificou na maioria dos outros países, em que os esforços para incluir nas bases de dados informação de cidadãos não-suspeitos redundaram em falhanço, em Portugal, após uma resistência inicial, os usos para identificação civil de bases de dados de impressões digitais continuaram a expandir-se de modo relativamente pacífico. A identificação de pessoas não servia apenas para propósitos criminais, mas tinha uma finalidade tanto para as áreas civil--administrativa, como para a área forense, e foi repensada como um assunto de segurança coletiva que requeria a recolha de impressões digitais de todos os cidadãos (Madureira 2003).

Em 1927 (Decreto 13254 de 9 de março) foram criados os arquivos regionais de identificação que articulavam competências civis e criminais. No mesmo ano foram introduzidos cartões de identidade obrigatórios para todas as profissões, e para todos os que quisessem matricular-se na escola secundária ou na universidade. Os 'bilhetes' de identidade eram, na realidade, documentos de quatro páginas que incluíam o nome do portador, filiação, local de nascimento, data de nascimento, e profissão, bem como detalhes de quaisquer características distintivas, uma fotografia, impressões digitais e assinatura (para aqueles que sabiam escrever).

Nos anos seguintes, o esforço de equiparação entre a identificação civil e criminal foi levado ainda mais longe. Em 1944, o Decreto 33535 de 21 de fevereiro criou a Direcção dos Serviços de Identificação, que incluía o Arquivo Geral de Registo Criminal e Policial e o Arquivo de Identificação Civil. Num artigo publicado em 1960, um famoso professor de direito, Adriano Moreira, escreveu que 'num país pequeno só há vantagem em possuir um ficheiro dactiloscópico geral para a identificação civil e criminal' (Moreira 1960: 234); e continuava:

> Embora nem todos venham a ser condenados ou detidos, todos vêm a precisar de um bilhete de identidade, e assim, dentro de alguns anos, possuiríamos um ficheiro dactiloscópico de toda a população. Pode, de resto, adoptar-se o sistema de tornar obrigatória, para esse fim, a colheita das impressões digitais, por exemplo, na idade escolar, em que ainda não há interesse em alterar a identidade civil: assim ficaria fixada para toda a vida. (Moreira 1960: 234)

Os procedimentos oficiais de identificação criminal foram transpostos para a identificação civil e o cartão de identificação entrou na vida quotidiana da população sem que houvesse contestação. Como nota Catarina Frois, uma vez que aproximadamente 40 por cento da população portuguesa era iletrada até aos anos 60, o cartão de identificação tornou-se um documento útil para fazer prova de identidade, uma vez que a impressão digital podia substituir a assinatura no caso das pessoas que não sabiam ler nem escrever (Frois 2008). Ao contrário do que acontecia noutros países em que a prática de recolha de impressões digital estava associada à identificação criminal (Cauchi e Knepper 2009, Cole 2001, Cole e Lynch 2010, Finn 2005), os cidadãos em Portugal aparentemente aceitaram esta 'dupla finalidade' até aos dias de hoje, sem questionarem a obrigatoriedade da sua natureza.

Em 2008, o chamado cartão do cidadão veio substituir os tradicionais bilhetes de identidade. Ser portador de um cartão do cidadão, agora no formato de *smart card*, continuou a ser obrigatório. Para além de substituir o anterior cartão de identificação, tinha agora a função de substituir os anteriores cartões de contribuinte, de segurança social, de eleitor e de utente do Serviço Nacional de Saúde. O cartão do cidadão tem também uma fotografia, as impressões digitais dos dedos indicadores direito e esquerdo, a morada e uma assinatura digital.

A lei portuguesa autoriza a recolha de impressões digitais a todos os cidadãos portugueses com a finalidade de atribuir um cartão de cidadão ou passaporte. As autoridades policiais de investigação criminal também podem recolher impressões digitais, fotografias ou outros itens de 'natureza similar' para usar na identificação de um suspeito. Contudo, a lei não especifica a que se referem as provas de 'natureza similar' e nesse sentido não é claro se a recolha de amostras para identificação de perfis DNA pode ser incluída nesta categoria (Moniz 2009: 3).

Outras técnicas importantes de identificação na investigação criminal são as bases de dados de identificação criminal mantidas pela Direcção-Geral da Administração da Justiça, que contêm o Registo Criminal com informação sobre todas as condenações criminais de cidadãos portugueses, e as impressões digitais de pessoas condenadas. Estas bases de dados são regulamentadas pela Lei 57/98, de 18 de agosto de 1998, que define os princípios gerais relativamente à organização e funcionamento da identificação criminal. Para alguém se poder candidatar a alguns empregos, por exemplo, como funcionário do Estado, é obrigatório apresentar um certificado do registo criminal. O registo criminal é apagado até um máximo de dez anos após o cumprimento da sentença ou medida de segurança (p. ex. internamento compulsivo), desde que entretanto não tenha havido outras condenações. A lei da base de dados nacional de perfis de DNA com propósitos forenses estipula que o perfil genético é removido na altura do cancelamento definitivo das decisões apresentadas no registo criminal (Artigo 26.1f da Lei 5/2008).

Planos para a Criação de uma Base Universal de Dados Genéticos
A 21 de março de 2005, o recém-eleito governo anunciou a intenção de criar uma base de dados genéticos de toda a população para efeitos de identificação civil que poderiam também ser usados no trabalho de investigação criminal. Apesar de este plano nunca ter chegado a concretizar-se, esta intenção política tem ressonâncias com uma longa história social de recolha de dados de informação pessoal por parte do Estado, com a aceitação passiva dos cidadãos.

O plano para criar uma base universal de dados genéticos com finalidades de identificação civil e criminal foi anunciado pelo governo em conjunto com várias estratégias para melhorar a justiça em Portugal, nomeadamente, como parte de diversas medidas concebidas para 'tornar mais eficaz o combate ao crime e a justiça penal, respeitando as garantias de defesa' (Programa do XVII Governo de Portugal 2005). Este anúncio programático declarava que era necessária a criação de um 'sistema integrado de informação criminal' para que pudessem ser cruzadas informações entre várias bases de dados públicas já existentes, em relação às quais a base universal de dados genéticos seria apenas mais um acréscimo.

Este objetivo foi formulado no âmbito daquilo que o programa governamental chamou de intenção de reforçar 'meios e programas de prevenção e combate à criminalidade organizada, à corrupção e à criminalidade económico-financeiro em geral, com especial destaque para a luta contra o terrorismo e os tráficos de droga, seres humanos e armas' (Programa do XVII Governo de Portugal 2005: 142). No programa de Governo afirmava-se ainda que não seria a polícia de investigação criminal a ter a custódia da base de dados genéticos. Em várias ocasiões verificadas nos dois anos seguintes, os representantes do Ministério da Justiça sublinharam a ideia de que a polícia não teria acesso direto à informação genética para finalidades de investigação criminal, assegurando uma proteção adequada dos cidadãos face a possíveis abusos da informação constante na base de dados genéticos.

Na discussão sobre a intenção do governo em criar uma base de dados genéticos, os meios de comunicação social afirmavam que, ao juntar os dados genéticos com outras bases de dados policiais já existentes, o governo português na realidade pretendia implementar uma base universal de dados genéticos. Para além disso, foi proposta a inclusão, com carácter obrigatório, de amostras de sangue já obtidas de todos os recém-nascidos em Portugal no âmbito do chamado Programa Nacional de Diagnóstico Precoce que, desde 1979, visa detetar doenças congénitas através do teste Guthrie.[44] Se este plano tivesse sido implementado, Portugal teria sido o primeiro país no mundo a ter uma base de dados genéticos centralizada da totalidade da sua população para finalidades de identificação civil e criminal.

A Lei 5/2008, que aprovou a criação de uma base de dados de perfis de DNA, estipulou que a entidade responsável pela sua gestão seria o Instituto Nacional de Medicina Legal e Ciências Forenses (INMLCF). O Instituto responde ao Ministério da Justiça e tem a custódia da base de dados genéticos, processando as amostras (Artigo 16 da Lei 5/2008) e sendo responsável por transmitir os resultados às autoridades judiciais competentes (Artigo 19 da Lei 5/2008). Todas as atividades respeitantes à base de dados de perfis de DNA com fins forenses desenvolvidas pelo Instituto Nacional de Medicina Legal e Ciências Forenses são supervisionadas e controladas por um Conselho de Fiscalização independente com poderes de decisão, nomeado pelo Parlamento português.

---

[44] O teste Guthrie é um exame médico efetuado a todos os recém-nascidos para detetar uma grande diversidade de doenças congénitas. Normalmente é retirada uma gota de sangue através de uma picada no calcanhar do bebé.

A intenção do governo de criar uma base universal de dados genéticos parece ter suscitado pouco interesse entre o público. Também a cobertura deste assunto pela parte dos meios de comunicação social teve um tom geralmente neutro e descritivo, limitando-se a atualizar regularmente os desenvolvimentos no projeto da Lei, no debate Parlamentar e na criação da base de dados (Águas et al. 2009, Boavida[45] 2005).

Contexto Legal da Base de Dados de DNA com Propósitos Forenses

A Lei 5/2008 regula duas finalidades forenses diferentes no âmbito da mesma base de dados genéticos: a identificação civil e a identificação com propósitos de investigação criminal. Como descrito na secção anterior, há razões históricas que explicam por que não foi problemática a combinação entre identificação civil e criminal, concretizando-se a mesma sem qualquer resistência pública, e mesmo sem qualquer debate público, digno de nota, a este respeito.

A lei estabelece os princípios para a criação e manutenção da base de dados e regula a recolha, processamento e arquivo de amostras de células humanas, a respetiva análise e a obtenção de perfis de DNA. Determina ainda a metodologia a seguir na comparação de perfis de DNA e define as normas de processamento e arquivamento dessa mesma informação em ficheiros informatizados. É expressamente proibido o uso, análise e processamento de qualquer tipo de informação constante na base de dados para quaisquer outros propósitos.

Em Portugal, à semelhança de vários sistemas judiciais da Europa continental, é suposto que os juízes atuem imparcialmente no apuramento dos factos (Toom 2010). Desempenham um papel ativo e proeminente no processo de avaliação e na imposição das normas relativas à admissão de provas e aos procedimentos do tribunal. Esta orientação inquisitorial do sistema de justiça criminal português reflete-se também na lei sobre a base de dados genéticos: a recolha de amostras para finalidades de investigação criminal requer uma ordem do juiz, ou um pedido da defesa (Artigo 8.1 da Lei 5/2008). A inclusão de perfis de DNA na base de dados requer sempre a ordem de um juiz (Artigo 18 da Lei 5/2005). Por fim, a prova de DNA só é admitida em tribunal se for requerida por uma autoridade judicial (o juiz ou o Ministério Público) (nº 1 do Artigo 153, Código do Processo Penal 2007).

---

[45] Maria João Boavida, bióloga portuguesa, comentava *online* a 7 de abril de 2005 que '[a]pesar das ameaças que um tal sistema universal coloca às liberdades dos cidadãos, o país não parece estar alarmado. Até agora, houve muito pouco debate público' (Boavida 2005).

TABELA 3.1
Características Regulatórias da Base Portuguesa de Dados Genéticos para Fins Forenses

Ano de Criação	2008
Legislação	Lei 5/2008 de 12 de fevereiro. Deliberação 3191/2008.
Custódia da base de dados	Ministério da Justiça e Instituto Nacional de Medicina Legal e Ciências Forenses, I.P.
Entidade responsável pela recolha	A recolha de amostras só pode ser feita a pedido do suspeito oficial (*arguido*) ou ordenada por um juiz. A recolha de amostras só pode ser efetuada por peritos treinados.
Sujeitos a recolha de DNA	Pessoas condenadas por uma sentença de três anos ou mais. Podem recolher-se amostras a suspeitos oficiais (*arguidos*) mas os seus perfis só podem ser incluídos na base de dados depois da condenação. Voluntários (quem quer que deseje ser incluído na base de dados). Cadáveres não identificados ou partes de cadáveres. Pessoas desaparecidas ou os seus familiares. Profissionais que recolhem e analisam as amostras.
Obrigatório Consentimento Informado	O consentimento é necessário para voluntários, familiar de pessoas desaparecidas e profissionais (que recolhem e analisam as amostras).
Uso de coerção física	Sim, com garantia da integridade física do indivíduo.
Tipo de amostra recolhida	Esfregaço bucal ou equivalente.
Acesso aos Dados de DNA	Só pessoal autorizado pode aceder à base de dados, limitado ao exercício dos seus deveres profissionais. Os funcionários forenses e os membros do Conselho de Fiscalização da Base de dados genéticos estão obrigados ao segredo profissional, mesmo depois de cessarem as suas funções. O INMLCF fornece informação, quando requerida, às autoridades policiais e ao Ministério Público. Outros pedidos de informação estão sujeitos a autorização da Comissão Nacional de Proteção de Dados. Portugal pode partilhar informação com outros países ao abrigo dos tratados internacionais já ratificados.
Anonimização das amostras para análise laboratorial	Não especificado na lei.

No que diz respeito aos critérios de inserção de perfis (Artigo 15 da Lei 5/2008), a base de dados genéticos portuguesa pode incluir: a) perfis de voluntários, b) perfis obtidos por amostras recolhidas em cadáveres, partes de cadáveres, objetos ou locais onde a recolha é levada a cabo para fins de identificação civil; c) amostras de referência de pessoas desaparecidas ou dos seus familiares; d) perfis obtidos de amostras recolhidas em cenas de crime; e) perfis de condenados por uma sentença de três anos ou mais; e f) perfis de profissionais que recolhem e analisam as amostras.

No caso dos voluntários, familiares e profissionais (cujos perfis servem fins de exclusão), a lei portuguesa estipula que tanto os perfis de DNA como os dados pessoais correspondentes a estes indivíduos só podem ser incluídos na base de dados através do consentimento voluntário, escrito e informado (Artigo 18.1a-b da Lei 5/2008). As amostras provenientes de arguidos e indivíduos condenados podem ser recolhidos sem o seu consentimento. No entanto, a lei estabelece que os indivíduos têm o direito de ser informados sobre o conteúdo e eventuais usos da sua informação genética. As amostras podem também ser recolhidas de condenados por uma pena igual ou superior a três anos de prisão, mesmo que seja substituída por outra medida de segurança (Artigo 8.2 da Lei 5/2008). Os perfis de DNA de arguidos não são incluídos na base de dados genéticos para fins forenses e não podem ser recolhidas amostras com base apenas na suspeição (só a partir da constituição como arguido), podendo o perfil ser inserido somente após uma condenação e caso essa inserção seja ordenada por um juiz (Artigo 18.2-3 da Lei 5/2008).

Os perfis genéticos são eliminados da base de dados nas seguintes situações: perfis provenientes de amostras recolhidas da cena de crime, que não coincidam com o perfil do acusado, são eliminados 20 anos depois dessa mesma recolha (Artigo 26.1e da Lei 5/2008), e os perfis de condenados são eliminados aquando o cancelamento definitivo dos registos criminais, até um máximo de dez anos após a sentença ter sido cumprida (Artigo 26.1f da Lei 5/2008). Os perfis de voluntários e familiares de pessoas desaparecidas são retidos por um período de tempo ilimitado exceto se revogarem o seu consentimento prévio, e os perfis de cadáveres são eliminados depois da sua identificação (Artigo 26.1c da Lei 5/2008) (Tabela 3.2).

A lei portuguesa estabelece que todas as amostras provenientes de voluntários e condenados devem ser destruídas imediatamente após a obtenção do perfil de DNA (Artigo 34.1 da Lei 5/2008). Para além disso, a lei estipula que a preservação das amostras se destina apenas à análise e contra-análise necessária

TABELA 3.2
Critérios de Inserção e Remoção dos Perfis de DNA e destruição de amostras

Critérios para inserção de perfis	Pessoas condenadas a uma sentença de três anos ou mais, se a inserção for ordenada por um juiz. Vestígios recolhidos em cenas de crime. Voluntários. Cadáveres não identificados ou partes de cadáveres. Pessoas desaparecidas ou os seus familiares. Profissionais que recolhem e analisam amostras.
Critérios para remoção de perfis	Pessoas condenadas: os perfis são apagados em simultâneo com o registo criminal (máximo 10 anos depois de cumprida a sentença). Voluntários: os perfis são retidos indefinidamente ou até que o consentimento seja revogado. Familiares de pessoas desaparecidas: conservados até que haja uma identificação positiva ou que seja revogado o consentimento. Vestígios não identificados recolhidos em cenas de crime: apagados 20 anos depois da recolha. Cadáveres não identificados ou partes de cadáveres são retidos até serem identificados. Vestígios de cenas de crime: destruídas quando o caso é resolvido ou findo o período máximo da prescrição do crime. Profissionais: 20 anos depois de terminarem as suas funções.
Retenção e destruição de amostras	Amostras de voluntários e de pessoas condenadas são destruídas de imediato depois do perfil ter sido obtido. Amostras não identificadas recolhidas em cenas de crime são destruídas após 20 anos. Amostras de cadáveres não identificados ou partes de cadáveres são conservadas até que haja identificação. Amostras de profissionais são destruídas 20 anos depois de cessarem funções. Não existe regulação relativa à destruição ou retenção de amostras recolhidas a arguidos.

para efeitos de identificação civil e de investigação criminal (Artigo 32 da Lei 5/2008). As amostras recolhidas de cadáveres, pessoas desaparecidas ou familiares de pessoas desaparecidas, devem ser destruídas quando a pessoa desaparecida tiver sido identificada. Se não for possível a identificação, as amostras devem ser destruídas 20 anos depois da sua colheita. As amostras provenientes de profissionais forenses devem ser destruídas 20 anos depois de cessarem as suas funções oficiais (p.ex. em situação de reforma, Artigo 34.3 da Lei 5/2008).

O destino das amostras de arguidos recolhidas durante os procedimentos penais está atualmente num limbo legal, uma vez que não há regulação específica sobre a sua destruição. Ou seja, se o perfil extraído de alguém dado oficialmente como suspeito for adicionado à base de dados como se se tratasse de um indivíduo condenado, a amostra é destruída depois do perfil ter sido obtido (Artigo 34.1 da Lei 45/2004). No entanto, se não houver um despacho do juiz a ordenar a inserção do perfil na base de dados, ou se a pessoa em causa for absolvida, a omissão da lei nesta matéria leva a crer que as amostras biológicas devem ser destruídas no final de todos os procedimentos, ou passados dois anos, de acordo com a lei que regula a provas forenses (Artigo 25.2 da Lei 45/2004). A destruição das amostras foi contemplada no esboço da lei, mas não foi incluída na lei final que foi aprovada (Moniz 2009:8).

Para além disso, as variações na legislação e regulação entre diferentes países da UE podem levantar potenciais problemas no que respeita à troca de informação entre Estados-Membros (como foi discutido em detalhe no Capítulo 2). A falta de harmonização dos critérios de inclusão, preservação de amostras e retenção de perfis no espaço europeu, pode eventualmente conduzir a potenciais situações de desigualdade e conflito, uma vez que a regulação para a transferência de informação genética exige concordância com as normas, quer do país que concede como do país que as solicita, e estas podem variar de um país para outro (Moniz 2009: 11, Prainsack e Toom 2010).

Não há ainda quaisquer dados oficiais sobre o número de amostras e perfis de DNA mantidos pelo Instituto Nacional de Medicina Legal e Ciências Forenses. Em 2011, a imprensa portuguesa anunciou que havia menos de 100 perfis incluídos na base de dados de DNA.[46] As eventuais causas para este arranque lento da base de dados genéticos foram associadas à natureza restritiva da moldura legal e ao considerável investimento financeiro necessário para o funcionamento da base de dados. O facto de o juiz, aparentemente devido à insuficiente informação sobre o modo como funciona a base de dados genéticos para fins forenses, por norma não ordenar a inclusão dos perfis de DNA de indivíduos que recebem penas de prisão igual ou superior a três anos, foi avançado pela imprensa como a principal causa para esta demora. Acresce ainda que a crise financeira que afeta também o sistema de justiça criminal em Portugal pode também ser um fator que contribui para esta situação (Machado 2011).

Os elevados custos associados à análise de DNA quando comparados com outros países europeus, têm sido também matéria de discussão a propósito do desenvolvimento da base portuguesa de dados genéticos. Os preços foram

---

[46] De acordo com dados fornecidos pelo INMLCF, em novembro de 2012 havia um total de 939 perfis nos vários ficheiros da base de dados (Voluntários – 4; Amostras problema (id. civil) – 1; Amostras referência (id. civil) – 1; Amostras referência (familiares pessoas desaparecidas) – 7; Amostras problema (Inv. criminal) – 11; Condenados – 892; Profissionais – 23).

estipulados pelo Ministério da Justiça a 28 de abril de 2011 (Decreto 175/2011) e dependendo do grau de complexidade da análise, o preço da análise de DNA com a finalidade de inclusão na base de dados, pode variar entre 204€ e 714€ por pessoa ou por amostra.

Regulação Legal para Procedimentos Relativos aos Perfis de DNA
A 3 de dezembro de 2008, foi aprovada pelo Conselho Médico-Legal do Instituto Nacional de Medicina Legal a base legal do funcionamento da base de dados, com a publicação da Deliberação 3191/2008. Este documento contém as disposições legais sobre o modo de funcionamento da base de dados, e inclui as normas para recolha e análise de amostras, perfis de DNA e a inclusão desses perfis na base de dados genéticos para fins forenses, e os tipos de consentimento informado.

O Código de Processo Penal português estipula que 'são nulas, não podendo ser utilizadas, as provas obtidas mediante tortura, coação ou, em geral, ofensa da integridade física ou moral das pessoas' (Artigo 126.1 do Código de Processo Penal 2007). A lei portuguesa que regula o funcionamento da base de dados genéticos salvaguarda apenas os princípios do consentimento voluntário, informado e escrito nos casos de recolha de amostras fornecidas por voluntários ou familiares de pessoas desaparecidas (Artigo 4 da Deliberação 3191/2008). No caso de indivíduos declarados arguidos e réus condenados, a proteção da dignidade humana e da integridade física e moral está apenas relacionada com o método de colheita de amostras, de acordo com o estabelecido no Artigo 8 da Deliberação 3191/2008, que estipula o seguinte: 'A recolha de amostras em pessoas é feita em duplicado, através da colheita de células da mucosa bucal ou de outro método não invasivo que respeite a dignidade humana e a integridade física e moral individual'.

Os arguidos e os condenados têm apenas de autorizar que lhes seja tirada uma fotografia e que sejam registados dados pessoais relevantes para a investigação, sendo obrigatória a recolha de material biológico. São recolhidos dos cidadãos os seguintes dados pessoais: nome, morada de residência; número de telefone; número de cartão de identificação; data de nascimento; estado civil; profissão; grupo étnico e local de nascimento; grupo étnico e local de nascimento do pai; grupo étnico e local de nascimento da mãe.[47]

---

[47] Os dados são recolhidos por um técnico ou funcionário que assiste à recolha num formulário designado por 'auto de colheita' cujas várias versões (dependendo se a amostra se destina à identificação civil, de voluntários, de indivíduos condenados ou arguidos) se encontram reproduzidas em anexo à Deliberação 3191/2008.

Tem vindo a argumentar-se que a inclusão de informação sobre o grupo étnico de um indivíduo nas bases de dados genéticos pode conduzir à discriminação. Para além disso, a inclusão de informação relativa ao grupo étnico do sujeito de quem se recolhe a amostra biológica é feita normalmente com base na avaliação pessoal do técnico forense, ou na auto-classificação do indivíduo, e pode não corresponder às classificações usadas na pesquisa genética populacional (Machado e Silva 2009). Uma vez que o uso destas classificações não é universal, estas categorias podem variar muito no espaço e no tempo, e são pouco consistentes (Nuffield Council on Bioethics 2007: 80). Tem-se também defendido que a informação sobre a proveniência étnica constante nas bases de dados genéticos para fins forenses pode permitir aos investigadores explorar ligações entre raça e informações sobre o genótipo, conduzindo a tentativas para estabelecer conexões entre genética e comportamento criminal (Duster 2006b, 2008, Nuffield Council on Bioethics 2007: 77–88).

A inclusão da categoria de grupo étnico na informação recolhida a sujeitos cujos perfis de DNA serão adicionados à base de dados, contradiz a tendência até agora prevalecente na legislação portuguesa, de prevenir a discriminação ou a 'racialização da sociedade', como demonstra, por exemplo, o facto das estatísticas criminais registarem apenas a nacionalidade e não a etnia ou o fenótipo (Cunha 2010). Tem vindo a argumentar-se que a inclusão da referência ao grupo étnico daqueles que são condenados pela prática de crimes poderá apresentar uma nova tendência na criminalização de grupos minoritários em Portugal, a partir de agora baseada na identidade genético-criminal (Machado, Silva e Amorim 2010).

Organização da Investigação Criminal

O sistema de justiça português estipula que a investigação de crimes seja conduzida pelo Estado através do Ministério Público. Na primeira fase da investigação penal, designada de fase de inquérito, cujo propósito é determinar se foi cometido crime e quem poderá ser o seu autor, o Ministério Público é a autoridade que conduz a investigação, podendo ser assistido por órgãos de polícia criminal como a Polícia Judiciária, a Polícia de Segurança Pública ou a Guarda Nacional Republicana. A principal função da Polícia Judiciária é levar a cabo as investigações criminais, enquanto a principal missão da Polícia de Segurança Pública é salvaguardar a segurança interna e fornecer um serviço público em nome da comunidade. A Guarda Nacional Republicana tem uma natureza militar, mas está envolvida principalmente em policiamento de proximidade, intervindo em áreas como a violência doméstica e a proteção da natureza e do ambiente.

A organização do trabalho de investigação criminal é determinada pela Lei 49/2008, de 27 de agosto. Esta lei estipula que as autoridades de polícia criminal têm autonomia para conduzir todas as atividades consideradas necessárias para o sucesso de uma investigação criminal, apesar de a polícia trabalhar sempre sob a autoridade do Ministério Público. Esta última entidade pode supervisionar o progresso do trabalho policial, verificar se está de acordo com a lei, e emitir ordens específicas para ações a desenvolver (Artigo 2 da Lei 49/2008).

As três forças policiais, Polícia Judiciária, Polícia de Segurança Pública e Guarda Nacional Republicana, podem estar envolvidas no trabalho de investigação criminal, mas os crimes mais graves podem ser investigados apenas pela Polícia Judiciária, considerada a principal força de polícia criminal, uma vez que tem mais peritos, recursos e um percurso histórico de desenvolvimento do trabalho de investigação criminal. A Polícia Judiciária foi criada pelo Decreto--Lei 35042 de 20 de outubro de 1945, e em 1957 foi fundado o Laboratório de Polícia Científica. Este laboratório, em conjunto com o laboratório Instituto Nacional de Medicina Legal e Ciências Forenses, pode analisar amostras da Base de Dados Nacional de Perfis de DNA.

A Polícia Judiciária está envolvida em atividades de cooperação transnacional de investigação criminal na luta contra o terrorismo, atividades criminosas além--fronteiras e imigração ilegal. Tem uma Unidade de Cooperação Internacional, responsável pelas operações desenvolvidas em colaboração com a Europol, e um departamento que trabalha com a Interpol.

O início da cooperação internacional do trabalho de investigação policial em Portugal remonta a 1924, quando Portugal integrou a Comissão Internacional de Polícia Criminal, fundada no ano anterior em Viena, Áustria, e que precedeu a Interpol. Em dezembro de 2006, Portugal declarou oficialmente a sua intenção de assinar o Tratado de Prüm.

De acordo com conversas informais que mantivemos com representantes das autoridades legais em Portugal, parece existir consenso nas vantagens de integrar a troca internacional de ficheiros de impressões digitais nacionais, DNA e dados de registo automóvel. A legislação portuguesa em matéria de bases de dados genéticos para fins forenses contempla a obrigação de cumprir com as normas nacionais no que respeita à cooperação internacional nos domínios da investigação civil e criminal com recurso a perfis de DNA, e determina que não é permitida a troca de material biológico além-fronteiras (Artigo 21.1-2 da Lei 5/2008).

Por último, os registos policiais são outro instrumento essencial na investigação criminal. O Decreto 27304 de 8 de dezembro de 1936 estabeleceu as bases para a criação de um registo criminal e arquivo policial em Portugal, apesar do facto de estes registos serem usados pela polícia pelo menos desde o final do século XIX. A lei estipulava que o registo criminal iria conservar dados sobre as condenações e detenções de todos os cidadãos. Os registos policiais seriam mais informais, contendo dados do carácter do infrator, os seus hábitos e história criminal, características físicas distintivas, alcunhas e todo o registo de atividades suspeitas. Podia ser acrescentada informação aos registos policiais independentemente da pessoa ter sido levada a tribunal ou não, condenada ou absolvida: bastava ter tido qualquer ligação real ou hipotética com um crime. No passado, os tribunais faziam um vasto uso dos registos policiais, requerendo com frequência os respetivos ficheiros e incluindo-os nos processos (Durão 2008, Marques 2005).

Hoje em dia a Polícia Judiciária ainda conserva ficheiros dos registos policiais que contêm impressões digitais recolhidas a arguidos e indivíduos condenados, bem como amostras biológicas e perfis de DNA,[48] mas o uso desta informação não foi ainda legalizado: a Lei 5/2008 é omissa quanto ao destino das amostras e dos perfis recolhidos no decurso das investigações criminais anteriores à criação da base de dados genéticos. Estas amostras e perfis não podem ser usados nos procedimentos criminais devido à lacuna legal que enquadra a sua recolha e arquivo. A Comissão Nacional de Proteção de Dados – CNPD – é um órgão independente com poderes de autoridade para supervisionar e monitorizar o cumprimento das leis e regulações no âmbito da proteção de dados pessoais. A CNPD anunciou recentemente que os registos policiais mantidos pela Polícia de Segurança Pública contêm informação que viola a lei dos dados pessoais, nomeadamente ficheiros com dados sobre a etnia, comportamento na vida privada, religião, afiliação política ou sindical (Marcelino 2011). Nas palavras de um antigo diretor da Polícia de Investigação Criminal, entrevistado no âmbito deste livro, 'não tem havido capacidade política para ultrapassar esta questão, com toda a ineficácia que está subjacente. O problema da informação policial, da partilha e do seu controlo é uma das questões mais sensíveis que hoje se colocam na esfera da justiça e da segurança em Portugal'. Estão atualmente em curso negociações entre a Polícia de Investigação Criminal e o Conselho de

---

[48] Não há números oficiais sobre o tamanho, o tipo de dados, ou quaisquer outros detalhes mantidos nas bases de dados policiais. Em janeiro de 2011 a imprensa portuguesa anunciava que o Laboratório de Polícia Científica da Polícia Judiciária detinha 2000 perfis de DNA recolhidos em condenados e cenas de crimes não resolvidos (Fontes 2011).

Fiscalização que controla todas as atividades relacionadas com a base de dados genéticos para fins forenses, para decidir se, e como, é que os perfis mantidos pela polícia irão ser incluídos na Base Nacional de Dados de Perfis Genéticos com propósitos forenses.

Voltando ao Caso Madeleine McCann
O caso de Madeleine McCann representou um marco para o conhecimento público sobre a investigação criminal, as práticas policiais, o sistema de justiça e os usos de tecnologias forenses em Portugal. O potencial dramático do caso, aliado ao contexto cultural presente, em que as séries de televisão policiais em que predomina a ciência forense se tornaram imensamente populares, contribuiu para que os meios de comunicação social portugueses tenham dado uma atenção reforçada aos pormenores das práticas dos cientistas forenses e ao valor probatório da prova científica (Machado e Santos 2011). O principal jornal tabloide português, o *Correio da Manhã*, publicou 384 artigos relacionados com o caso de Madeleine McCann só no período entre maio de 2007 e julho 2008 (Machado e Santos 2009).

O caso McCann tornou-se rapidamente assunto de notícias internacionais, e teve uma ampla atenção dos meios de comunicação durante um período de tempo relativamente prolongado. Dois médicos bem-parecidos, em sofrimento devido ao inexplicável desaparecimento da filha, eram o centro de uma história que podia ser contada em poucas palavras, e tornava-se portanto apelativa para uma vasta gama de audiências. Envolvia também crianças e a ameaça de um predador sexual desconhecido, ou uma rede internacional de pedofilia. É de histórias como esta que são feitos os *best-sellers* policiais.

O facto de celebridades se terem envolvido numa campanha pública para ajudar a encontrar a criança desaparecida também ajuda a explicar a popularidade que o desaparecimento de Madeleine McCann conquistou nos média. A 9 de maio de 2007, o jogador de futebol Cristiano Ronaldo, em conjunto com outras estrelas futebolísticas como John Terry, Wayne Rooney e David Beckham, lançou um apelo a quem soubesse alguma informação sobre o paradeiro de Madeleine McCann: 'Fiquei muito perturbado ao saber do rapto de Madeleine McCann ... Apelo a quem quer que tenha alguma informação para que se apresente. Por favor, apresente-se' (Sky News 2007).

Apenas alguns dias de depois do desaparecimento da jovem Madeleine, a imprensa portuguesa e inglesa divulgaram notícias em que várias celebridades, empresários, amigos, e pessoas anónimas tinham contribuído com grandes quantidades de dinheiro para uma recompensa a quem tivesse alguma informação que pudesse conduzir à descoberta da criança. Clubes de futebol como o Manchester United e o Chelsea juntaram-se aos apelos ao público para ajudar 'a encontrar Madeleine' e durante os meses que se seguiram ao desaparecimento da criança foram passados *videoclips* alusivos à causa nos ecrãs dos estádios de futebol por todo o Reino Unido.

Os pais de Madeleine McCann viram-se, da noite para o dia, transformados em figuras públicas. Usaram o seu novo estatuto de celebridade para alimentar a atenção pública em torno do desaparecimento da criança. Foi criado um *website* oficial para encontrar a menina, e lançada uma empresa de angariação de fundos, expressivamente intitulada *Madeleine's Fund: Leaving no Stone Unturned* [O Fundo Madeleine: Nenhuma Pedra Ficará por Revolver].

Um episódio particularmente notável deste retrato dos McCann enquanto exemplo vivo da 'dolorosa vitimização' (Peelo 2006) infligida por um raptor alegadamente desconhecido foi a sua audiência com o Papa Bento XVI a 30 de maio de 2007. A imagem da agonia do casal fundiu-se com a imagem de dois incansáveis cruzados na causa das crianças raptadas, das quais Madeleine se tornou um ícone das crianças desaparecidas (Griffin e Miller 2008, Machado e Santos 2009: 157).

O caso sofreu uma reviravolta inesperada em julho de 2007, quando a polícia britânica trouxe cães treinados para detetar o odor de tecido humano putrefacto e sangue. Os cães tinham descoberto vestígios biológicos no apartamento de férias dos McCann, bem como no carro que tinham alugado. Estes vestígios foram recolhidos e enviados para um laboratório britânico (o Laboratório de Ciência Forense em Birmingham). A 7 de setembro de 2007, depois de interrogados pela Polícia de Investigação Criminal portuguesa, o Ministério Público decidiu tornar arguidos os pais de Madeleine McCann, sob a acusação de suspeita de homicídio e ocultação de corpo. Contudo, a 21 de julho de 2008, a investigação foi encerrada devido à falta de provas. Apesar dos extraordinários recursos mobilizados pela investigação policial, as provas reunidas foram inconclusivas, e até hoje permanece desconhecido o paradeiro de Madeleine McCann.

No decurso da investigação, o trabalho desenvolvido pela polícia portuguesa tornou-se alvo da crítica de especialistas em investigação criminal citados na comunicação social britânica. Estes peritos afirmavam que a cena de crime não tinha sido protegida e preservada corretamente, e que tinha havido erros técnicos e falhas na recolha de vestígios da cena de crime. Criticaram ainda o facto de não ter sido fornecida informação detalhada às autoridades fronteiriças e à polícia marítima imediatamente depois do desaparecimento da criança, o facto de os agentes não terem realizados inquéritos extensivos porta-a-porta, e de a polícia não ter pedido as imagens de videovigilância dos veículos que saíram da Praia da Luz (onde se situa o *Ocean Club*) na altura do desaparecimento de Madeleine.

À medida que a crítica britânica relativamente à Polícia Judiciária se tornava mais acentuada, o jornal *Correio da Manhã* procurou contrariá-la dando grande visibilidade às investigações policiais portuguesas e a comentários na imprensa, procurando refutar os principais pontos destas críticas: 'Não há polícias perfeitas e os ingleses, antes de atirarem pedras, deviam olhar para si próprios, para os seus casos falhados, para as suas investigações lacunosas' (Dâmaso 2007).

No entanto, apesar da imprensa popular portuguesa ter apoiado a Polícia Judiciária, também comentou a necessidade de aumentar o recurso a novos métodos de investigação, especificamente através do uso de bases de dados com informação sobre pedófilos e bases de dados de perfis de DNA. Num artigo intitulado 'Judiciária na pista do raptor', publicado a 6 de maio de 2007, o *Correio da Manhã* afirmava:

> A *National Society for the Prevention of Cruelty to Children* (SNPCC) já em 2003 definiu Portugal como um 'paraíso' para os pedófilos, a par da Holanda, Áustria, Alemanha e Irlanda. A classificação deve-se sobretudo ao facto do País ter 'um fraco sistema de proteção infantil' e não ter disponível uma base de dados com registo dos abusadores, como no Reino Unido. (Eusébio et al. 2007).

O mesmo jornal lamentou em várias ocasiões a falta de uma base de dados genéticos em Portugal, assumindo que se existisse uma base de dados deste género, teria sido mais fácil identificar um suspeito e resolver o caso.[49]

O caso McCann colocou Portugal no epicentro de um drama policial que pôs em cheque a imagem do país e das autoridades portuguesas. A quantidade de recursos humanos e financeiros alocados a este caso só pode explicar-se pela desproporcionalidade da atenção mediática, interna e externa, e o alto nível de interesse político envolvido, tanto em Portugal como no Reino Unido. Comentadores académicos encararam este caso criminal como um exemplo

---

[49] Há várias referências a este respeito do caso Madeleine McCann em notícias publicadas nas edições *online* do *Correio da Manhã* de 3 de junho de 2007, 24 de agosto de 2007 e 26 de setembro de 2009. O tom geral aponta no sentido de que, se Portugal tivesse uma base de dados genéticos, seria possível identificar um suspeito.

da natureza problemática do trabalho da investigação criminal em Portugal, em especial no que respeita a isolar e preservar as cenas de crime e a recolha de provas forenses (Greer e McLaughlin 2012; Machado e Santos 2011). Para além disso, este tipo de casos é ilustrativo da capacidade que os média têm para pressionar as instituições judiciais a tomar ações que possam também contemplar a necessidade de alargar o uso de tecnologias forenses para apanhar autores de crimes (Brewer e Ley 2010, Cutter 2006, Innes e Clarke 2009), ao mesmo tempo que se reforçam visões punitivas e o aumento da vigilância com base nas vantagens que as tecnologias forenses demonstram no combate e prevenção da criminalidade (Duster 2004, Hindmarsh 2010, Neyround e Disley 2007, Williams 2010b). Em relação a este último aspeto, o caso McCann poderá ainda ter contribuído para legitimar a criação de uma base de dados genéticos nacional para fins de investigação criminal em Portugal, que veio a acontecer em 2008 (Machado e Santos 2011).

Conclusão

À semelhança do que está a acontecer em vários países por todo o mundo (ver também Capítulo 2), há um sentimento crescente em Portugal que a corrupção está a aumentar. Segundo um inquérito internacional, a maioria dos inquiridos em Portugal considerou que as medidas anticorrupção tomadas pelo governo são ineficazes, ou mesmo extremamente ineficazes (Transparency International 2011). As instituições que se pensa serem as mais afetadas pela corrupção em Portugal são as políticas, empresariais, policiais e judiciárias. Estes dados são corroborados pelos inquéritos de opinião nacionais, que indicam que os cidadãos portugueses consideram que o sistema de justiça é vulnerável à pressão de pessoas poderosas, e afetado pela corrupção (Cabral et al. 2003, Santos et al. 1996, Transparency International 2011). De acordo com estes inquéritos, os cidadãos portugueses têm pouca confiança na confidencialidade e segurança da informação produzida no decurso das investigações criminais (Costa 2003). Este ponto é importante para a nossa compreensão do modo como 'casos de experiências anteriores do público com o governo e as forças de segurança ... influenciam as políticas de gestão de bases de dados de DNA, em particular no que respeita à regulamentação do acesso aos dados e à supervisão da sua utilização' (Jasanoff 2010: xxiii). No caso português, a falta de confiança nas instituições políticas e nas autoridades judiciárias pode dar-nos um contexto importante para a interpretação das narrativas dos presos que entrevistámos, como iremos descrever nos próximos capítulos.

Pretendendo facultar ao leitor uma ideia geral de como é conduzida a investigação criminal em Portugal, descrevemos em traços gerais a organização das polícias e o papel dos tribunais, e o contexto legal e regulatório em torno das práticas respeitantes à recolha e arquivo das amostras de DNA e de impressões digitais. Foi ainda apresentado o contexto histórico da evolução dos sistemas de identificação de identificação civil e de identificação criminal. Foi ainda discutida a intenção de criar uma base de dados nacional de perfis genéticos de toda a população e o facto de este projeto ter gerado pouco impacto na opinião pública. Contudo, a história do desenvolvimento de um sistema de impressões digitais em Portugal marcará, provavelmente, o rumo futuro da criação de uma base de dados genéticos para investigação criminal, ou seja, pouco ou nenhum envolvimento dos cidadãos no processo de tomada de decisão política e aceitação relativamente pacífica da parte dos cidadãos.

Para compreendermos o contexto histórico e cultural em que se desenvolvem e gerem as tecnologias forenses e as suas aplicações na investigação criminal em Portugal, é importante tomar em consideração as inter-relações dos diferentes atores do sistema de justiça criminal. A orientação inquisitorial do sistema de justiça penal português cria tensões entre o modo mais informal que normalmente caracteriza as investigações criminais conduzidas pela polícia, por um lado, e os procedimentos mais hierárquicos e formais seguidos pelo Ministério Público e os tribunais, por outro. Para além disso, a coexistência de sistemas oficiais de identificação com bases de dados mais informais, mantidas pela Polícia Judiciária, demonstra o quanto o uso de técnicas e tecnologias forenses estão intrinsecamente marcadas pelos contextos históricos e culturais.

Para percebermos a relação entre investigação criminal e o sistema de justiça, e a avaliação pública das mesmas, é crucial entendermos o papel desempenhado pelos meios de comunicação social. Os dados relativos à opinião pública sobre o nível de corrupção em Portugal mostram que os meios de comunicação são encarados como sendo menos afetados pela corrupção do que os políticos, o sector empresarial, e o sistema judicial e policial. Tal pode indicar que a informação dos média é considerada uma fonte relativamente fiável sobre os procedimentos do sistema de justiça criminal, e em particular quando veicula informação sobre o trabalho de investigação criminal. Face a este contexto de relação entre a confiança pública nas instituições estatais e o papel dos meios de comunicação social, este capítulo termina com a análise de um caso criminal de grande destaque – o caso Madeleine McCann – que se tornou um marco na perceção pública face à investigação criminal, as práticas policiais, o sistema judicial e o uso das tecnologias forenses em Portugal; e na disseminação da ideia que se justifica (e é necessária) a expansão das tecnologias forenses, nomeadamente, pela criação de bases de dados genéticos, no combate à criminalidade.

CAPÍTULO 4

**OLHARES DE DENTRO:
COMO EVITAR DEIXAR VESTÍGIOS NAS CENAS DE CRIME?**

Introdução
Boa parte da informação que o público obtém sobre a investigação criminal e os usos de tecnologias forenses é divulgada pelos meios de comunicação social, em particular por séries policiais televisivas como o *CSI*. Os indivíduos condenados a pena de prisão são, no entanto, mais do que meros espectadores comuns deste tipo de dramas policiais centrados no uso de tecnologia avançada para identificar autores de crimes. Nas suas conversas connosco, os reclusos – que são, como é evidente, apenas um subgrupo dos que planeiam cometer, ou cometeram, crimes[50] – compararam o que viam na televisão com as suas experiências pessoais do sistema de justiça criminal.

Este capítulo centra-se no que pensam os reclusos sobre a forma como as tecnologias forenses são apresentadas nos meios de comunicação social no contexto da investigação criminal. Estas foram referidas pelos reclusos como imagens da investigação do crime que por vezes não correspondiam às suas próprias experiências e narrativas. Contudo, ao mesmo tempo, os relatos dos média eram considerados, sob alguns aspetos, como fontes de informação prática e de conhecimento sobre táticas criminais.

O papel dos meios de comunicação social enquanto fonte de informação sobre a gestão da cena de crime tem vindo a ser discutido pela sociologia do crime e pela criminologia como uma variante do efeito *CSI*, colocando-se, nesse contexto, a seguinte questão: será que os meios de comunicação, e em particular as séries policiais televisivas, são realmente veículos informativos para criminosos ou potenciais criminosos? Beauregard e Bouchard (2010) recorreram à

---

[50] Referimo-nos aos nossos entrevistados como 'grupo de indivíduos que cometeram crimes' com a reserva que apesar de todos os reclusos que entrevistámos terem sido condenados, não sabemos se de facto cometeram o crime em questão. Como veremos nos capítulos seguintes, alguns dos nossos entrevistados afirmaram ter sido condenados injustamente, ou por erro.

expressão 'consciência forense' para se referirem à aprendizagem, por parte de criminosos (no caso do estudo destes autores, indivíduos condenados por violação, a cumprirem pena em prisões no Canadá), de estratégias para evitar deixar vestígios na cena de crime ou nas vítimas, tendo verificado que os mecanismos de 'fuga à deteção' são quase inexistentes se os infratores estão sob o efeito de drogas ou álcool, mas que as 'precauções forenses' são acionadas quando os atos são planeados, sendo essa consciência forense sobretudo centrada na proteção da identidade (mais do que em 'limpar' DNA da cena de crime). Será que esta consciência forense está a aumentar na era do *CSI*?

Como procuraremos mostrar ao longo das páginas que se seguem, é necessária uma maior sensibilidade relativamente ao lugar da 'aprendizagem' dos criminosos no contexto da exposição às mensagens dos média sobre o potencial das tecnologias forenses na deteção e identificação de autores de crime. Para uma compreensão mais situada do eventual efeito que o contato com as séries de ficção sobre ciência forense produz nos nossos entrevistados, precisamos de uma abordagem sustentada empiricamente que permita olhar de perto para a forma como os presos interpretam o que veem na televisão e como, eventualmente, incorporam essa informação e a traduzem nas suas práticas.

A literatura existente sobre o efeito *CSI* – de que falámos brevemente na Introdução, e que será discutida detalhadamente no Capítulo 5 – sugere que a fusão de elementos ficcionais e melodramáticos com elementos da vida real – por exemplo, o objetivo de combater a criminalidade e em resolver crimes com o apoio central da ciência forense – faz com que se torne cada vez mais difícil para o espectador comum traçar uma linha entre o que é realidade e o que é ficção (Deutsch e Cavender 2008, Huey 2010). Enquanto as representações televisivas sobre o trabalho pericial levado a cabo na análise da cena do crime raramente abordam as incertezas e ambiguidades que esse trabalho comporta no 'mundo real',[51] muitas vezes os indivíduos que cumprem pena de prisão têm uma experiência direta dessa realidade, ou já tiveram acesso a informação sobre as práticas 'reais' desenvolvidas nas cenas de crime e na investigação criminal, através das experiências e histórias narradas por outros (parceiros na atividade criminal ou outros reclusos). Os reclusos têm a sua própria 'especialidade criminal' (Prainsack e Kitzberger 2009): são pessoas que ou cometeram crimes

---

[51] Usamos a expressão 'mundo real' não com a intenção de descrever uma realidade 'mais verdadeira' do que a que é mostrada na televisão mas para nos referirmos a contextos criminais e de investigação criminal não ficcionais e não mediatizados.

ou foram condenados por terem cometido um crime, ou ambas as coisas. Em qualquer caso, é provável que as suas impressões digitais, perfis de DNA e vários tipos de outras informações tenham sido recolhidas pelas autoridades e arquivadas em bases de dados.

Fontes de Informação Sobre Tecnologias Forenses
A complexidade do reportório de fontes de informação sobre investigação criminal e tecnologias forenses revelado pelos reclusos do nosso estudo não pode ser explicado apenas com base no visionamento de séries criminais na televisão. Apesar de a larga maioria dos nossos inquiridos referir a televisão como a principal fonte de conhecimento sobre a gestão da cena de crime e a investigação criminal, as séries policiais televisivas não constituem o único veículo de informação útil sobre estas matérias. Uma parte dos reclusos mencionou outros formatos televisivos, como noticiários ou documentários, que descrevem a aplicação da genética forense na investigação criminal, apontando assim para a importância de se refletir sobre o tipo de relação que se estabelece entre as múltiplas formas de informação transmitida pelos média e a perceção pública sobre a prova de DNA (Brewer e Ley 2010: 99). Outros reclusos referiram-se a conversas com outros presos, e mesmo ao facto de viverem na prisão, ou de conviverem com um certo tipo de pessoas 'fora da norma' – ou seja, outros criminosos – antes do seu encarceramento, como as principais fontes de conhecimento sobre o trabalho desenvolvido na cena de crime.

À data da nossa entrevista, Daniel era ex-porteiro de bar, de 36 anos, e cumpria uma pena de 24 anos de prisão por um homicídio que admitiu ter cometido. Daniel era um dos dois únicos entrevistados com um curso superior (no seu caso, psicologia), tirado já na prisão. Quando Daniel afirma que 'Aos poucos a sociedade caminha para a paranoia da segurança. A segurança é uma ilusão, as pessoas ainda não perceberam isso. Mas as televisões vendem, as pessoas gostam e exigem-se penas perpétuas e de morte e *microchips* inseridos nas crianças por causa dos raptos ... coisas desse género [silêncio]', parece confirmar o diagnóstico de Hughes e Magers (2007:262) sobre o surgimento de uma nova cultura, criada por uma indústria cultural que reforça a visão punitiva das políticas criminais, e que por norma põe a tónica nas vantagens das tecnologias forenses no combate e prevenção da criminalidade. Daniel chamou também a atenção para o papel de aprendizagem que a televisão supostamente tem; ele acredita que ensina os criminosos a eliminar vestígios das cenas de crime (Durnal 2010) e a desenvolverem táticas mais sofisticadas. Por outras palavras, os programas e documentários transmitidos na televisão podem reforçar ou alimentar o conhecimento informal dos criminosos sobre como evitar serem descobertos (Prainsack e Kitzberger 2009). Foi assim que Daniel explicou esta ideia:

> [Depois de ver] o *CSI*, ainda que o recluso não saiba ler nem escrever, percebe que não pode deixar um fio de cabelo, percebe que se deixar lá o sangue, mesmo que o lave, se calhar se lavar só com aquilo se calhar a prova fica lá na mesma... sabe que se houver uma luta e a outra pessoa o arranhar, que provavelmente aquela pessoa irá ficar com bocados da sua pele debaixo das unhas ... O *CSI* dá uma série de dicas, e qualquer um que veja a série vai lembrar-se de ser mais cuidadoso quando cometer o próximo crime.

Daniel diferenciou entre o efeito de aprendizagem que atribuía a séries de televisão como o *CSI*, e o mesmo efeito produzido por documentários e a cobertura noticiosa de casos verídicos. Achou que 'O *CSI* não é cientificamente rigoroso. Ouvi investigadores da polícia dizerem que, mesmo tendo algum rigor científico, as coisas não são [na realidade] feitas à velocidade da luz como eles fazem na televisão'. Esta ideia de que o *CSI* é, pelo menos em parte, 'irrealista' – ideia que foi partilhada por outros reclusos, tanto em Portugal como na Áustria – levou Daniel a considerar que a cobertura feita pelos meios de comunicação social de casos criminais reais era mais confiável e, por isso, as notícias dos média eram *mais eficazes* do que as séries de televisão a instruir os criminosos sobre os procedimentos da investigação criminal.

Daniel também comentou explicitamente o desaparecimento de Madeleine McCann, a criança que desapareceu de uma estância de férias em Portugal, cujo caso vimos no capítulo anterior. Referiu-se ao facto de nesta investigação a polícia britânica ter usado dois cães pisteiros, treinados para detetar o odor a sangue e a cadáveres, e mostrou-se admirado pelo progresso da ciência forense, sublinhando ao mesmo tempo que a cobertura do caso nos média tinha revelado detalhes que poderiam ser bastante úteis para eventuais criminosos:

> Com o caso Maddie, quase que ficávamos com um curso superior sobre investigação criminal só por vermos as notícias. Falou-se de várias técnicas de investigação, com recurso a cães e o que eles procuram, quanto tempo pode durar um odor ou um resíduo... bem, nós – e qualquer outro comum dos mortais – aprendemos imenso. É óbvio que se eu fosse agora cometer um crime iria ser mais cuidadoso, e de certeza que me iria lembrar disto tudo!

Estes excertos da nossa conversa com Daniel – que são similares ao teor das conversas que tivemos com outros reclusos sobre o mesmo tema – ilustram a necessidade de desmistificar a versão simplista do argumento segundo o qual as séries televisivas ensinam os criminosos de forma linear. Apesar de os condenados entrevistados neste estudo serem apenas uma pequena fração daqueles que cometeram, ou pretendem cometer, crimes e ofensas criminais, ficou claro que têm perspetivas diferenciadas relativamente à fiabilidade da televisão enquanto fonte de informação. Os nossos informantes compararam o que viam na televisão com o que tinham experienciado eles próprios ou outros seus conhecidos. Embora considerassem irrealistas ou fictícios alguns aspetos das séries televisivas – sobretudo no que toca à rapidez e eficácia com que funcionam na televisão as tecnologias da cena de crime quando comparadas com a vida real – também retiraram destas séries televisivas algumas ideias úteis, especialmente em relação aos tipos de tecnologia existentes, e como é que, *em princípio*, estas tecnologias funcionam. Por exemplo, Ernst, 30 anos, a cumprir três anos por fraude, disse que apesar de nunca ter entrado em propriedade alheia ou cometido qualquer crime violento, sabia pelas séries de televisão que não era possível fazê-lo sem deixar 'centenas de milhares' de minúsculos vestígios biológicos que iriam depois ser analisados 'num computador' e conduzir a uma identificação, se alguém tivesse o azar de 'estar naquele computador'. Por sua vez, Micael, de 31 anos, a cumprir 12 anos e um mês por agressão sexual, comentou a dificuldade de não deixar vestígios de DNA nas cenas de crime: 'Para não deixar vestígios é muito, muito difícil. Nós perdemos cabelo todos os dias. Qualquer pequeno cabelo na cena de crime contém DNA. Ao falar, soltamos saliva ... O nosso corpo também está sempre a perder pele ... Deixámos sempre algum vestígio atrás de nós. Não é como se nos conseguíssemos meter numa bolha e cometer um crime.'

Quentin, de 25 anos, que estava a cumprir uma pena de oito anos por fogo posto, achava que a velocidade com que as tecnologias forenses resolvem crimes na televisão, é particularmente irrealista. Na sua opinião, o conteúdo fictício das séries televisivas não deriva da necessidade de manter a audiência entretida e atenta, mas de uma decisão deliberada por parte dos produtores para *evitar* que a série de televisão seja *demasiado* 'educativa' para potenciais criminosos:

> Quentin: Nunca fico farto destas coisas da tecnologia forense. Vejo todos os episódios do *CSI*. E a série *Autopsy*, e por aí fora. Tem muita ficção, mas também tem muitas coisas reais.

Entrevistador: Qual é a parte da ficção?
Quentin: Bem, a ficção é: Primeiro [o investigador criminal] encontra um corpo, depois encontra vestígios [do assassino], e oito horas depois, tem o criminoso. Não, é um bocado estranha esta coisa toda. Acho que não estão a mostrar tudo o que realmente se faz [na vida real]. (v. Prainsack and Kitzberger 2009: 60)

Ao longo da nossa conversa com Quentin, este chama também a atenção para a importância dada a conseguirem enganar a polícia, algo que se revelou importante para alguns reclusos que entrevistámos. Esta competitividade é uma espécie de batalha pelo acesso a conhecimento relevante, na qual se considera que, em geral, a polícia e o sistema de justiça criminal têm uma grande vantagem sobre todos os outros, porque têm acesso privilegiado relativamente ao modo de funcionamento das tecnologias forenses. Os infratores, por outro lado, têm conhecimento relevante sobre como enganar ou ludibriar a polícia. Bernhard, um homem de 28 anos a cumprir uma pena de três anos de prisão por vários arrombamentos, disse que derramar leite em cima de manchas de sangue deixadas na cena de crime dificultava o trabalho dos investigadores criminais na análise do sangue (v. Prainsack e Kitzberger 2009), e muitos outros reclusos explicaram as formas como hoje em dia é preciso estar vestido para minimizar o risco de deixar vestígios biológicos: as recomendações iam desde usar gorros e luvas, até ao uso de fatos de mergulho, ou de a pessoa se cobrir com latex. Outros afirmaram que, para minimizar o risco de serem detetados, os assaltantes que fazem 'trabalhos' em bairros de classe alta devem usar sempre fatos de marca, de maneira a passarem desapercebidos, e portanto ser menos provável serem reconhecidos por eventuais testemunhas. Alguns reclusos falaram inclusive da possibilidade de modificar as impressões digitais, como Nelson, de 35 anos, a cumprir nove anos por abuso sexual de menores: afirmou que 'hoje em dia as impressões digitais podem ser alteradas. Há um gel que se põe nos dedos que consegue falsificar impressões digitais'. Gil, de 33 anos, a cumprir uma pena de sete anos por tráfico de droga, disse que lhe seria muito fácil adotar uma nova identidade se fizesse uma cirurgia que alterasse as suas expressões faciais[52] e impressões digitais. Alterar o seu DNA, contudo, era algo que pensava não ser possível:

---

[52] Outras variantes deste tema surgem não só em series de televisão policiais mas também em filmes como *Face Off* (1997), ou séries de televisão como *Nip/Tuck* (2003-2010).

Gil: Em Portugal as pessoas não costumam falar sobre isso, mas acho que é muito fácil alterar as impressões digitais. Se eu fizer uma operação – custa à roda de 2000 euros – posso mudar totalmente a minha cara e as minhas impressões digitais.
Entrevistador: E em relação ao DNA?
Gil: O DNA não conseguimos alterar. É impossível. [Por isso é que] o DNA é a ferramenta mais eficaz para combater o crime.

As razões que explicam porque é que a polícia e os investigadores criminais eram vistos como tendo vantagem sobre os criminosos estavam relacionadas com diferentes níveis de acesso a recursos – as autoridades, de acordo com os nossos entrevistados, têm acesso fácil a tecnologias caras e sofisticadas. No entanto, os reclusos também admitiram que os investigadores criminais tinham um conhecimento 'melhor' das tecnologias forenses, o que lhes dá uma vantagem competitiva sobre os criminosos. Este conhecimento dos investigadores criminais era encarado como superior no sentido em que conseguiam entender melhor a chamada 'ciência avançada' subjacente a estas tecnologias. A tecnologia avançada (ver também o Capítulo 5) era vista como o suprassumo do conhecimento, em que a verdade é por norma obtida não por humanos, mas por máquinas; e as máquinas eram vistas como sendo muito menos suscetíveis de errar do que os humanos (Mnookin 2008). Esta associação entre tecnologias forenses – e em particular as tecnologias de DNA – com ciência avançada tornou-se explícita nos relatos de alguns reclusos, que desviaram o centro da nossa conversa das tecnologias de DNA para as descobertas científicas em geral, à medida que as nossas discussões entravam no tema da informação sobre a gestão de locais de crime.[53] Por exemplo, quando perguntámos a Ludwig, 29 anos, a cumprir uma pena de 15 anos por homicídio, o que é que ele sabia sobre vestígios na cena de crime, ele disse que gostava de ver documentários científicos sobre tecnologias de DNA, mas também enfatizou que a razão para tal era, apenas, que queria estar a par do progresso da ciência:

Ludwig: Regra geral, o que vejo na televisão são ... documentários, e isso ... de vez em quando vejo *Welt der Wunder* ['O mundo dos milagres', um documentário sobre natureza]. Às vezes passam coisas sobre vestígios de DNA, qual é a percentagem de eficácia na identificação de quem cometeu o crime. Mas não vi nada de especial, só vi um bocado. Não me lembro muito, vi porque me despertou interesse.

---

[53] Ver Tyler (2006), que afirma que as pessoas têm mais expetativas da ciência forense devido aos rápidos desenvolvimentos no campo da ciência e da tecnologia em geral.

Entrevistador: Porque é que estava interessado nisso?
Ludwig: Eu vejo sempre esse tipo de programas, desde que não sejam aborrecidos. Aí desligo a televisão. Mas [o DNA] é interessante porque parece ser do outro mundo. Eu tenho muito interesse sobre o que a ciência consegue fazer. Como é que as tecnologias evoluem, e por aí fora.

Também Manuel, de 27 anos, que foi condenado a 14 de prisão por tráfico de droga e homicídio – acidental, como insistiu – depois de ter embatido num veículo com oito pessoas enquanto conduzia sob a influência de álcool, disse que tanto os documentários científicos como as conversas com outros reclusos tinham-lhe ensinado tudo que sabia sobre as tecnologias usadas na cena de crime: 'Ouvi falar sobre a tecnologia de DNA na televisão ... Lembro-me de ver um documentário sobre estes assuntos e alguma coisa sobre isso no noticiário'. Mais tarde na nossa conversa, Manuel distinguiu entre o que considerava serem fontes 'legítimas' de informação sobre o trabalho na cena de crime e as tecnologias forenses, sobretudo documentários científicos sobre o assunto, em relação aos quais afirma ter um interesse genuíno; e a informação obtida pelo facto de se viver na prisão. Na sua opinião, o tipo de informação mais frequentemente usado pelos reclusos para aprender sobre tecnologias forenses era vivendo e aprendendo na prisão. No que respeita a esta última forma de conhecimento, Manuel descreveu a prisão como uma 'escola para o bem e para o mal' (Clemmer 1940, Toby 1962), que pode ensinar muito sobre como cometer crimes sem se ser apanhado:

> A prisão é uma escola onde se aprende muito. Do bom e do mau. Depende da perspetiva que as pessoas têm e como é que a encaram [a vida na prisão]. Uma pessoa pode aprender a fazer parte [pausa] do mundo do crime e pode obter todas as ferramentas necessárias para ... compreender certas e determinadas coisas [como cometer um crime] que eu, por exemplo, não sabia quando aqui cheguei e às quais hoje estou mais sensível.

Apesar de a televisão aparentemente ser a principal fonte de informação dos reclusos sobre tecnologias forenses – tanto sob a forma de séries policiais, como de documentários e coberturas noticiosas – outras fontes de informação sobre o trabalho na cena de crime referidas pelos nossos entrevistados foram as suas próprias experiências pessoais, a leitura de jornais, as conversas com outros reclusos, a internet, a rádio e informação que aprenderam na escola (por exemplo, em aulas de biologia). Contudo, o número de reclusos que referiram conversas na prisão e a experiência pessoal como fonte de conhecimento sobre tecnologias forenses foi relativamente reduzido. Tal pode ser explicado pelo facto de a maioria dos casos que levaram ao encarceramento dos reclusos com quem falámos não terem, ou pelo menos não de forma fulcral, envolvido prova de DNA: entre os nossos informantes na Áustria, a prova de DNA foi importante em nove de vinte e seis investigações e julgamentos; em Portugal, apenas um recluso referiu o facto de no seu caso a prova de DNA ter sido apresentada em tribunal (embora sete reclusos tivessem referido o papel central das impressões digitais) e um outro referiu que o seu perfil genético estava inserido na base de dados da polícia. Para a maioria dos presos, a amostra de DNA foi recolhida logo após a detenção, ou quando estavam sob custódia antes do julgamento. Daniel, um dos nossos informantes portugueses, descreveu como lhe foi feita a recolha de DNA enquanto aguardava a sentença:

> Eu vim para a prisão em 1997, nessa altura ainda não havia base de dados, mas já era uma prática conhecida, certo? Eles [a Polícia Judiciária] vieram e tiraram o meu DNA com o meu consentimento – na altura precisavam do meu consentimento – e eu dei, claro, por isso eles recolheram uma amostra para a investigação e ... utilizaram-na em tribunal [silêncio].

Entre os poucos que falaram de experiências pessoais com tecnologias de DNA, estava o já citado recluso austríaco, Bernhard, que afirmava que derramar leite sobre as manchas de sangue poderia despistar os investigadores, e o seu colega de prisão Gert, de 30 anos, condenado a três anos e seis meses por violação, crime que insistia em não ter cometido. Curiosamente, apesar de a maioria dos nossos informantes ter sido exposto à recolha de material biológico depois de detido ou ainda sob custódia, a colheita de DNA durante esse processo raramente foi mencionada. Sempre que a questão foi levantada, era no contexto do estigma associado a ter o perfil incluído na base de dados genéticos para fins forenses, e relativamente à esperança de que a inserção do seu perfil genético na base de dados forense pudesse evitar possíveis acusações erradas no futuro, na medida em que o perfil de DNA poderia provar a inocência (ver Capítulo 7).

No caso de quase todos os reclusos austríacos, as amostras de DNA foram colhidas no âmbito de rotinas habituais da polícia, na altura em que foram constituídos suspeitos.[54] Após a colheita de amostra, o perfil de DNA foi inserido na

---

[54] Tal acontece por as disposições legais na Áustria autorizarem a polícia a recolher uma amostra de DNA (para além das impressões digitais) no momento da detenção se o detido for suspeito de ter cometido uma ofensa grave, e se com base 'nas ações e comportamento

base de dados genéticos forense nacional. No caso de uma condenação posterior, o perfil de DNA permanece na base de dados; no caso de não serem formalizadas acusações, ou de a pessoa ser absolvida, o ex-suspeito pode requerer a remoção do seu perfil de DNA da base de dados.

Em dez casos de reclusos portugueses, país onde não é prática corrente a inclusão de perfis de DNA de condenados na base de dados genéticos, as amostras de DNA também foram colhidas depois dos indivíduos terem sido identificados como arguidos.[55] Assim, os reclusos dos dois países deparam-se com diferentes contextos no que se refere ao uso de perfis de DNA: na Áustria, os perfis genéticos eram usados com dois propósitos diferenciados mas parcialmente sobrepostos: eram usados durante a investigação, quando os vestígios de DNA encontrados na cena de crime eram comparados com o perfil de DNA do suspeito e, no caso de uma condenação, permaneciam na base de dados forenses, que tem também a função de registar os perfis genéticos de todos os reclusos do país. Em Portugal, na altura das entrevistas (2009), a base de dados nacional de perfis genéticos para fins forenses não estava ainda em funcionamento, mas era prática corrente da polícia usar perfis de DNA para propósitos de investigação; ou seja, recolher material biológico das cenas de crime e compará-lo com o perfil de DNA de um suspeito ou arguido,[56] ou para facilitar uma confissão, método

---

do suspeito se supuser que a pessoa venha a deixar vestígios no decorrer da prática de crimes futuros' (para mais detalhes, ver Capítulo 2). Com a exceção do já mencionado Ernst, um burlão, todos os reclusos austríacos do nosso estudo foram condenados por crimes que cumpriam este requisito; assim sendo, foi-lhes feita recolha de DNA no momento da sua detenção.

[55] Em Portugal, a Lei 5/2008, publicada a 12 de fevereiro de 2008, aprovou a criação de uma base de dados genéticos para propósitos de investigação civil e criminal. A Lei estabelece que os perfis de DNA de arguidos não possam ser incluídos na base de dados: só são inseridos perfis genéticos de indivíduos condenados a cumprimento efetivo de pena de prisão igual ou superior a três anos, e se tal for ordenado por um juiz. As amostras não podem ser colhidas de pessoas que tenham sido apenas detidas, apenas de arguidos ou de condenados. Acresce ainda que os perfis são removidos da base de dados com a extinção do registo criminal (no máximo até dez anos depois de cumprida a sentença).

[56] Como foi descrito no Capítulo 3, a polícia de investigação criminal portuguesa tem ficheiros que contêm impressões digitais recolhidas de indivíduos suspeitos e indivíduos condenados, bem como amostras biológicas e perfis de DNA, mas o uso desta informação na investigação criminal não foi ainda legalizada; não foram ainda feitas alterações na lei para incluir e centralizar informação de bases de dados já existentes. Não há números oficiais sobre o tamanho, tipo de dados ou outros detalhes a respeito das bases de dados policiais. Contudo, em janeiro de 2011, alguns jornais portugueses revelavam que o Laboratórios da Polícia Científica continha cerca de 2.000 perfis de DNA recolhidos de cenas de crime, de suspeitos e de indivíduos condenados (Fontes 2011, Marcelino 2011).

que é usado atualmente em vários países (Williams e Johnson 2005, 2008). Porém, hoje em dia, e de acordo com o estabelecido pela Lei 5/2008 (a lei que aprovou a criação de uma base de dados de perfis genéticos em Portugal), a prática de recolha de uma amostra de DNA de um arguido não pode partir da iniciativa da polícia, tendo que ser ordenada por um juiz. Para além disso, o perfil de DNA recolhido de um arguido (e não de um mero suspeito) só pode ser comparado com perfis que tenham sido inseridos na base nacional de perfis genéticos. Saliente-se que a Lei 5/2008 não faz referência ao destino dado às amostras e perfis recolhidos pela Polícia Judiciária antes da criação da base de dados nacional de perfis de DNA com propósitos forenses.

Como foi já referido, só em raras ocasiões é que as conversas com outros reclusos foram referidas como fonte de informação útil sobre como cometer crimes sem se ser apanhado. Uma razão possível para explicar esta circunstância pode prender-se com a eventual relutância dos nossos informantes em dar a impressão de poderem estar, ainda enquanto presos, a planear o seu próximo crime. Foi muito evidente, por exemplo, a referência explícita a terem interesse no funcionamento prático da tecnologia de DNA para identificar autores de crimes. Alguns dos nossos informantes sublinharam que apesar de gostarem bastante de ver séries policiais na televisão, tal se devia ao facto de terem um fascínio pela ciência, e não por algum valor instrumental que esse conhecimento lhes pudesse vir a trazer. Isto levanta uma questão metodológica importante em termos de avaliação da veracidade dos testemunhos que recolhemos. Os nossos informantes estariam a dizer-nos a 'verdade'? Mesmo que não estivessem realmente a mentir-nos, estariam a revelar tudo? Estas questões têm vindo a ser discutidas na literatura científica sobre a condução de pesquisa qualitativa nas prisões (ex. Schlosser 2008), e é impossível dar uma resposta categórica, uma vez que está claramente dependente do contexto e da situação de cada indivíduo.

Neste aspeto em particular, podia especular-se que a referência relativamente escassa, por parte dos nossos informantes, a conversas tidas com outros reclusos sobre o trabalho na cena de crime seria justificada pela brevidade do contacto mantido entre os reclusos e os entrevistadores, que poderia ser insuficiente para estabelecer uma relação de empatia que os levasse a querer revelar relações de bastidores entre presos (Waldram 2009). Contudo alguns presos admitiram de forma bastante aberta que nunca mais queriam voltar a ter uma vida 'normal'. Como disse Paul, de 37 anos, a cumprir uma pena de 15 anos por vários roubos à mão armada, 'Se já alguma vez lambeste sangue, é impossível parar' (v. Prainsack and Kitzberger 2009: 71); e outros reclusos também se referiram explicitamente a si próprios como criminosos (e nalguns casos até mesmo como 'criminosos profissionais'). Assim, a conclusão mais plausível talvez seja a de que os reclusos não tenham de facto conversas frequentes entre eles sobre o trabalho da cena de crime; a menos, é claro, que as referências relativamente escassas à 'conversa sobre DNA' com outros reclusos fosse (também em parte) causada pela tentativa de criar uma distância virtual com o 'mundo criminal' (Machado et al. 2011: 17), como iremos discutir na próxima secção.

Gerindo Conhecimento

Uma dimensão importante das relações que os reclusos estabelecem com as tecnologias forenses diz respeito à forma como as pessoas podem usar esse mesmo conhecimento. Para muitos dos nossos informantes, mostrar ter um bom conhecimento sobre táticas para não deixar vestígios nas cenas de crime, revelar interesse nas séries policiais televisivas, ou mesmo falar sobre esse tipo de programas, parecia ser visto como algo que poderia levantar suspeitas. Joel, de 22 anos, que tinha sido operário da indústria têxtil antes de ter sido condenado a cinco anos e meio de cadeia por violação agravada, exemplificou bem esta 'regra de conduta'. Joel não aprovava de todo o facto dos reclusos poderem usar as séries policiais para saberem mais sobre tecnologias e sobre o trabalho na cena de crime. Distanciava-se pessoalmente do alegado impacto de aprendizagem do crime que a televisão teria, rindo-se sobre isso; no entanto, ao mesmo tempo dizia estar preocupado com o modo como os 'outros' poderiam usar esse conhecimento. O seguinte excerto da nossa conversa com Joel está também em consonância com a perspetiva de outros reclusos, que usaram as nossas conversas sobre o valor instrumental do conhecimento obtido pela televisão como uma oportunidade para se auto-representarem como distanciados da vida do crime:

> O *CSI* é ficção, mas ensina como cometer um crime ... [Um dia] estávamos a ver o *CSI* e um colega meu até disse: 'Olha, estão-nos a ensinar como é que devemos matar alguém'. Até deu para rir e levámos isso tudo para a brincadeira, mas realmente é verdade ... ...uma pessoa vendo [o *CSI*], um dia se pensar em matar alguém vai pensar como é que vai fazer, como é que vai esconder as provas ... É com isso que eu não concordo.

Ao afirmarem que as séries de televisão podem ensinar os criminosos a não deixar vestígios de DNA nas cenas de crime mas que eles, pessoalmente, 'não estão interessados nisso', os entrevistados parecem estar a representar o que acreditam ser uma identidade socialmente aceite (Goffman 1959, 1986 [1963]).

Estes são momentos dos processos de normalização em que o indivíduo encarcerado é disciplinado para se apresentar de acordo com as normas legais (Irwin e Cressey 1962). Alguns reclusos pareciam falar dos presos como se fossem o 'outro', o que os fazia parecer, em comparação, cidadãos cumpridores da lei. Nesse sentido exprimiam apoio relativamente a medidas que pudessem combater a criminalidade, como por exemplo, a retenção por tempo indeterminado de perfis de DNA em base de dados forenses (ficarem 'para sempre') e o alargamento dos critérios de inclusão desse tipo de informação (por exemplo, inserir os perfis de meros suspeitos ou de todos os condenados). Estas estratégias representavam a tentativa dos reclusos em alinhar-se não só com a autoridade moral da lei, mas também com a autoridade da ciência – entendida como a linguagem da verdade.

A tentativa de criar uma distância face à esfera do 'criminoso' também se verificou nas palavras de David, 42 anos, ex-gerente de uma empresa de construção, com um grau de escolaridade de seis anos. David estava a cumprir uma sentença de três anos e dez meses por tentativa de homicídio, e disse-nos que na verdade não gostava de ver o *CSI* e outras séries de televisão semelhantes; preferia ser deixado sozinho e referiu não gostar de conversar com outros reclusos. Via-se a si próprio como um cidadão cumpridor que teve o azar de ter atropelado acidentalmente uma mulher enquanto conduzia sob o efeito de álcool. Contudo, a preocupação inicial e explícita de David em referir não saber muito sobre o trabalho na cena de crime foi desmentida, ao longo da entrevista, pelo seu conhecimento bastante concreto sobre o trabalho desenvolvido pelos investigadores criminais: 'Eles vão às cenas de crime procurar sangue, vestígios de peças de roupa, às vezes fazem raspagens debaixo das unhas ou da pele ... devem fazer muitas outras coisas, mas eu não presto atenção ... Não sou muito desse género de coisas'.

A literatura sobre o aspeto 'educativo' do efeito *CSI* tem posto em evidência tanto o impacto positivo como negativo do consumo de séries policiais. Cole e Dioso-Villa (2007, 2009) apresentam a ideia de que o *CSI* ensina os criminosos a não serem detetados, como correspondendo à versão das 'chefias policiais' sobre o efeito *CSI* (ver também Durnal 2010), enquanto a 'versão dos produtores das séries' sustenta que o programa é educativo porque incentiva um melhor conhecimento da ciência forense junto dos jurados e do 'público em geral'. Estes autores descrevem a existência dos efeitos 'educativos' do *CSI*, positivos e negativos, como uma 'troca de hipóteses' (Cole e Dioso-Villa 2009: 1346), na qual as evidências que comprovam um suposto efeito foram usadas para apoiar afirmações sobre a existência de um efeito diferente.

Assim, a versão pedagógica do efeito *CSI* pode ser entendida como tendo um duplo impacto: primeiro, pode ter um efeito dissuasor sobre os criminosos, que ao terem um conhecimento sobre o uso intensivo de tecnologias forenses sofisticadas e o consequente aumento do risco de serem apanhados, se abstêm de cometer determinadas – ou mesmo todas – atividades criminais futuras. Como disse Evan Durnal, do Departamento de Justiça Criminal da Universidade do Central Missouri, nos EUA, 'quanto mais espertos se tornam os criminosos, mais os investigadores e os procuradores têm de se esforçar para encontrar o mais pequeno vestígio de prova que possa construir ou destruir o seu caso' (Durnal 2010: 3).

Em segundo lugar, o aspeto de aprendizagem do efeito *CSI* refere-se ao facto de potencialmente tornar o crime mais apelativo, uma vez que o *CSI* supostamente presta informação valiosa aos criminosos no sentido da diminuição do risco de serem apanhados e condenados. Este novo conhecimento poderia ter o efeito de lhes dar confiança suficiente para sentirem que conseguem avaliar adequadamente os riscos de uma determinada situação, e tomarem uma decisão calculada racionalmente sobre se determinada ação valerá ou não a pena (Beauregard e Bouchard 2010). Este último cenário foi explicitamente mencionado por Sigi, que cumpria 18 meses por agressão. Sigi disse que devido ao uso das tecnologias de DNA para fins forenses havia cada vez menos 'trabalhos' que fizessem valer a pena correr o risco:

> Uma pessoa precisa de pensar seriamente sobre o que fazer e o que não fazer. Se alguém me diz: 'Vamos fazer isto e aquilo!', aí eu digo que vou pensar no assunto. Se for interessante, então digo: 'Olha, há 90 por cento de hipóteses de sermos apanhados'. Esquece. (v. Prainsack e Kitzberger 2009: 73)

Contudo, esta segunda variante do argumento perde rapidamente a plausibilidade se *não* supusermos que há algum tipo de avaliação racional dos custos e benefícios implicados na prática de um crime. Na nossa perspetiva, ter acesso a informação não é uma explicação suficiente para o potencial efeito 'educativo' das séries policiais da TV junto de criminosos. O que também é importante são as formas como este conhecimento se manifesta na prática. Ao passo que alguns reclusos do nosso estudo apoiaram a perspetiva de que o conhecimento sobre as tecnologias forenses e o trabalho na cena de crime dissuade muitos criminosos, ou torna-lhes a vida mais difícil, outros defenderam que muitos crimes eram praticados por pessoas que não têm em conta as consequências das suas ações, e de certeza que não fazem uma análise ponderada dos riscos e benefícios. Acreditamos que os dois pontos de vista estão corretos: enquanto os 'criminosos profissionais', que encaram a sua atividade criminal como a sua forma de ganhar a vida, ficariam rapidamente sem trabalho se não avaliassem as consequências prováveis dos seus atos, outros cometem crimes por impulso, num estado de raiva, ou devido ao efeito de drogas ou álcool (ver Capítulo 8). Neste sentido, a 'pedagogia' das séries policiais tecnocêntricas que passam na televisão afeta os dois grupos de forma diferente. Parece plausível afirmar que o segundo grupo não será dissuadido pelo aumento de conhecimento sobre a eficácia das tecnologias e do trabalho conduzido na cena de crime. Christoph, de 40 anos, a cumprir uma pena de dez anos pelo rapto de uma jovem que manteve trancada na mala do carro enquanto esperava que a família da vítima pagasse o resgate, afirmou que nunca se tinha preocupado com os vestígios:

> Entrevistador: O que é que teria feito ao carro se [o seu plano] tivesse funcionado? Estava preocupado com os vestígios deixados, se alguém descobrisse que tinha sido você [que tinha ficado com o resgate]?
> Christoph: Não, longe disso. Tinha 100 por cento de certeza que ia resultar. Não faz ideia. Nem sequer estava nervoso. ...
> Entrevistador: E estava totalmente sóbrio, certo?
> Christoph: Sim, estava sóbrio. Tinha tomado umas bebidas no dia antes, mas nada [no dia do rapto. ...]. Sabia exatamente o que estava a fazer, entre aspas. Mas talvez por causa disso é que estava descontraído, porque sabia que nunca faria nada [para magoar fisicamente a vítima]. Entre aspas. Acho eu. Porque [há pessoas que] batem ou mesmo matam [as suas vítimas], isso também acontece.

A explicação de Christoph de atribuir a sua despreocupação com os vestígios à certeza de que iria trocar a mulher pelo dinheiro e deixá-la fisicamente intacta, não faz sentido num paradigma racional: se ele tivesse 'devolvido' a mulher à sua família e fugido com o dinheiro, a polícia iria certamente à sua procura. Uma vez que era muito provável que a vítima conseguisse descrever tanto o seu raptor como o carro, Christoph iria de certeza enfrentar um alto risco de ser descoberto. Nesta situação, os vestígios deixados na vítima ou as suas roupas no carro teriam sido provas evidentes da sua culpabilidade.[57] A história de Christoph ilustra

---

[57] No decorrer da nossa conversa, Christoph acrescentou que outra razão para o facto de não estar preocupado com ser detetado devia-se a não ter as suas impressões digitais inseridas em qualquer base de dados da polícia, por isso as impressões digitais que a polícia pudesse

claramente que a separação entre aqueles que cometem crimes para ganhar dinheiro e aqueles que os cometem por outras razões não é assim tão linear: no que diz respeito à maioria dos crimes, os motivos provavelmente são mistos (Agnew 1992, Cloward e Ohlin 1960, Dobash e Dobash 2011, Hamlin 1988, Jacobs 2010, Jacobs e Wright 1999, Minor 1980, Putniņš 2010). A dimensão móvel entre crimes premeditados e aqueles que são calculados friamente, por um lado, e crimes cometidos por impulso, por outro, também surgiu na nossa conversa com Joel, o preso português já citado:

> Se usar um gorro, puser luvas, se tomar todas as precauções para não deixar DNA, será muito difícil para a polícia – mesmo com todas estas tecnologias – desvendar o crime, não é? Mas há muitos roubos que são feitos por impulso ou por haver oportunidade, certo? Por exemplo, se eu fosse ladrão e visse alguém levantar dinheiro do multibanco mesmo à minha frente ... Provavelmente iria esquecer todas essas precauções. Mas se for um roubo planeado, isso não acontece.

Apesar de se poder interpretar estas afirmações de Joel como uma reiteração da ideia de que o crime é oportunista (Cavender e Deutsch 2007, Jewkes 2004), esta situação também coloca sérios problemas ao argumento segundo o qual mais conhecimento sobre as tecnologias da cena de crime tem um efeito dissuasor em eventuais criminosos (ver Capítulo 6).

Reintegração
No geral, os reclusos do nosso estudo podem ser divididos em dois grupos: primeiro, aqueles que, como discutido anteriormente, se identificam a si próprios como criminosos. Xavier, 27 anos, um 'repetente' a cumprir 18 meses por agressão, é disso um exemplo: afirmou que vê o avanço das tecnologias forenses como negativo porque, como disse, 'Eu sou um criminoso [... e nós, criminosos] temos um laço entre nós'. O outro grupo consistia naqueles que racionalizavam a sua disponibilidade e desejo de reintegração numa sociedade 'normal'. Alguns usaram as nossas conversas sobre as tecnologias da cena de crime para demonstrar que tinham tão pouco interesse em cometer crimes no

---

encontrar na vítima ou nas suas roupas seriam inúteis. Estas razões, no entanto, também não encaixam num paradigma racional; é plausível pensar que esta explicação represente uma racionalização pós-facto do motivo pelo qual não se preocupou inicialmente com a existência de vestígios depois de ter ouvido outros reclusos na prisão afirmarem que as provas de DNA e as impressões digitais só são úteis para a polícia se já tiverem uma impressão de referência ou um perfil genético inserido nas suas bases de dados.

futuro, que a informação sobre o trabalho na cena de crime não tinha qualquer valor instrumental para eles. No que diz respeito a este segundo grupo, os que afirmam ter vontade de serem reintegrados, podemos ainda distinguir entre aqueles homens que tinham feito parte de atividades criminosas premeditadas para obterem ganhos pessoais ('criminosos profissionais'), e aqueles que foram condenados – na sua maioria, mas não exclusivamente – por crimes sexuais ou violentos que tinham cometido 'no calor do momento'. Neste último grupo, ninguém se autodenominou como criminoso, ou manifestou alguma intenção de participar em atividades criminais no futuro.

A maioria destes homens não se vê a si próprio como criminoso, mesmo depois da sua condenação; os seus crimes foram muitas vezes caracterizados como 'acidentes', como algo que lhes aconteceu e que foi uma exceção relativamente à forma como viviam as suas vidas (ver também Hochstetler et al. 2010, Maruna e Copes 2005, Sykes e Matza 1957, Topalli 2006). Como disse Christoph, o raptor: 'Basicamente eu sou um homem totalmente honesto e verdadeiro'. Antes de ter tido aquela 'ideia maluca' – como ele próprio lhe chamou – de raptar uma mulher, aparentemente tinha sido de facto um cidadão cumpridor; Christoph não tinha quaisquer condenações anteriores, e tinha já um plano definido para depois da sua libertação, que incluía constituir família e comprar mobília para o seu apartamento, tudo de forma legal.

Em Conclusão: Ficção e Realidade do Trabalho na Cena de Crime
Como vimos, as representação dos reclusos em torno das tecnologias de DNA e dos seus usos na investigação criminal não podem ser explicadas apenas pelo efeito *CSI* (ver também Prainsack e Kitzberg 2009: 53). Muitos dos nossos informantes avaliaram as séries policiais de uma forma que podia ser descrita como uma combinação de entusiasmo pela ciência e um distanciamento crítico dos cenários altamente tecnológicos projetados no *CSI* (Machado 2012). Alguns reclusos afirmaram que as histórias de investigação criminal apoiada pela genética forense que são transmitidas pela televisão nas séries policiais pertencem ao domínio da ficção; outros reclusos acharam que até certo ponto podem corresponder à realidade. Esta aparente contradição pode ser superada se, como referimos anteriormente, diferenciarmos entre as representações sobre como funcionam, em princípio, as tecnologias, e as interpretações sobre as suas potenciais utilizações. Se o primeiro aspeto foi por norma caracterizado pelos nossos entrevistados como informação útil, o último enfrenta uma grande dose de ceticismo, tanto em Portugal como na Áustria.

Um exemplo de como o *CSI* e outros programas de televisão científicos representam o 'realismo forense' (Deutsch e Cavender 2008) foi mencionado por Valter, um homem de 25 anos condenado a 18 anos de cadeia por rapto, violação e roubo agravado. Numa referência explícita ao *CSI*, Valter falou das séries policiais da televisão como uma mistura de ficção e realidade: 'Se calhar naquelas séries eles exageram um bocado. Mas deve haver alguma base [verdadeira] para o que fazem, não é?' Valter também disse que antes de ser preso achava que os cenários de tecnologia avançada projetados pelo *CSI* eram todos 'tanga', mas mudou de ideias depois de ter falado com outros reclusos. Explicou que o que via na televisão fazia sentido e tornava-se 'verdadeiro' só se fosse confirmado pelo que tinha sabido de casos reais:

> Antes de vir para aqui [a prisão] nós tínhamos esta ideia: 'Ei, isto é televisão, é tudo tanga. [O investigador criminal que encontra] apenas um cabelo nunca saberá que ele é culpado'. Mas depois vim para a prisão e comecei a ouvir coisas como 'este foi [preso] por causa de uma gota de sangue que deixou numa janela, e aquele foi porque havia uma mancha de sangue nas calças'. Uma pessoa começa a ficar mais atualizada, não é? Por ouvir mais informação sobre o assunto.

A biografia de Valter encaixa perfeitamente no estereótipo de um multi--criminoso. Como muitos multi-criminosos, ele tinha tido uma infância complicada: quando tinha quatro anos foi retirado à sua família, considerada disfuncional pelos serviços de proteção de menores, e passou o resto da infância e adolescência em instituições para jovens em risco e para delinquentes juvenis. Ele referiu-se a estas instituições como escolas de crime (Foucault 1975): 'As pessoas pensam que uma pessoa vai seguir um rumo direitinho [nas instituições para jovens em risco] mas [em vez disso] é uma escola de vida, e uma pessoa começa a ir pelo caminho errado e é por isso que eu entrei numa vida de crime'.

Um pouco antes na nossa conversa, Valter tinha dito que devido ao conhecimento prático que um recluso obtém enquanto está detrás das grandes, seria pouco provável que viesse a ser apanhado se cometesse outros crimes depois de ser libertado. Esta é outra forma de pensar as prisões como escolas do crime. Foi muito interessante notar que, em consequência do que aprendeu na prisão sobre os procedimentos da cena de crime e as tecnologias forenses, a avaliação de Valter sobre a credibilidade e o valor de programas de televisão como o *CSI* mudou: o que antes do seu encarceramento considerava essa série televisiva como mera ficção, agora encarava-a – pelo menos em parte – como uma descrição verídica da realidade. O exemplo de Valter é o reflexo de uma ideia particular partilhada por muitos reclusos quando discutem as representações dos média sobre o trabalho no local do crime, em que a própria ideia de 'trabalho no local do crime' representa a combinação de duas comunidades de práticas diferenciadas: uma relacionada com a prática do crime, e outra que anda à volta da investigação, identificação e condenação. A fronteira entre as duas ideias não obedece exatamente à distinção entre criminosos, por um lado, e investigadores e tribunais, por outro. Para os criminosos, é crucial possuir informações sobre os meandros dos protocolos, tecnologias e formas de pensar dos investigadores e dos agentes do Ministério Público, e vice-versa.

O nosso estudo envolve necessariamente um subgrupo específico dentro desse grupo mais geral de pessoas que cometem crimes – nomeadamente aqueles que são apanhados, bem como eventualmente alguns que foram condenados por crimes que não cometerem. Algumas pessoas situavam-se explicitamente entre as duas comunidades de práticas discutidas anteriormente: os reclusos que afirmaram ou terem sido condenados erradamente, ou que insistiam na sua inocência; e aqueles que falaram do seu crime como um incidente isolado, desenquadrado com a sua personalidade e estilo de vida habitual. Estes dois grupos não se consideravam a si próprios como 'fazendo parte' do grupo daqueles que cometem crimes, para quem o conhecimento sobre o trabalho de gestão de vestígios no local do crime tem um valor instrumental face à prática de crimes futuros. Este conhecimento tinha um valor instrumental para eles, na medida em que tinham sido afetados por isso durante as investigações policiais e a apresentação das provas em tribunal: o trabalho de gestão da cena de crime e das tecnologias forenses tinha assim entrado na sua esfera pessoal, sem que para tal tivessem contribuído intencionalmente. Em resumo, apesar da relevância que tinha, para todos os 57 reclusos do nosso estudo, o conhecimento sobre os procedimentos na cena de crime e os contextos em que esse conhecimento tinha relevância, essa relevância diferia grandemente, bem como a intenção de vir a aplicar esta mesma informação no futuro. Assim, os programas de televisão sobre investigação criminal, tanto no formato ficcional como documental, estão contemplados nas reflexões que os reclusos fazem sobre a gestão da cena de crime e, nalguns aspetos, também lhes 'ensinam'. A diferença entre o espetador comum e os reclusos é que estes últimos tiveram uma experiência concreta no domínio da investigação criminal, e este facto tem impactos na avaliação da veracidade ou ficção das representações sobre tecnologias forenses projetadas pela televisão.

Também a 'proximidade' física e cultural (Jewkes 2004: 51-53) que os reclusos possam ter em relação a determinados casos criminais produz impactos na avaliação que fazem do papel das tecnologias forenses. Os reclusos parecem estar mais conscientes de casos que aconteceram em locais que conhecem, e conseguem recolher mais informação sobre as reais capacidades da polícia local, por exemplo, com base em casos verídicos publicitados nos meios de comunicação social. A avaliação das tecnologias forenses ou do trabalho policial parece ser também mais credível, aos olhos dos presos, quando falam de casos criminais que resultam das suas próprias experiências ou dos quais souberam através de testemunhos de outros reclusos com quem tenham tido algum tipo de ligação. Talvez devido ao facto de os detalhes sobre o trabalho no local do crime e as tecnologias forenses serem tópicos que não foram discutidos isoladamente, mas faziam parte de narrativas densas sobre a prática e deteção de crimes (alegados ou verdadeiros), muito poucos reclusos referiram conversas tidas com outros reclusos como fonte importante de conhecimento instrumental sobre o trabalho na cena de crime. Esta é provavelmente a maior diferença entre o trabalho de investigação criminal e as tecnologias divulgadas pelas séries de televisão como o *CSI* quando comparada com as suas perceções da vida real: enquanto na televisão os instrumentos tecnológicos tendem a diluir a importância de outros aspetos da história criminal, na vida real isso não acontece.

Os nossos informantes deram sentido ao que viam na televisão fundindo certos elementos das representações ficcionais do trabalho na cena de crime com tecnologia avançada, com as suas próprias experiências com o sistema de justiça criminal, bem como as suas próprias perceções sobre as atividades criminais e o trabalho das autoridades de investigação criminal (Machado 2012). Este conjunto de interações entre as imagens culturais difundidas pelos meios de comunicação sobre a investigação criminal e a forma como os reclusos do nosso estudo as interpretavam, fornecem as bases para uma 'avaliação empiricamente sustentada' (Duster 2006a) dos retratos ficcionais da ciência forense e da investigação criminal transmitidos pelas séries de televisão.

As discussões públicas e académicas sobre o modo como os média retratam a investigação criminal e as tecnologias de identificação forense têm vindo a basear-se no pressuposto de que são sobretudo as séries policiais como o *CSI* que desempenham o papel mais importante na formação das opinião pública sobre o trabalho na cena de crime, e em particular sobre a prova de DNA. Contudo, não há consenso na literatura relativamente ao sentido dos efeitos esperados (Schweitzer e Saks 2007, Tyler 2006, para uma perspetiva abrangente, ver Cole e Dioso-Villa 2009, Durnal 2010). Os resultados do nosso estudo vêm complicar ainda mais este argumento, na medida em que revelam a existência não só de múltiplas fontes de informação sobre o trabalho na cena de crime e tecnologias forenses, mas também de diferentes formas de interpretar e gerir esse mesmo conhecimento.

CAPÍTULO 5

VESTÍGIOS BIOLÓGICOS: 'A PROVA NÃO MENTE'

Introdução
O herói da série policial *Crime Scene Investigation* (*CSI*) Gil Grissom,[58] cientista forense e chefe do laboratório criminal, personifica uma imagem quase ideal da ciência: brilhante, sério, e sempre tentando permanecer objetivo perante os factos, mas ao mesmo tempo sentindo que, por vezes, a sua natureza humana o compele a ter uma perspetiva enviesada da realidade. Grissom luta contra esta tentação para ser parcial, ao ponto de ter decidido adotar um estilo de vida virtuosamente despojado de tudo o que a maioria dos comuns mortais considera serem os prazeres da existência humana, como ter vida familiar, amigos e atividades sociais, ou sexo. Mas ele está consciente que não se consegue tornar num agente totalmente rendido ao serviço da ciência, isto é, completamente distanciado, objetivo e infalível.

A falta de confiança na sua própria capacidade de funcionar como uma máquina, conduz Gil Grissom a suspeitar dos seus semelhantes: como disse celebremente num dos primeiros episódios da série, em 2000: 'Tenho tendência a não acreditar nas pessoas. As pessoas mentem. Mas as provas não mentem' (ver também Kruse 2010a). Esta frase tornou-se tão famosa que entrou em várias esferas da cultura popular (por exemplo, podem-se comprar T-shirts com essa frase estampada – produtos que não são marca *CSI* – ver Cafepress 2011). Para alguns estudiosos das ciências sociais, esta citação de Gil Grissom tornou-se símbolo de um dos aspetos do chamado 'efeito *CSI*' – ou seja, a tendência dominante entre decisores políticos, alguns agentes do sistema de justiça, e o público em geral, para avaliar as deduções a que se pode chegar com base na prova de DNA como sendo mais importantes do que as obtidas através de outros tipos

---

[58] Gil Grissom é a personagem principal do *CSI-Las Vegas* e desempenha o papel de um cientista especialista em entomologia forense (aplicação do estudo da biologia de insetos e de antrópodes – um filo de animais invertebrados - em casos criminais).

de prova (Briody 2004a, [The] Economist 2010, Nance e Morris 2005). O efeito *CSI* manifesta-se, por exemplo, na recusa de jurados e juízes em condenar um suspeito se não for apresentada prova de DNA; ou em membros de júris que insistem que todas as provas disponíveis devem ser analisadas para serem encontrados vestígios de DNA, independentemente de poder ser ou não expectável conterem pistas úteis para a investigação ([The] Economist 2010, ver também Cole e Dioso-Villa 2007).

Um estudo realizado junto de grupos de jurados do Estado do Michigan, nos EUA (Kim et al. 2009) concluiu que a exposição ao visionamento do *CSI* não produz, em si mesma, um efeito independente[59] sobre os vereditos dos jurados relativamente à prova de DNA. Os autores defendem que o impacto das expetativas dos jurados relativamente à ciência forense resultam de mudanças culturais mais abrangentes, que combinam visões coletivas sobre a tecnologia com as mensagens culturais em torno do DNA que são veiculadas pelos meios de comunicação social (e não especificamente pelo *CSI*). Estas conclusões podem colocar em causa a existência de um efeito *CSI* (ver também Podlas 2006). No entanto, podem também ser um indicador de que o efeito *CSI* entrou de tal forma no imaginário coletivo sobre ciência forense, que passou a ser uma espécie de dado adquirido do conhecimento público sobre este tema (Polanyi 1996).

---

[59] Kim e colegas constataram que a exposição frequente ao *CSI* não tinha um impacto direto na predisposição dos jurados para condenar. No entanto, tinha um efeito indireto, na medida em que criava nos jurados expetativas sobre as provas científicas que deveriam ser apresentadas pela acusação ($p<.004$); estas provas criavam expetativas que por sua vez diminuíam significativamente a vontade dos jurados em condenar arguidos com base apenas em provas circunstanciais ($p<.001$) (Kim et al. 2009: 457; o estudo foi conduzido no Michigan, N= 1,027). Curiosamente, verificou-se também uma relação com a exposição frequente a vários outros programas de televisão sobre crime e justiça para além do *CSI* e o aumento das expetativas dos jurados relativamente a provas científicas ($p<.01$) que tinham o mesmo efeito que a série *CSI* na sua vontade em condenar com base apenas em provas circunstanciais ($p<.001$) (no entanto veja-se Ghoshray 2007 que defende que quem assiste ao *CSI* não diminui a sua avaliação sobre o valor das provas circunstanciais). Para além disso, Kim e os colegas constataram que, ao contrário da exposição ao *CSI*, a audiência de outros tipos de séries policiais tem também um efeito independente na predisposição dos jurados para uma condenação: 'Quanto mais jurados, no seu conjunto, tiverem estado expostos a estes programas, mais dispostos estarão a condenar os acusados sem que haja qualquer prova científica ($p<.01$), mesmo depois de haver um controlo sobre as expetativas sobre a prova forense e as várias características individuais' Kim et al. 2009: 458). A idade, raça, género, educação, e perspetivas políticas dos participantes no estudo de Kim et al. estão fortemente correlacionadas com as diferentes expetativas em torno da prova científica.

Já autores como Simon Cole e Rachel Dioso-Villa (2009: 1371) consideram que os impactos da exposição ao *CSI* junto dos jurados podem ter outras variantes, provavelmente menos esperadas: os jurados podem considerar que a acusação (os procuradores públicos) está em desvantagem em julgamentos criminais, porque as expetativas criadas em torno da prova de DNA são demasiado exageradas ou pouco razoáveis. Os jurados que adotem esta postura podem encarar a posição da acusação de forma mais positiva, por considerarem que as expectativas demasiado elevadas relativamente à prova genética fazem com que se torne cada vez mais difícil construir prova e alcançar uma condenação. Este fenómeno foi descrito pelos referidos autores como tratando-se de um exemplo do 'efeito do efeito *CSI*' (Cole e Dioso-Villa, 2009). Este termo serve para descrever as realidades tangíveis que, na prática, são criadas pelos debates sobre o impacto, nos veredictos de jurados e juízes, da ficção policial com uma forte componente tecnológica. Ou seja, segundo Cole e Dioso-Villa, as próprias assunções ou pressupostos que existem sobre o modo como as expetativas e os comportamentos das pessoas são influenciados pelas representações que os média divulgam sobre ciência forense fazem com que os próprios comportamentos e expetativas dos atores do sistema judicial se alterem. Independentemente de se concordar ou não com estes autores relativamente ao facto do efeito *CSI* ser vantajoso para a acusação, é inegável que as representações dos meios de comunicação social sobre as tecnologias forenses tiveram um impacto nas perceções sobre quão poderosas, fiáveis e necessárias são as técnicas de genética molecular (vulgo 'tecnologia ou tecnologias de DNA') no sistema de justiça criminal (Baskin e Sommers 2010, Brewer e Ley 2010, Holmgren e Fordham 2011, Huey 2010). Neste capítulo tentaremos perceber os impactos que as imagens da ciência forense veiculadas pelos média têm nas ideias que os presos constroem relativamente à prova de DNA.

Máquinas da Verdade
Como sublinha Kruse (2010a), o uso dado por Grissom ao termo 'prova' refere-se apenas provas físicas e não outros tipos de prova (como por exemplo narrativas de testemunhas ou de um suspeito), o que é importante para estabelecer, e manter, uma fronteira entre os tipos de prova suscetíveis de serem mensuráveis e quantificáveis (como a prova de DNA, a análise de vestígios químicos, os resultados obtidos por via de detetores de mentiras, e em menor grau, a análise de impressões digitais) e os tipos de prova que por norma são menos quantificáveis, como o que se reportam as testemunhas oculares, ou mesmo a marcas de

dentadas e a perícias grafológicas (exame de escrita manual, por exemplo, de uma assinatura). Este último tipo de prova é percebido como sendo particularmente suscetível ao erro humano, pois está dependente da observação e interpretação de quem realiza a análise do texto escrito à mão. O erro humano pode ocorrer dentro do raio de ação das testemunhas ou daqueles que contribuem para a produção da prova, ou pode situar-se na esfera daqueles que interpretam a prova.

O ponto fundamental é que, regra geral, se assume que quanto menor for o grau de envolvimento do ser humano na produção da prova, e quanto mais a prova assentar em procedimentos que dependem maioritariamente da ciência forense, menor é o risco de erro (ver também Mnookin 2008, Dror e Mnookin 2010). Esta ideia também se tornou clara na forma como os reclusos que entrevistámos, tanto austríacos como portugueses, se referiram à prova de DNA e à prova por impressões digitais, sendo a prova de DNA considerada, por norma, como o tipo de prova mais 'fiável' (ver também Prainsack e Kitzberger 2009: 66). Por exemplo, Feliciano, de 34 anos e a cumprir uma sentença de 12 anos por homicídio, descreveu a prova de DNA como 'totalmente infalível'. Nas suas palavras, 'Se houver uma gota de sangue na cena de crime, é uma prova irrefutável, é quase uma confissão...'

Obviamente que não é uma espécie de determinismo ou de essencialismo genético, isto é, uma crença num poder informativo único e excecional do material genético que motiva este tipo de raciocínio sobre o valor probatório do DNA, mas antes o facto de a prova forense genética ser produzida com base em atividades que decorrem num laboratório científico e normalmente ser apresentada em tribunal com base em números ou em probabilidades estatísticas. Comparativamente com as impressões digitais, em que mesmo na sua forma digital se apresentam como um padrão complexo de linhas e pontos que necessitam de interpretação humana para se tornarem 'legíveis', um perfil de DNA é uma série de números isolados que podem ser arquivados digitalmente e comparados de forma automática. Feliciano considerou que o DNA era mais poderoso do que outros tipos de prova, precisamente por ser 'imediatamente digitalizado' e passível de ser inserido em bases de dados. Com as impressões digitais, disse ele, isso não é possível (ver também Cole e Lynch 2010:107):

> A comparação [de perfis de DNA] é quase como a comparação de uma impressão digital. Olha-se para uma impressão digital e vê-se se corresponde com a que um indivíduo tem. Mas no sistema das impressões digitais aparecem erros. Nesse tipo de sistema aparecem sempre ... eu acho que ainda não está tudo informatizado.

[Mas com o DNA] só é preciso inserir os dados, não é? E a base de dados faz automaticamente uma pesquisa imediata – acho eu – e passados uns minutos, ou menos, confirma se [o perfil] realmente corresponde ou não com aquela pessoa.

Para além disso, também por se considerar que a prova forense de DNA é mais facilmente quantificável, é mais facilmente associada à 'ciência avançada' (Lynch et al. 2008: 309) do que a análise de impressões digitais. Como disse Dorian, de 60 anos e a cumprir uma pena de 15 por homicídio, a prova de DNA era 'mais segura' do que as impressões digitais, porque 'era produzida num laboratório; é totalmente diferente de alguém enviar a tua impressão digital de um lado para o outro através de um *scanner*'.

Apesar de a larga maioria dos nossos informantes em ambos os países considerarem que o DNA era o meio de prova mais sólido que se podia obter e utilizar na investigação criminal, alguns reclusos em Portugal chamaram a atenção para o facto de os laboratórios portugueses se poderem estar a atrasar na adoção dos últimos desenvolvimentos da ciência forense a nível internacional. Curiosamente, a série televisiva *CSI* serviu novamente como um modelo de comparação face à situação em Portugal. Os materiais sofisticados, os tubos de ensaio futuristas e os computadores de *design* ultramoderno que aparecem no *CSI* simbolizam uma ciência muito avançada. As personagens dessa série de televisão personificam um ideal de cientistas e agentes do sistema de justiça criminal que são objetivos, imunes a interesses pessoais e a influências exteriores, racionais e imparciais (e contudo, não infalíveis!).

Emílio, um homem de 32 anos a cumprir uma pena de 15 anos por homicídio e coação sexual, achava que em comparação com os oficiais de polícia e os investigadores da cena de crime que aparecem na televisão, o sistema judicial português não estava tão bem equipado: 'Enquanto que no *CSI* o uso do DNA é normal para resolver um crime, em Portugal não. Nem mesmo a Polícia Judiciária, a Polícia de Investigação Criminal, que dirige vários laboratórios, tem recursos para usar o DNA em todos os casos'.[60] Emílio disse também que, apesar de não se conseguir 'enganar' a ciência quando se usam técnicas de análise por perfis de DNA (como pode acontecer, diz Emílio, com as impressões digitais que, segundo ele, 'podem ser disfarçadas'), podem ocorrer erros devido à contaminação de DNA nas cenas de crime ou nos laboratórios criminais em Portugal: 'É possível que sejam trocadas amostras nos laboratórios, mas não é possível, por exemplo,

---

[60] Nenhum dos reclusos austríacos falou sobre os escassos recursos ao dispor das autoridades judiciais ou dos laboratórios forenses.

falsificar o próprio DNA. Agora, colocar uma impressão digital de outra pessoa e essas situações todas...isso sim, já é possível. Digo eu, que também não sou perito nisso, não é?' Também Feliciano, já referido neste capítulo, mencionou a possibilidade de contaminação devido a negligência ou erro humano:

> Às vezes os investigadores cometem erros, mesmo no *CSI* ...; eles sabem quem é o criminoso mas não o conseguem condenar ... porque houve falhas na prova – mas isto é porque houve erro humano – porque a prova foi contaminada, porque a polícia, sem querer, deixou impressões digitais, porque não usaram luvas.

Vale a pena notar que apesar de os reclusos portugueses e austríacos terem mencionado a possibilidade de contaminação das amostras de cena de crime, a origem desse problema foi sempre descrita como resultado do erro humano no local do crime; a contaminação nunca foi descrita como uma falha que acontecesse num laboratório. A estreita associação entre DNA e ciência avançada também foi referida por alguns dos reclusos ao fazerem uma ligação explícita entre, por um lado, a prova de DNA e os documentários científicos, e o que consideram ser o seu próprio 'interesse em geral' no progresso da ciência, por outro.[61] Relacionar-se a prova de DNA com as conquistas da ciência contribui também para a 'inversão de credibilidade' (Cole e Lynch 2010:107), no sentido em que, sob um determinado aspeto, a dactiloscopia (procedimento técnico de análise das impressões digitais) foi entendida pelos reclusos entrevistados como algo de certa forma equiparável à tecnologia do DNA – nomeadamente, o facto de as impressões digitais serem únicas em cada indivíduo – mas a análise da impressão digital era entendida de uma forma diferente das tecnologias de DNA no que respeita à sua sofisticação tecnológica. Nas palavras de Rúben, um ex-analista informático de 31 anos, condenado a seis anos de prisão por fraude agravada, falsificação de documentos e acesso ilegal a sistemas informáticos,

---

[61] A insistência, pela parte dos nossos informantes, que o facto de verem o *CSI* devia-se a um interesse geral na ciência podia também advir da vontade de assegurar ao entrevistador que o seu conhecimento sobre como evitar deixar vestígios biológicos em cenas de crime não tinha na prática qualquer utilidade para eles que, na maioria dos casos, sublinharam que nunca mais quereriam fazer parte de qualquer atividade criminal no futuro (algumas exceções são as histórias de Xaver, Sigi, Paul e Daniel no Capítulo 4). No entanto, ao mesmo tempo, as expressões de entusiasmo com os avanços da ciência pareciam genuínas. Na nossa opinião, o interesse manifestado pelos reclusos relativamente à tecnologia de DNA e outras tecnologias forenses associadas à investigação criminal como algo que resulta de 'interesse geral' é plausível; ainda que este interesse puramente não-instrumental relativamente às tecnologias forenses tenha mais do que um objetivo. Para uma discussão mais detalhada deste aspeto veja-se o Capítulo 4.

supostamente as impressões digitais estavam a perder a credibilidade devido aos seus métodos de arquivo e comparação estarem já ultrapassados. Na sua versão, estamos perante um cenário de documentos em papel *versus* documentos informáticos:

> As impressões digitais, apesar de serem únicas... há mil e uma coisas que podem interferir com a análise da impressão digital. Provavelmente há muito trabalho manual envolvido no sistema de impressões digitais. E se calhar isso tira um bocado a fiabilidade dos resultados. Não só por erro humano, mas pelas próprias circunstâncias em que se faz a recolha de impressões digitais. Devido aos procedimentos de comparação, que sinceramente não sei como são feitos, nem faço a mínima ideia. Mas posso imaginar os arquivos, e papéis com 50 anos, e que se vai lá e se compara uma amostra com material que provavelmente está degradado. Eu não sei... não é?

Assim, se a produção da prova de DNA num laboratório era vista como 'segura' e não problemática, esta ideia aplicava-se menos ao processo envolvido na recolha de impressões digitais, referido como uma tecnologia já ultrapassada. Rúben comparou a 'objetividade' conseguida através da análise computorizada, com o eventual carácter subjetivo da comparação 'manual' de impressões digitais. Este aspeto foi relevante também no seu próprio caso, uma vez que a prova decisiva para a sua incriminação provinha de um exame forense à sua caligrafia. Rúben desvalorizou a importância dos resultados deste exame, enfatizando que o que 'realmente' levou à sua condenação foi ter acabado por confessar o crime. Afirmou que as análises grafológicas em geral não eram muito fiáveis, fazendo referência explícita à falta de uma quantificação 'como deve ser' dos resultados obtidos com esta tecnologia:

> A prova de DNA é mais científica do que as impressões digitais ou os testes à caligrafia. Eu conheço bem os testes à caligrafia, e sei que o resultado para o laboratório de polícia científica é numa escala que vai de 'nada provável' a 'muito provável', e mais nada. O DNA, sendo uma análise feita em computador, nunca irá dizer apenas uma resposta do género 'muito provável'. Os resultados de DNA não são qualitativos mas sim quantitativos. E acho que isso confere uma fiabilidade muito maior.

Theodore Porter (1996) é conhecido por ter usado o termo 'objetividade mecânica' para explicar que em várias esferas da nossa realidade política, económica e social, atribui-se uma maior autoridade aos 'números impessoais', do que à experiência e avaliação humanas. Em grande medida é a atribuição deste género de 'objetividade mecânica' às tecnologias forenses de DNA que nos ajuda a perceber a maior confiança que os nossos informantes depositam na precisão científica da prova de DNA.

Contudo, é também o 'lugar físico e ontológico do DNA' (Prainsack 2009: 144) que contribui para a representação da prova forense de DNA como uma 'máquina da verdade'[62] (Lynch et al. 2008). Por estar no centro das nossas células, e por ter uma história em que é descrita como sendo o 'livro', a 'impressão', ou o 'código' da vida, não é de surpreender que tenha assumido no imaginário coletivo um lugar simbólico como guardião da essência dos indivíduos e da essência da humanidade (Nelkin e Lindee 1995). Como refere Prainsack,

> Esta localização física e ontológica garante a relevância do DNA forense num contexto social alargado que começou a suspeitar do que vem de fora: os elementos perigosos, as 'pessoas estranhas' já não são facilmente identificados, o inimigo vive entre nós e é parecido connosco: o simpático estudante que vive na porta ao lado e que de repente é um terrorista perigoso; o deputado gregário que desvia fundos em segredo; e o vizinho amigável que afinal é um criminoso sexual cadastrado. Em todos estes casos, o perigo é invisível a olho nu. O DNA assume-se como uma voz reconfortante neste discurso porque contém a promessa de não se deixar iludir pela aparência, pretendendo ter acesso à 'essência'. O DNA garante uma visão exata do corpo por 'dentro'. (Prainsack 2009: 144)

No entanto, há outro motivo que contribui para que muitos dos nossos informantes considerem as tecnologias de DNA mais 'perigosas' para eles do que a prova pela impressão digital, e tem a ver com a forma como a prova é deixada no local do crime. Ernst (30 anos, condenado por fraude, com uma sentença de três anos de prisão) disse que:

> ... um vestígio de DNA é mais perigoso do que a impressão digital, porque o criminoso não consegue controlar o que deixa para trás e por isso deixa vestígios. Porque com as impressões digitais, isso é fácil. [Deixar] uma impressão digital é algo que consigo evitar sempre, mas o vestígio de DNA uma pessoa não consegue evitar. Isso pode ser uma vantagem [!] nos vestígios de DNA. Quer dizer,

---

[62] Como referido no capítulo introdutório deste livro (nota de rodapé 22), o sociólogo Michael Lynch e colegas usam este termo, em obra do mesmo título – *Truth Machine. The Contentious History of DNA Fingerprinting* – para se referirem à perceção generalizada do DNA como infalível (Lynch et al. 2008).

é realmente uma desvantagem. Se uma pessoa tem uma condenação anterior e [a polícia] vê como é que o roubo foi cometido, por exemplo, então o [*modus operandi*] diz-lhes se é ele. E se calhar ele não tem álibi.

O que é de destacar neste excerto é que reflete a forma essencialmente interligada como diferentes tipos de provas e diferentes tecnologias forenses, trabalham em conjunto para produzir a 'história do crime' (Kruse 2012). As tecnologias de DNA não são consideradas isoladamente em relação a outras tecnologias, nem no local do crime, nem em tribunal. Porém, como foi discutido anteriormente neste capítulo, o efeito *CSI* é visto como fazendo precisamente isso, isto é, isolar as técnicas de genética molecular do conjunto das tecnologias forenses; resta saber por quanto tempo continuará a ser assim entendido no futuro. Ernst começou por descrever – de um modo muito preciso – o difícil que é, se não mesmo impossível, evitar deixar vestígios biológicos nos locais de crime. Contudo, quando falou sobre casos que conhecia em que as pessoas foram *realmente* apanhadas, começou subitamente a falar da maneira como a polícia analisa a forma de atuação do criminoso. Na descrição de Ernst, o DNA passava a não ser mais do que uma tecnologia auxiliar neste processo: depois de a polícia ter identificado eventuais suspeitos com base noutras provas, ou investigado outras pistas – como a observação do *modus operandi* – o teste de DNA poderia corroborar o envolvimento de um suspeito em particular ou excluí-lo da investigação criminal.

Esta capacidade exculpatória do DNA foi mencionada pela maioria dos nossos informantes (para mais detalhes ver Capítulo 7). No entanto, a maneira como os nossos entrevistados formularam o potencial exculpatório da prova de DNA refletiu novamente uma confiança absoluta na infalibilidade e precisão desta tecnologia e, portanto, na prova de DNA. O exemplo mais ilustrativo neste contexto é o caso de Gert, que foi condenado a três anos e seis meses de prisão por violar uma colega de trabalho. Este recluso negou sempre ter cometido este crime, mesmo depois de ir para a prisão e durante a nossa entrevista. A prova decisiva no julgamento de Gert tinha sido a correspondência do seu perfil de DNA com o perfil obtido por uma amostra de esperma existente na parede exterior da casa em que o crime tinha sido praticado. A vítima nunca tinha visto a cara do agressor porque ele usava máscara; contudo, a colega de trabalho identificou Gert como o potencial suspeito, com base na ideia que ele tinha contas por ajustar com ela, devido a conflitos no emprego. Gert, convencido da sua inocência e não receando que pudesse estar sob qualquer risco de ser constituído suspeito, deu voluntariamente uma amostra de DNA durante a fase de investigação. Afirmou ter ficado totalmente chocado quando soube que a amostra DNA tinha correspondência com o DNA encontrado no local do crime:

> Eles tiraram [uma amostra] da parede exterior da casa, tiraram de lá três esfregaços e um estava inutilizado, e outro [ficheiro] dizia que conseguia identificar esperma mas não DNA. E depois há o outro em que eles dizem que é um [sic] esperma, e que tem o meu DNA. Eu não percebo porquê.

Gert continuava a insistir que era inocente mas não lhe ocorria contestar a credibilidade do processo científico: 'O DNA é único entre 10 biliões ou milhões, ou qualquer coisa assim. ... Eu concordo, se eles encontraram [o meu DNA], tem de ser meu, eu acredito nisso, não sou tão burro que não saiba isso'. Porém, como é que ele podia insistir de forma tão contundente na sua inocência perante o 'facto' do teste de DNA ter 'provado' que era dele? Gert, que de forma geral pareceu-nos ser uma pessoa inteligente e articulada, que não se deixava cair em teorias da conspiração, recorreu a uma explicação algo bizarra para o que pensava que podia ter acontecido:

> Deve ter sido de uma coisa muito simples, muito simples. Eu acho que [a vítima] tirou esperma do marido, e deve tê-lo feito de uma forma muito simples, para eles não verem, e depois misturou com a minha saliva. Não sei se isso funciona. ... Não sou biólogo, mas deve ter sido assim.

Em vez de questionar o processo científico que conduziu – na ideia de Gert – a uma prova falsa, ele suspeitava que tinha sido a vítima a 'fabricar' a prova de DNA. Este tipo de raciocínio pode ser mais comum do que poderíamos pensar, uma vez que surgiu também no famoso caso do '*Night Stalker*' (Assediador Noturno) inglês, um homem que matou e violou brutalmente várias mulheres idosas entre 1992 e 2009. Quando vários métodos de investigação, incluindo perfil de DNA fenotípico e a análise de imagens de videovigilância, levaram à sua deteção, foram recolhidas amostras de DNA e encontrou-se correspondência com os perfis de DNA obtidos do esperma encontrado nas vítimas. O arguido, Delroy Grant, negou o seu envolvimento nos crimes e culpou a sua ex-mulher por ter fabricado provas contra ele: acusou-a de 'ter guardado várias amostras dos seus fluídos corporais e ao longo desses 31 anos colocou-as em cenas de crime para o incriminar' (BBC 2011). Como Gert, no nosso estudo, Delroy

Grant não tentou contestar a natureza científica da análise de DNA, nem outro tipo de operações desenvolvidas por máquinas e computadores. Apesar das suas declarações de inocência, Grant foi condenado, a 24 de março de 2010, por 29 acusações de violação, assalto e agressão.

Gert também mencionou, apesar de muito ao de leve, a possibilidade de haver erro humano na ação da polícia: 'Talvez eles tenham baralhado [as amostras]. Porque também fizeram um teste de DNA ao cunhado [da vítima], ou a alguém do género, e ele também teve de dar uma amostra'. No entanto, no resto da nossa conversa Gert não deu seguimento a esta possibilidade de serem trocadas as amostras no laboratório. Em vez disso, entrou em grande detalhe sobre o processo através do qual a vítima poderia ter-se apoderado do seu material corporal. Para além disso, a insinuação de que a polícia pode ter confundido as amostras de dois suspeitos diferentes pode, de certo modo, pôr em causa a qualidade e fiabilidade da investigação policial, mas não das capacidades da 'máquina' de DNA de produzir dados verdadeiros. Por outras palavras, a história 'contada' pela prova de DNA era entendida de forma tão positiva que não podia ser questionada e a história do recluso tinha de se basear nisso. A agência do seu DNA 'sobrepunha-se' assim à própria agência de Gert; ao reclamar a veracidade do processo, o seu próprio corpo tornava-se seu adversário (ver também Prainsack e Kreissl 2011).

Esta crença de que a máquina de DNA, por oposição aos humanos, não é passível de erro, foi também expressa de forma muito explícita na descrição de Hubert. Este recluso, de 41 anos, estava a cumprir sete anos e meio por abuso sexual de dois menores e a prova de DNA não tinha desempenhado um papel decisivo em nenhum dos julgamentos:

> A prova de DNA ... não serve apenas para provar a minha culpa, e penso que é uma coisa boa, porque também pode provar a minha inocência. Falar é fácil ...: como acontece hoje em dia com as testemunhas oculares, elas [descrevem o autor do crime como] tendo entre 25 e 50 anos, [a cor do cabelo] desde loiro claro até ao preto. Eu acho que é uma coisa boa, dar o meu vestígio de DNA [sic] quando sei que não fui eu [que cometi o crime].

O colega de prisão de Hubert, Quentin (25 anos, condenado a oito anos por fogo posto) concordou com esta afirmação, e transmitiu-a em palavras que fazem lembrar a personagem de televisão Gil Grissom: na sua opinião, a prova de DNA 'é uma coisa boa. ... Porque é muito mais reveladora. [O suspeito] pode repetir cem vezes, não, não fui eu. Se o DNA diz que foste tu, então foste tu. Eu acho que é uma coisa boa. O DNA não mente' (ver também Prainsack e Kitzberger 2009: 64).

Apesar de verem o DNA como uma máquina de verdade, alguns reclusos chamaram a atenção para o facto de as ações humanas poderem conduzir ao uso enviesado deste tipo de provas. Rúben disse explicitamente que a sua formação em informática o tornava capaz de perceber que algumas tecnologias apresentadas no *CSI* são irrealistas:

> Eu não acredito que o *CSI* seja representativo da realidade. Acho que está a anos-luz da realidade. Isto se calhar é um bocado do conhecimento que tenho a nível do meio informático. Mas se nos conseguirmos abstrair dessa parte de ficção, que obviamente tem de comportar, é que se consegue ter uma ideia do que pode ser feito. Conseguimos perceber [a ver o *CSI*], por exemplo, que bastava a comparação dos dados de um suspeito com uma amostra para se chegar a uma conclusão – ou não – daquilo que se quer'.

Também Frederico, de 54 anos de idade, condenado a 20 anos de prisão por tráfico de droga e associação criminosa, achou que as séries policiais não descreviam de forma real os procedimentos de uma investigação: 'É claro que nos filmes é tudo mais fácil. Para ganhar a atenção dos espetadores, um filme tem de ter alguma ficção'. Frederico também disse que os juízes podem 'desvalorizar' a prova de DNA se o acusado tiver um registo criminal anterior: 'Normalmente os juízes não procuram ter 100 por cento da verdade, porque se o acusado tiver um registo anterior, se tiver sido preso por isto ou por aquilo, o juiz convence-se que o acusado cometeu o crime. E isso não é verdade'. Por sua vez, Henrique, 37 anos, condenado a três anos de prisão por roubo e falsificação, também falou da capacidade de interpretação da prova, referindo que a chave para evitar uma condenação era ter um bom advogado:

> [Por exemplo] você assalta um café e não é apanhado. Mas eles acusam-no de ter assaltado o café, que é um local público. Se as suas impressões digitais estiverem na parte de trás do balcão, pode ser acusado. Se as impressões digitais estiverem fora do balcão, então isso não é possível. Porque sendo [o bar] um lugar público, qualquer pessoa pode ter ido lá. Se as impressões digitais estiverem por detrás do balcão, eu pago com a culpa. Se for fora do balcão, não pago. Tenho é de ter um bom advogado que é para a lei ser interpretada...

É inquestionável que as experiências pessoais dos presos influenciam decisivamente a sua avaliação do valor das tecnologias forenses (ver Capítulo 4). Como descrito neste capítulo, a larga maioria dos nossos informantes considerou o DNA como o 'padrão de ouro' da identificação (Lynch et al. 2008). No entanto, três dos nossos informantes portugueses afirmaram que as impressões digitais são um tipo de prova mais robusta do que o DNA, seja porque o consideram o método mais vulgarmente usado para identificação – não deteção! – dos suspeitos, mas também porque, na sua opinião, alguns crimes mais *mediáticos* – como o caso de Madeleine McCann (ver Capítulo 3) – mostraram que a ciência real tem as suas próprias limitações. Artur, de 38 anos de idade, um ex-electricista condenado a 12 anos de prisão por furto agravado e roubo, ilustrou este argumento de forma contundente:

> Eu acho que as impressões digitais são mais eficazes. Também dizem que o DNA é eficaz. Não sei, porque eu nunca vi nenhuma situação dessas. Agora pelas impressões digitais eu já passei por isso, não é? Agora pelo DNA não sei. Sobre o DNA não sei. Se o DNA fosse mais eficaz eles teriam conseguido resolver o caso Maddie, não era? Tinham lá gotas de sangue, e as análises foram feitas em Inglaterra. Acho que se fosse eficaz eles tinham sido capazes de dizer de quem era realmente aquele sangue.

O caso de Madeleine McCann foi dramatizado de tal forma pelos tabloides da imprensa portuguesa que bem podia ter sido confundido com uma história do *CSI*. No entanto, apesar de a ciência ter sido retratada como a (única) solução para desvendar o crime que estaria na origem do desaparecimento da criança, a ausência de uma explicação científica para os factos conhecidos colocou as capacidades e as limitações da ciência real em contraste com as representações ficcionais da ciência forense (Machado e Santos 2011). Neste sentido, o ceticismo e a desconfiança generalizada que alguns reclusos portugueses mostraram quando falavam da prova de DNA (referindo o caso *Maddie*), ilustrou a 'avaliação de facto' das tecnologias forenses que é possibilitada por quem se viu diretamente envolvido no 'mundo do crime'. O ceticismo e desconfiança de muitos indivíduos julgados e condenados pelo sistema de justiça criminal relativamente à prova de DNA foram também observadas pelo sociólogo Troy Duster relativamente ao contexto norte-americano – o autor refere que os indivíduos socialmente excluídos, que pertencem a minorias étnicas e que já tiveram experiências concretas de detenção policial e envolvimento em processos de investigação de crime, são aqueles que revelam um maior nível de desconfiança relativamente às tecnologias de DNA (Duster 2006a).

Para além de tornar mais visíveis para a esfera pública os limites das tecnologias forenses – e em particular a prova de DNA – o caso de Madeleine McCann serviu também como ponto de referência para a opinião de alguns reclusos portugueses que a tecnologia de DNA pode não ser usada de forma imparcial e rigorosa durante a investigação e em tribunal.[63] Artur, por exemplo, comparou o caso Madeleine McCann com outro caso particularmente notório: o desaparecimento, em 2004, de Joana Cipriano, uma criança portuguesa de 8 anos que desapareceu de sua casa na aldeia de Figueira (região do Algarve), a alguns quilómetros de distância do local onde Madeleine foi vista pela última vez:

> Na minha opinião, a pena de prisão da mãe da Joana é injusta. Não encontraram o corpo, nem a arma do crime, mas o tribunal teve de lhe dar uma pena pesada porque ela já tinha sido condenada pela opinião pública ainda antes de ir a julgamento; ela já tinha sido condenada pelos média. Na minha perspetiva, se a mãe da Joana foi condenada, os McCann também deveriam ter sido.

Este excerto de Artur refere-se ao debate lançado, tanto pela comunicação social portuguesa como britânica, logo após os McCann terem sido constituídos arguidos. Uma parte substancial da crítica pública feita às práticas policiais portuguesas no caso Madeleine McCann teve a ver com a conduta de Gonçalo Amaral, na altura coordenador da investigação e diretor regional da Polícia Judiciária, que liderou as buscas do alegado raptor de Madeleine. Anos antes, Amaral tinha também sido coordenador da investigação do desaparecimento de Joana Cipriano, cujo corpo nunca foi encontrado. Este caso criminal terminou com a condenação da mãe e do tio de Joana. Quando em fevereiro de 2008, Amaral e outros oficiais de polícia foram acusados de forjar provas e encobrir outros investigadores que alegadamente teriam torturado a mãe de Joana para obter uma confissão, estes acontecimentos foram acompanhados por uma acesa discussão pública sobre as injustiças e infrações cometidas no seio das investigações policiais e do sistema criminal de justiça em Portugal.

---

[63] No contexto austríaco, o caso de Peter Heidegger – um jovem que foi condenado erradamente de roubo e homicídio com base no depoimento de falsas testemunhas oculares – fornece um ponto de referência semelhante para a suspeita dos reclusos sobre a ocorrência frequente de má-conduta policial e de julgamentos injustos (o caso Heidegger é discutido em detalhe no Capítulo 7). Curiosamente, apesar do facto de Heidegger não ter sido nem condenado nem exonerado com base em provas de DNA, a incriminação através de provas fabricadas de DNA estava entre os cenários mais importantes de eventual má-conduta das autoridades de justiça criminal referida pelos reclusos austríacos. Tal aconteceu independentemente do facto de não terem sido colocadas aos reclusos austríacos questões sobre a fabricação de provas de DNA nem sobre qualquer outro cenário de má-conduta envolvendo tecnologias de DNA.

Em suma, com base nos relatos dos presos, poderia argumentar-se que de facto existe algo a que se pode chamar de efeito *CSI*, apesar de não corresponder necessariamente ao sentido mais estrito do termo (a ideia que existe uma correlação entre uma maior exposição ao *CSI*, ou séries policiais semelhantes, e uma maior confiança nas tecnologias forenses). A televisão foi mencionada pelos reclusos que entrevistámos como sendo a principal fonte de informação sobre vestígios na cena de crime; e aparentemente a confiança na infalibilidade das tecnologias forenses tem uma relação diretamente inversa ao grau de perícia e juízo humano nela envolvidos. Porém, não temos qualquer indicação que nos permita concluir que os informantes que deram mais ênfase aos programas policiais da televisão têm diferentes crenças sobre o poder das tecnologias de DNA, do que aqueles que não falaram (muito) sobre esse tema.

As representações dos presos a respeito das tecnologias forenses de DNA, refletiam o impacto de assistir a episódios de séries criminais, mas também demonstraram um distanciamento crítico de muitos reclusos face à forma como a ciência forense e o trabalho na cena de crime era retratado na televisão. Esta posição crítica e reflexiva foi equacionada, por exemplo, por alguns entrevistados ao enfatizarem as discrepâncias entre a ficção televisiva e a realidade. Alguns – e em particular o grupo de reclusos em Portugal – também atribuíram as contingências do uso de tecnologias forenses de DNA a eventuais erros humanos ou ao seu uso abusivo pelas autoridades. Como vimos no Capítulo 4, os presos encaravam o *CSI* não como uma representação totalmente correta da realidade, mas sim como uma mistura de realidade e ficção, pela qual se apresentava um cenário idealizado da ciência: a ciência como seria desejável que ela funcionasse na realidade (Kruse 2010a) e, ao mesmo tempo, o *CSI* projetaria uma 'sociedade melhor', em que o crime é erradicado com a ajuda da ciência. A ciência, por sua vez, teria uma clara estrutura hierárquica, de acordo com o quão 'verdadeira' e fiável pudesse ser considerada determinada tecnologia. As tecnologias de DNA representariam o 'padrão de ouro', enquanto outras técnicas e tecnologias como a dactiloscopia ou a análise grafológica eram entendidas como potencialmente menos confiáveis, porque supostamente assentavam mais na capacidade de análise e interpretação humanas.

Entre os nossos entrevistados, um fator que contribuía, sem dúvida, para a falta de confiança na avaliação humana, era a sua experiência e perceção muito negativa da sociedade em geral, e do sistema de justiça e do Estado em particular. O sentimento dominante de desapontamento ou de raiva face a 'certas pessoas', polícias, juízes, etc., que para muitos dos nossos informantes os desiludiram e enganaram, não contribuiu certamente para que confiassem na ação das autoridades judiciais, e provavelmente na conduta humana em geral. No entanto, no geral, acreditamos que era principalmente esta a associação que os reclusos faziam entre ciência forense – e em particular as tecnologias de DNA – e a 'ciência avançada', que contribuiu para a perceção dominante de que 'a prova (de DNA) não mente'. O papel do *CSI* e de outras séries de televisão similares que retratam os usos de ciência forense nesta dinâmica sustentam a ideia que as máquinas e as tecnologias são fiáveis, em oposição aos humanos que foram descritos pelos nossos entrevistados como pouco fiáveis. Eventualmente estas perceções em termos do funcionamento do sistema de justiça criminal e do papel das tecnologias e dos humanos nesses procedimentos já permearam de tal forma o imaginário público ao ponto de já não ser necessário que os indivíduos passem longas horas a ver séries e programas policiais na televisão para partilharem estas imagens coletivas sobre a ciência forense e seu papel no combate ao crime.

Controlo, Erro Humano e Colocação de Provas na Cena de Crime
É possível que exista uma relação entre o estatuto social e a forma como as pessoas se relacionam com a autoridade epistémica da ciência avançada. Por exemplo, no que diz respeito às pessoas que têm acesso ao ensino superior, será que é plausível presumir-se que mais facilmente mostram uma atitude crítica face às utilizações da ciência forense, entendidas como ciência avançada? Em termos gerais, tanto em Portugal como na Áustria, quanto maior era o nível de escolaridade de um recluso, maior era a sua disponibilidade para falar sobre a cientificidade subjacente às tecnologias forenses. Mas em termos do entusiasmo com o potencial do uso da ciência forense na procura da verdade num caso criminal, não registámos diferenças assinaláveis entre reclusos com maior e menor grau de escolaridade.

Para além disso, haverá uma relação entre aquilo que uma pessoa pensa conseguir controlar no que diz respeito à sua própria vida e ao que a rodeia, por um lado, e a predisposição para aceitar a autoridade da ciência para 'revelar' ou ditar a verdade? Se realmente se verificasse que o sentimento de controlo que alguém tem sobre a sua própria vida estava relacionado com a aceitação das conclusões da autoridade científica, então esta seria uma dimensão interessante para explorar em estudos futuros nesta área. Ter controlo sobre as suas próprias vidas é um assunto muito importante para os reclusos prisionais, e a falta do mesmo é uma das características distintivas do encarceramento (Sykes 2007 [1958]). Também o sentimento de falta de controlo sobre a própria vida antes mesmo do encarceramento, ou o medo de vir a perder esse controlo, respetivamente, estiveram bem presentes nas narrativas dos presos quando falavam sobre a ciência forense.

No contexto do crime que os levou à prisão, as tecnologias forenses – e em particular as tecnologias de DNA – pertencem à esfera dos fatores que consideram estar para além do seu controlo; os vestígios de DNA foram descritos como sendo muito menos possíveis de controlar do que outros elementos que estão presentes no processo de investigação criminal, como confissões, testemunhas e mesmo a conduta de jurados ou juízes. As tecnologias forenses foram relatadas como algo que estava fora do seu controlo por duas razões principais: primeiro, muitos reclusos sentiam que era impossível 'controlar' suficientemente bem as substâncias corporais (ver Capítulo 8) para não deixar acidentalmente vestígios biológicos no local do crime (com exceção de impressões digitais, que descreveram como sendo mais fácil de evitar). Segundo, devido à ligação entre, sobretudo, tecnologias de DNA e 'ciência avançada', muitos dos reclusos que entrevistámos nem sequer tentavam compreender os princípios e práticas que estão subjacentes à aplicação da ciência forense na investigação criminal. Tal aplica-se sobretudo ao caso daqueles que tinham tido menos anos de escolaridade. As tecnologias de DNA simbolizavam 'o outro': não apenas 'o outro lado' do crime – o lado das autoridades judiciais – mas também 'o outro mundo', que para muitos dos nossos entrevistados era visto como inacessível. Era o mundo a que pertenciam as batas brancas dos cientistas, a atitude professoral do perito, os computadores muito sofisticados. Para quase todos os nossos informantes, as tecnologias de DNA pertenciam à esfera das pessoas que viviam noutro mundo, que lhes era inacessível.

As tecnologias de DNA também eram vistas como ferramentas que ajudavam a polícia a separar as esferas da 'vida normal' da 'vida do crime'. A existência de uma base de dados genéticos para fins forenses, por exemplo, era vista por muitos dos nossos entrevistados como 'uma coisa boa', porque ajudava a manter ordem na sociedade (Prainsack e Kreissl 2011). Como explicou Oliver, de 34 anos, a cumprir uma sentença por tentativa de homicídio e violação: 'Eu acho que para proteger a sociedade [uma base de dados genéticos forense] é uma coisa boa'. Dorian, outro recluso austríaco já referido neste capítulo, chegou mesmo a dizer que uma base de dados é importante porque 'se a sociedade não apanhar os criminosos, então cairia tudo num caos' (cf. Prainsack e Kitzberger 2009: 68).

Ao mesmo tempo, no entanto, as mesmas autoridades que policiam, literalmente, as fronteiras entre a esfera criminal e a esfera da 'vida normal', foram também classificadas como suspeitas de abusar da sua autoridade à custa de quem foi condenado a cumprir pena de prisão. Os reclusos manifestaram com frequência sentir o peso do estigma, de estarem 'marcados para a vida' (Machado et al. 2011), e de serem impotentes perante o poder das autoridades sobretudo quando são acusados erradamente, porque são os 'suspeitos do costume' – algo que alguns dos nossos entrevistados afirmaram ter-lhes acontecido, enquanto outros falaram disso como sendo muito possível de acontecer num cenário futuro. Neste contexto, as tecnologias de DNA foram entendidas como uma tecnologia que poderia, teoricamente, dar-lhes mais margem de poder, na medida em que poderiam provar a sua inocência com a ajuda da ciência, ou mesmo obrigar a polícia a levar a cabo uma investigação mais cabal, em vez de o investigador criminal se limitar apenas a perseguir quem considerasse suspeito em virtude de acontecer um determinado crime que correspondesse ao *modus operandi* de determinado sujeito já condenado e, por isso, conhecido da polícia. Para os presos, as tecnologias de DNA eram uma 'máquina de verdade' contra a qual nem mesmo a polícia tinha poder. A tecnologia assumiu, curiosamente, o papel de se tornar um aliado dos reclusos contra o abuso da autoridade (ver Capítulo 8): nem mesmo a polícia consegue manipulá-la.

Apesar de a polícia ser vista como não tendo poder para interferir com a 'máquina de DNA', os presos acentuaram que os policías eram capazes de 'brincar' com o sistema, ao colocarem provas ('plantarem') na cena de crime com o propósito de incriminar determinada pessoa. Esta possibilidade foi referida por muitos dos nossos informantes, tanto portugueses como austríacos. Norbert, 50 anos, a cumprir prisão perpétua por três acusações de tentativa de homicídio, falou de um exemplo típico deste receio (ver também Prainsack e Kitzberger 2009: 68):

> Cabelo e saliva podem ser mal usados. ... Devido à pressão dos média, se [a polícia] não tiver um [suspeito], e se houver alguém que seja bom para uma condenação por ter [cometido] um assassínio no passado, então [eles podem dizer:] 'vamos apanhá-lo'.

Oliver, outro recluso austríaco de quem já falámos neste capítulo, referiu-se ao seu próprio caso como uma situação em que a prova de DNA foi deliberadamente colocada na cena de crime para o culpar: quando foi acusado da violação e estrangulamento de uma jovem, um crime que nega categoricamente ter cometido, no início não foram encontradas provas físicas que corroborassem o seu envolvimento nesse crime. No entanto, já numa fase bastante avançada da investigação criminal, apareceu inesperadamente um cabelo da vítima no seu apartamento, isto depois do apartamento ter já sido examinado várias vezes. Oliver insistiu que o cabelo tinha sido plantado na sua casa pelo investigador criminal: 'Se eu quiser ser educado, diria que o que aconteceu ali foi uma transferência de vestígio não intencional'.

Vale a pena salientar que muitos dos exemplos que se referem à fabricação de provas, estão relacionados com a colocação de DNA nas cenas de crime com o propósito de incriminar um suspeito e, assim, encerrar um caso criminal. Apesar de alguns reclusos terem de facto mencionado outros tipos de vestígios ligados a condenações erradas, o 'problema' com outro tipo de provas não estava tanto na colocação intencional dessas provas por parte da polícia, mas reportava-se a casos de negligência ou erro humano. Alguns reclusos acreditam que o DNA era diferente nesse aspeto, por ser mais suscetível de ser deliberadamente mal usado pela polícia do que outras tecnologias. O seguinte excerto é retirado das nossas conversas com Norbert, que estava a cumprir pena perpétua por três acusações de tentativa de homicídio:

> Norbert: Acho que é mais fácil usar o DNA de forma abusiva do que as impressões digitais, pois essas são únicas em cada pessoa. Mas o DNA pode ser recolhido da saliva, cabelo, esperma, e por aí fora. Por isso eu acho que é mais fácil de falsificar.
> Entrevistador: As pessoas aqui [na prisão] o que é que dizem sobre os vestígios de DNA?
> Norbert: Eles dizem que há muitos casos [de mau uso]. Por exemplo, um tipo entrou [na sala de interrogatórios] e o polícia não disse nada mas arrancou-lhe cabelo: 'Encontrámos isto no [local do] roubo'. É um exemplo.
> Entrevistador: Arrancaram-lhe cabelo e puseram no local?
> Norbert: É o que ele diz, não posso ter a certeza. Foi o que ele disse, não posso avaliar se é ou não verdade. Mas uma coisa posso dizer, as impressões digitais são certas [sic], mas o DNA pode ser mal usado.

Já Jürgen, de 29 anos, a cumprir cinco anos por agressão agravada, falou-nos sobre a sua preocupação por ter não só o seu perfil de DNA arquivado numa base de dados centralizada, mas também as suas impressões digitais arquivadas numa base de dados policial. Esta preocupação devia-se ao facto de ser empregado de mesa, o que significava que deixava impressões digitais em muitos lugares:

> Depois estão arquivadas e isso tudo, e aí [a polícia] sabe, ok, foi ele [que praticou um certo tipo de crime]. Mas depois talvez ele [o indivíduo condenado a prisão]

queira mudar. Ter uma vida direita, e por aí fora. E passados cinco anos, acontece [outro crime]. E aparecem as impressões digitais dele, apesar de ele não ter nada a ver com o caso, e é relacionado com o caso, apesar de ser inocente.

Alguns minutos mais tarde na nossa conversa, Jürgen tornou claro que estava preocupado com o seu futuro depois de sair da prisão, com medo de se tornar um suspeito provável:

> Por exemplo, eu não sei o que é que vai acontecer quando for libertado. Posso estar num bar e posso ter um desentendimento mas não magoar ninguém. ... Sendo um empregado de mesa, deixo as minhas impressões digitais nos copos ou na comida, ponho as mãos em todo o lado. E é suficiente [para me tornar suspeito] que alguém diga que fui eu. Apesar de eu poder ser inocente.

Neste relato, o erro pela parte da polícia é o de não ter capacidade, ou mesmo possibilidade, de demonstrar que a pessoa a quem pertencem as impressões digitais não cometeu o crime, e que as suas impressões digitais estavam na cena de crime por um motivo totalmente legítimo. Apesar de poder acontecer o mesmo cenário com a prova de DNA, um número muito reduzido dos nossos informantes referiu explicitamente esta possibilidade. Por exemplo, quando Frederico, ex-cabecilha de uma organização criminosa, se queixou que as investigações criminais podem ser 'tendenciosas', referiu-se ao facto de a polícia

> ... ter conseguido colocar [e relacionar] as minhas impressões digitais num crime que não cometi. O investigador pode ser ou não uma pessoa honesta. Eles podem recolher impressões digitais aqui, levá-las, e dizer que foram retiradas de outro sítio. Podem apresentá-las em tribunal como se eu tivesse entrado na casa ao lado.

Alguns reclusos, em vez de se basearam em exemplos concretos ou em cenários em que a polícia pode plantar provas, exprimiram um sentimento de impotência face às autoridades policiais, ou ao sistema de justiça criminal como um todo, em termos gerais e abrangentes. Por exemplo, Ingo, de 43 anos, que estava a cumprir uma pena perpétua por homicídio, disse que de forma geral, uma base de dados universal de DNA podia ser positiva porque iria ajudar a solucionar muitos crimes. No entanto, pensar sobre o que as autoridades podiam fazer com os dados que lá estivessem arquivados não lhe augurava nada de bom: '[as autoridades] conseguem fazer tanta coisa. ... Já somos transparentes. E agora com [o que se relaciona] o terrorismo e a segurança, tudo é justificável. [As autoridades e as polícias] são mais criminosos do que nós'.

Conclusão

Os nossos informantes consideram que as tecnologias de DNA têm um poder quase absoluto em termos de identificação e individualização; neste aspeto, a maioria dos nossos entrevistados considerou-as uma técnica muito superior às impressões digitais. Porém, enquanto muito do poder conferido às técnicas de genética molecular era atribuído ao facto de a prova de DNA ser vista como algo produzido por máquinas e não por pessoas, tanto no grupo de reclusos austríacos como no de portugueses, a infalibilidade das tecnologias de DNA não era tomada como absoluta quando equacionada com a possibilidade de erro humano ou com uma utilização abusiva deliberada. Por outras palavras, enquanto nenhum dos nossos entrevistados referiu a possibilidade de os procedimentos científicos associados à análise do DNA serem nalgum momento passíveis de erro, a única razão que se atribuía a essa possibilidade estava relacionada com a interferência humana. Os fatores humanos – a polícia, os tribunais, as pessoas mal-intencionadas – eram mencionados por alguns dos nossos entrevistados como causas possíveis do uso abusivo ou inapropriado das provas de DNA contra eles. Os nossos entrevistados manifestaram uma forte desconfiança em relação à polícia ou a pessoas com más intenções que pudessem deliberadamente 'plantar' vestígios biológicos nas cenas de crime para os incriminar, ou no que dizia respeito às autoridades usarem informação falsa sobre a existência de provas de DNA para obterem confissões ilícitas.

Os nossos informantes sublinharam com frequência que enquanto quase tudo o resto se consegue controlar ou forjar (sobretudo também as impressões digitais!), não era possível erradicar ou falsificar o DNA de alguém. O DNA assumia o papel de uma tecnologia fiável, associada à 'ciência avançada', com um resultado imutável e verdadeiro; o DNA, como disseram vários dos nossos entrevistados, 'não mente'.

A conceção das tecnologias forenses de DNA como 'máquinas de verdade' (Lynch et al. 2008) não deixa de ter consequências sobre o modo como os reclusos entendem as contingências ocorridas no processo de investigação criminal do qual resultou a sua condenação. Muitos dos nossos entrevistados disseram que, depois da prova de DNA ter entrado em cena, perceberam que o jogo tinha 'acabado' e que não fazia sentido continuar a insistir na sua inocência – independentemente de terem ou não cometido o crime. Neste sentido, as tecnologias de DNA ocupam um lugar único entre as tecnologias forenses; apesar de as impressões digitais serem também vistas pelos nossos informantes como uma prova relevante, consideram-nas menos importantes por ser relativamente fácil evitar deixar no local do crime, uma vez que não tinham uma correspondência automática – carecendo da colaboração de peritos em impressões digitais – ou porque eram entendidas simplesmente como uma tecnologia 'antiquada'. É de salientar que as referências a erro ou má-conduta humana, mencionadas tanto em relação às tecnologias de DNA como à comparação de impressões digitais, aparentemente não prejudicava a avaliação que muitos reclusos faziam sobre a veracidade da prova de DNA. Por outras palavras, apesar de alguns reclusos afirmarem que tanto a análise de DNA como de impressões digitais eram passíveis de serem erradas devido a contaminação nas cenas de crime ou à colocação deliberada de provas, no que dizia respeito à prova de DNA esta convicção não 'fazia cair' a avaliação geral da fiabilidade destas tecnologias, em que o DNA é entendido como o padrão de ouro das técnicas de identificação de um autor de crime.

A capacidade probatória que os nosso entrevistados atribuíram às tecnologias de DNA, obviamente que não deixou de ter efeitos na maneira como os próprios se autoavaliavam. Uma vez que a prova de DNA é vista como uma prova concreta e verdadeira, os factos revelados pelo DNA ao investigador criminal tinha precedência sobre versões alternativas que os reclusos pudessem querer contar do que realmente aconteceu num determinado crime. Estas dinâmicas estiveram presentes nas narrativas dos reclusos, quando contaram de que forma a ligação entre determinada pessoa e um crime foi substituída pela ligação entre determinado vestígio corporal e a tecnologia (Prainsack e Kreissl 2011). Este aspeto condiciona ainda mais a agencialidade dos reclusos, para além da que já está restringida devido ao seu encarceramento (Sykes 2007 [1958]). Contrariamente, por exemplo, a técnicas de interrogatório que conduzem a condenação, a prova de DNA não necessita da participação ativa do suspeito. O simples facto de haver um vestígio do seu corpo na cena de crime constitui uma base importante para a construção de prova incriminatória. E nesse sentido, o controlo do indivíduo sobre o seu corpo é irrelevante. A força física, a resistência, a inteligência e autocontrolo, atributos de uma personalidade masculina dominante, altamente valorizada no discurso hegemónico masculino, não têm qualquer importância na esfera do DNA, inibindo as opções de gestão da identidade e de apresentação da pessoa. A identidade é reduzida a um padrão abstrato de pontos registados no papel e assume-se, sempre, que 'o corpo não mente' (Aas 2006). Nenhuma declaração de inocência ou de defesa pode ser reclamada perante a presença de vestígios corporais na cena de crime, uma vez que são matérias biológicas sem vida, e que envolvem um manuseamento tecnológico (recolha de material e análise científica) sofisticado e percebido como inacessível à compreensão e controlo do indivíduo (Prainsack e Kreissl 2011), por sua vez, sujeito à ação por parte de autoridades potencialmente abusivas (Machado et al. 2011).

Este contexto cria um novo regime de verdade (forense) que se baseia na crença de uma identidade biológica infalível. Confrontados com este regime de verdade, os nossos informantes sentem que não têm possibilidade de refutar as acusações que lhes são apresentadas sustentadas em tecnologia de DNA. Ou seja, devido ao poder científico conferido às técnicas de genética molecular, o espaço para 'narrativas alternativas' referente à culpabilidade diminui drasticamente à luz da prova incriminatória de DNA. Neste sentido, nas narrativas e perspetivas dos nossos informantes, a prova de DNA algemou-os num estado de objetividade (Prainsack e Kreissl 2011).

CAPÍTULO 6

TODOS TEMOS UM 'BICHO' DENTRO DE NÓS
– AS BASES DE DADOS DE PERFIS DE DNA DISSUADEM
OS CRIMINOSOS?

Introdução
A recolha e uso de bioinformação tornaram-se um pouco por todo o mundo importantes instrumentos para detetar o crime, identificar e monitorizar infratores e prever o risco de atividade criminal (McCartney 2006b, Williams e Johnson 2008). Em muitos países, a criação e sucessiva expansão de bases de dados genéticos para usos forenses tem vindo a basear-se, em grande medida, nos esforços desenvolvidos por interlocutores-chave das áreas da justiça e da ciência forense para garantir que são condenados e dissuadidos de reincidir cada vez mais infratores criminais. A base fulcral para este investimento é a crença de que o conhecimento científico e tecnológico oferece uma contribuição clara e substantiva na investigação criminal e na prevenção da criminalidade.

Apesar de as impressões digitais continuarem a ser o método de identificação forense utilizado com maior frequência na investigação criminal (Bradbury e Feist 2005: vi, McCartney 2006a: xi), na cultura popular a tecnologia de DNA assume um maior destaque sendo comum descrever-se a identificação por perfil genético como uma ferramenta infalível para identificar perpetradores. Este imaginário da associação entre a tecnologia de DNA e uma investigação criminal bem-sucedida está também presente nas atividades profissionais de jornalistas, advogados e juristas (Lynch et al. 2008: xi) (ver também Capítulos 4 e 5). A ideia do DNA enquanto 'padrão de ouro para a identificação individual' fez com que a utilização de perfis de DNA para identificar autores de crimes e a inserção de informação genética em grandes bases de dados informatizadas tenham um estatuto sem rival entre as ferramentas disponíveis para detetar e dissuadir a criminalidade. Como defendem alguns comentadores, a expectativa é a de que a tecnologia de DNA e as bases de dados forenses venham a ser usadas para solucionar qualquer crime – mesmo em relação a crimes como furtos e outros atos de pequena criminalidade, para os quais a tecnologia de DNA não revelou ainda grande utilidade (Asplen 2004, Bradbury e Feist 2005).

Este capítulo começa por discutir como é que a adoção de dispositivos científicos e tecnológicos para corroborar ou inferir identidades com base em bioinformação forense – concretamente perfis de DNA e impressões digitais – veio a tornar-se um elemento importante no aparelho de vigilância e de controlo social dos Estados modernos, isto é, um ingrediente das práticas de segurança e proteção públicas, e como é que as sociedades contemporâneas estão hoje a testemunhar uma crescente tendência para a expansão de bases de dados de perfis de DNA para fins forenses. Equacionamos os argumentos avançados por alguns protagonistas políticos e por cientistas forenses que apoiam a expansão do tamanho e dos usos das tecnologias de DNA no sistema de justiça criminal, com as considerações éticas e políticas avançadas por alguns sectores académicos e por organizações civis de defesa dos direitos humanos (McCartney et al. 2010, Nuffield Council on Bioethics 2007). Neste último grupo, que podemos designar como 'céticos da expansão', muitos defendem que a expansão de bases de dados genéticos cria novos riscos, incluindo o desvirtuamento da função para a qual foram originalmente criadas (apoiar a investigação criminal).Também analisamos a avaliação que os reclusos que entrevistámos fazem sobre o valor das bases de dados genéticos para a prevenção e dissuasão da criminalidade. Neste ponto em particular, iremos observar como é que os reclusos avaliam o cenário de um uso mais alargado da tecnologia de DNA, nomeadamente, a possibilidade de serem criadas bases de dados genéticos que incluam os perfis de toda a população (bases de dados universais).

Expandindo os usos da bioinformação forense
A tecnologia de identificação de indivíduos por perfis genéticos e as bases de dados forenses têm vindo a ser apresentadas por políticos, mas também no imaginário público, como podendo constituir uma solução quase que milagrosa para o problema da criminalidade. Os apoiantes da ideia de serem alargados os critérios de inserção de perfis genéticos em bases de dados forenses – as bases de dados passariam a incluir, por exemplo, não apenas os perfis de condenados mas também de suspeitos, ou mesmo informação genética de pessoas que viram provada a sua inocência em tribunal, ou junto de quem nunca foi deduzida qualquer acusação criminal – têm-se socorrido de vários argumentos estratégicos. Um desses argumentos será defender que o alargamento dos critérios de inserção de perfis nas bases de dados genéticos para fins forenses iria provavelmente aumentar a eficácia policial, abreviar o tempo necessário para a deteção de criminosos e, em consequência, reduzir os custos relacionados com a investigação

criminal (Gans e Urbas 2002: 5). Alguns decisores nas áreas da política, das ciências forenses e do sistema de justiça, defendem que são várias as vantagens em expandir os usos da identificação por DNA nas investigações criminais: as bases de dados genéticos ajudam a reduzir a necessidade de alternativas mais dispendiosas, como as usadas nas técnicas tradicionais de investigação criminal, geralmente mais morosas e supostamente menos eficazes (McCartney 2004); ajudam a evitar os erros da justiça; e se houver prova de DNA pode ser encurtado o tempo que um determinado sujeito demora a reconhecer (confessar) a autoria de um crime (Garrett 2010). Alguns autores defendem ainda que, com a criação e expansão de base de dados genéticos para fins forenses, alguns infratores podem, devido ao aumento do risco de deteção, ser dissuadidos de praticar atividades criminosas no futuro (Beauregard e Bouchard 2010, Gans e Urbas 2002, Home Office 2009, Weiss 2004).

O Programa de Expansão do DNA [*DNA Expansion Programme*] lançado em 2000 no Reino Unido, com o propósito de apoiar a expansão e o crescimento da base de dados genéticos de Inglaterra e País de Gales [*UK National Criminal Intelligence DNA Database* – NDNAD] até que na referida base de dados estivesse inserida toda 'a população criminosa ativa já identificada' (Home Office 2003, 2005, McCartney 2006b: 175), é um exemplo que ilustra bem como as preocupações sociais e governamentais contemporâneas com o controlo da criminalidade e com a securitização conduziram a um investimento considerável na rotinização massiva da utilização da tecnologia de DNA nas atividades de investigação criminal. A história social e política da criação e expansão das bases de dados de perfis de DNA para propósitos forenses por norma apresenta o crime como um problema 'que foi criado na esfera social, e resolvido por meios tecnológicos'. As histórias da introdução da tecnologia de DNA nos sistemas de justiça, decorridas em vários países dizem-nos que:

> ... para resolver crimes graves, precisamos de tecnologia. Todos os potenciais problemas e ambiguidades inerentes ao uso de tecnologias – por exemplo, a análise forense de DNA comporta sempre o risco de contaminação, de erro humano ou técnico, etc., e mesmo quando se verifica uma correspondência entre o DNA de um suspeito e um vestígio encontrado no local do crime isso não prova automaticamente a culpabilidade ... – estão fora desta narrativa. A tecnologia oferece uma base sólida sobre a qual a expansão sistemática de usos de perfis de DNA – desde o seu uso pontual, até ao processamento e armazenamento sistemático de perfis genéticos numa base de dados centralizada – parece ser a solução lógica para um problema existente. (Prainsack e Toom 2013: 72)

Apesar de as práticas nacionais e os debates em torno dos custos e benefícios do desenvolvimento de bases de dados e da criação de perfis de DNA variarem substantivamente entre países (Hindmarsh e Prainsack 2010), o padrão típico de difusão das tecnologias de DNA tem sido começar com conjuntos limitados de amostras e de perfis, e depois alargar o âmbito das finalidades do seu uso ('*function creep*').[64] Enquanto as primeiras bases de dados genéticos, surgidas nos anos de 1990, estavam limitadas à inserção de perfis de DNA de pessoas condenadas por violação, homicídios e outros crimes graves, ao longo das duas últimas décadas muitos países alargaram rapidamente o âmbito das bases de dados, de maneira a incluir os perfis genéticos de um espectro mais amplo de indivíduos: por exemplo, não só a informação genética recolhida de condenados por crimes graves, mas também de condenados por outros crimes, de delinquentes juvenis e de meros detidos (Van Camp e Dierickx 2007, 2008).

O debate em torno da expansão das bases de dados genéticos está longe de ser preto no branco, em que aqueles que estão a favor do seu alargamento corresponderiam ao tipo 'lei e ordem acima de tudo', apoiando uma vigilância policial-estatal; e os críticos da expansão ou mesmo da existência dessas bases de dados os únicos preocupados com as liberdades civis. A situação é mais complexa do que isso: alguns dos que apoiam a expansão das bases de dados de DNA, ou os contextos em que os dados genéticos devem ser usados na esfera da justiça criminal, são guiados pelos mesmos valores e preocupações de outros que se opõem à expansão das mesmas: defesa da justiça, da privacidade e da prevenção e correção dos erros judiciais. Como argumentam Prainsack e Toom (2010: 1124) a propósito do Tratado de Prüm, que concede às agências policiais e/ou às autoridades de justiça criminal de um determinado país acesso direto a bases de dados genéticos existentes noutros países da União Europeia,

> ...da interconexão de sistemas de vigilância existentes em diferentes países e a respetiva circulação de informação transnacional subjacente ao regime de Prüm também fortalece o argumento daqueles que exigem cuidados adicionais na proteção de dados. Não só porque o problema da proteção de dados surge enfatizado

---

[64] Uma tradução elementar da expressão *function creep* será *contágio funcional*, um conceito que remete para a incerteza constante sobre os possíveis usos futuros de tecnologias que atualmente parecem "domadas" e previsíveis. A desvirtuação da função refere-se à constatação de que as infraestruturas tecnológicas implementadas com um determinado propósito começam frequentemente a ser usadas para fins mais alargados (Dahl e Sætnan 2009). Uma vez introduzidas, torna-se difícil impedir que venham a ter uma utilização mais vasta.

nos domínios políticos e públicos como uma preocupação doravante ainda mais válida à luz do crescente aumento do tamanho e interligação das bases de dados, mas também – e talvez mais importante – por [o Tratado de Prüm] restringir o tipo de informação de identificação pessoal que circula além-fronteiras. Este último aspeto também beneficia os suspeitos da prática de crime cujos detalhes de identificação pessoal, na altura pre-Prüm, teriam circulado entre autoridades de diferentes países, algo que já não acontece com o regime de Prüm (a menos que se tenha estabelecido uma correspondência de DNA).

Até agora, uma das áreas que tem sido alvo de pouco escrutínio crítico – e de pesquisa empírica por parte das ciências socias – é o pressuposto de que as bases de dados genéticos dissuadem as pessoas da prática de reincidência criminal. Segundo o argumento da dissuasão, a expansão das bases de dados genéticos pode contribuir para que mais infratores sejam indiciados pela prática de crimes, e que os autores de crimes sejam dissuadidos de reincidir depois de serem libertados. A par do potencial efeito dissuasor, alguns especialistas sugeriram que existem também evidências que demonstram uma mudança no comportamento criminal, no sentido de evitar deixar vestígios de DNA nos locais dos crime – os potenciais infratores estão a tornar-se cada vez mais 'conscientes das ferramentas forenses' (Beauregard e Bouchard 2010, ver Capítulo 4).

Contudo, a pesquisa existente sobre carreiras criminais (Piquero et al. 2007, Sampson e Laub 1993), faz-nos questionar o pressuposto que defende que quanto maiores forem as bases de dados genéticos mais 'úteis' serão enquanto instrumentos dissuasores, ou como ferramentas para a investigação criminal. Entre os argumentos que defendem os benefícios das bases de dados genéticos para usos forenses, está o que sustenta que teoricamente a sua utilidade aumenta à medida que se continua a expandir o volume de dados inseridos (Bieber 2006, Briody 2004a: 176, Wilson et al. 2010: 464). Ainda não se demonstrou que a expansão de critérios de inserção de perfis de DNA nas bases de dados forenses e o crescimento destas tenham reduzido a criminalidade em geral (Tracy e Morgan 2000), nem que o aumento das taxas de recolha de vestígios de cenas de crime tenha dissuadido a prática de crimes devido ao receio, da parte dos infratores, de haver uma maior probabilidade de serem identificados como autores de crime (Freckelton e Selby 2002). Neste sentido, é provável que especificamente no que diz respeito ao efeito dissuasor das bases de dados genéticos, este seja aplicável apenas a uma pequena fração de perpetradores (Briody e Prenzler 2005: 81).

Alguns estudos chegam mesmo a indicar que a falta de certezas sobre o efeito dissuasor das bases de dados genéticos no âmbito da criminalidade em geral (Bhati 2010) pode ser explicada pelo facto de os delinquentes se estarem a tornar mais diligentes a não deixar vestígios na cena de crime, ou consomem drogas ou álcool para superar as suas inibições no momento do crime (Mays et al. 1991: 42, Wright e Decker 1994). Para se compreender o potencial efeito dissuasor das bases de dados genéticos para fins forenses, é importante ter em conta as perspetivas e perceções dos reclusos. Nas próximas secções deste capítulo iremos analisar as narrativas de reclusos na Áustria e em Portugal, explorando como estes encaram a 'garantia de dissuasão da criminalidade' inerente à retórica da expansão das bases de dados genéticos.

A Ficção da Dissuasão: as Perspetivas dos Reclusos
No geral, os reclusos não acreditam que o conhecimento sobre a existência de bases de dados genéticos tenha um impacto dissuasor significativo sobre os autores de crimes. Argumentam que um grande número de crimes é cometido por impulso; e afirmaram que normalmente, mais vulgarmente do que se espera, antes de cometerem o crime os transgressores não ponderam de forma racional os riscos e benefícios. Por exemplo, David, de 42 anos, condenado a três anos e dez meses de prisão por tentativa de homicídio, afirmou: 'As pessoas que estão habituadas a roubar ... Não estão preocupadas com [a existência ou não de] câmaras de vigilância, uma vez que tapam a cara e roubam na mesma'. David também acredita que a existência de uma base forense de dados genéticos não previne que os homicidas ou os predadores sexuais cometam crimes (ou reincidam na sua prática), uma vez que, na sua opinião, são pessoas maldosas, ou com problemas psicológicos ou de personalidade:

> Estas são pessoas que fazem coisas más, mas que nem sequer pensam no que estão a fazer, nem devem ter noção do que estão a fazer. Uma pessoa que é um violador ou um pedófilo, ou algo deste género, deve ser um psicopata. Deve ter algum trauma de infância.

A associação que alguns dos nossos reclusos portugueses[65] estabeleceram entre crime e doença mental ou psicológica, segue uma linha de raciocínio que se assemelha a teorias explicativas do comportamento criminal que remontam

---

[65] Os reclusos na Áustria não mencionaram a doença mental como uma das 'causas' possíveis para explicar o comportamento criminoso.

ao período anterior ao século XVIII (Foucault 1975). A doença mental é um dos mais importantes pilares empíricos e teóricos de algumas abordagens que procuram compreender a criminalidade e o desvio (Silver et al. 2008), como a psicopatologia forense, a antropologia criminal e a biologia.[66] A representação do crime como algo endógeno ao indivíduo foi reproduzida por alguns dos nossos entrevistados em Portugal: os 'verdadeiros criminosos', afirmam, têm o crime 'na sua natureza'. Nas palavras de Joaquim, de 49 anos: 'Uma vez tendo nascido torto, vai morrer torto'. Este recluso prisional, que estava a cumprir uma pena de prisão de seis anos por ter abusado sexualmente da sua filha menor, e que alegadamente terá ficado grávida em resultado desse crime, também falou dos criminosos como pessoas com um 'vício', um desejo ou um impulso incontroláveis. Quando questionado sobre se pensava que os outros reclusos deixariam de 'fazer asneiras' se soubessem que, se reincidissem no crime, existia uma base de dados genéticos com fins forenses que poderia conduzir à sua identificação, a sua resposta foi negativa. Afirmou que havia muitas pessoas que retiravam prazer das suas próprias transgressões (ver também Agnew 1990, Brezina e Piquero 2003):

> Entrevistador: Acha que quando alguns reclusos saírem da prisão vão deixar de cometer crimes por haver uma base de dados com perfis de DNA?
> Joaquim: Não, não, dificilmente. Às vezes ouço algumas conversas entre eles [silêncio] ... As pessoas que fazem essas coisas são pessoas com pouco juízo [não pensam antes de agir]. Um deles disse-me que tinha mais prazer em fazer um roubo do que em ter relações [sexuais] com uma mulher. Imagine o vício do moço...

Lucílio, de 34 anos, condenado a dois anos de prisão por conduzir sem carta de condução, também não acreditava que as bases de dados para investigação criminal servissem como dissuasoras do crime. No entanto, em contraste com David e Joaquim, Lucílio não falou da propensão para o crime como algo que nasça com as pessoas ou faça parte da sua 'natureza'; Lucílio culpava as condições socioeconómicas por facilitarem o comportamento criminal. Nesse sentido, a

---

[66] A Psicopatologia Forense foca-se na aplicação de análises psicológicas num contexto legal e forense. Em poucas as palavras, o papel desta disciplina é avaliar a capacidade dos autores de crimes em enfrentar um tribunal, elaborar um perfil psicológico, avaliar a sua responsabilidade criminal (estado mental no momento do crime) ou a existência de eventuais fatores mitigantes que fossam afetar a sentença. A Antropologia Criminal é o estudo da associação entre as características e aparência física humanas e uma suposta tendência 'inata' para o comportamento criminal (Howitt 2002).

única medida realmente eficaz para diminuir a reincidência seria o apoio psicológico e a terapia comportamental:

> Entrevistador: As bases de dados genéticos para fins forenses podem prevenir o crime?
> Lucílio: Para realmente prevenir o crime não, porque estas pessoas têm uma maneira diferente de pensar. Eu tenho uma forma de pensar, eles têm a deles. Nós aqui temos miúdos, miúdos com 18 ou 16 anos, que assaltaram joalharias e já estão a pensar que quando saírem, daqui a sete, nove ou dez anos, vão voltar ao 'negócio'. Também depende da educação que tenham recebido, são miúdos da rua, que vivem em bairros problemáticos, e a ocasião faz o ladrão. Eles estão mesmo com essa ideia, quando saírem vão assaltar tudo. Têm outra maneira de pensar, outra mentalidade. Estas pessoas deviam receber tratamento psicológico. Mas não há dinheiro para isso.[67]

Esta linha de raciocínio era também muito comum entre os reclusos austríacos que entrevistámos, que atribuíam a causa do comportamento criminal quase em exclusivo à infância de uma pessoa, à má influência de amigos, à família ou a outros fatores sociais. No entanto, nenhum dos reclusos austríacos considerava que o crime era algo que as pessoas traziam no 'sangue', 'dentro de si', ou que fazia parte da sua 'natureza'. Esta ideia pode estar relacionada em parte com a forte tradição austríaca de assistência penal, que oferece um grau relativamente elevado de apoio psicológico e psicoterapêutico. Muitos reclusos que entrevistámos na Áustria tinham acesso a psicoterapia individual e de grupo, alguns ao longo de vários anos. Neste país espera-se dos reclusos que reflitam sobre as causas sociais e emocionais que conduziram aos seus crimes, e que mudem as suas atitudes e forma de lidar com as situações, não só para evitar que reincidam no crime, mas para se tornarem pessoas melhores num sentido muito mais lato. Nos relatos dos reclusos, a privação socioeconómica, a negligência parental e familiar, bem como outros fatores sociais, foram apontados como elementos independentes que despoletaram o crime.

---

[67] Mais tarde na entrevista, Lucílio identificou os agressores sexuais como o grupo que necessitava com mais premência deste tipo de apoio psicológico para os ajudar a não voltar a reincidir. Ao mesmo tempo, reconhecia que a estigmatização que os agressores sexuais sofriam pela parte dos outros reclusos, não ajudava à sua recuperação:
> Os violadores hoje saem da prisão e já estão a pensar em violar novamente. Eles são posto à parte [dos outros], porque há um código entre os reclusos que diz que são pessoas que não ... os outros presos não se misturam com eles, não é? Nós discriminamo-los o mais que podemos.

Por exemplo, Christoph, de 40 anos e a cumprir dez anos de prisão, o recluso que raptou uma jovem para pedir um resgate, disse que o desemprego tinha motivado a que cometesse este crime:

> Catorze dias antes do meu 31º aniversário: até àquele dia nunca tinha estado desempregado. Pelo contrário, tinha sido sempre um trabalhador excelente, dedicado [ao meu trabalho] de corpo e alma. E então fiz aquela merda. [Antes disso] nunca tinha tido nenhum problema. Nem [um] registo criminal, ou alguma coisa parecida com um crime, e depois fiz esta merda.

Christoph foi muito claro sobre o facto de que nenhuma tecnologia forense, por muito sofisticada que fosse, podia tê-lo dissuadido de raptar a mulher, porque naquele momento ele pura e simplesmente não tinha pensado nas consequências.

A 'consciência forense' – no sentido que os indivíduos pensam sobre as possíveis consequências do crime antes de o cometerem – foi também mencionada por Manuel, um dos nossos entrevistados em Portugal. Manuel era um exemplo paradigmático do 'preso modelo' bem-sucedido, estando altamente motivado para reintegrar com sucesso a sociedade depois de sair da prisão. Com 27 anos na altura da entrevista, tinha sido condenado a 14 anos de cadeia por tráfico de droga e homicídio, depois de ter embatido – acidentalmente, insistiu – num carro que levava oito passageiros. Manuel tinha estado a conduzir sob a influência de álcool. Aquando da entrevista, estava a estudar para ter um diploma em interpretação e tradução de linguagem gestual. Disse que o seu objetivo era um dia poder trabalhar com pessoas surdas. Manuel foi muito explícito sobre a diferença entre o que entendia serem criminosos 'profissionais' – aqueles que preparam o crime antecipadamente de maneira a não deixarem vestígios no local do crime – e aqueles que agem por impulso:

> Se o crime foi premeditado, a pessoa tem um mínimo de cuidados [para não deixar vestígios]. Se é um crime passional, e se a pessoa já tiver um registo criminal e informação arquivada na base de dados da polícia, pode ser rapidamente identificada e não há maneira de escapar. Mesmo que a pessoa vá até ao fim do mundo, acaba sempre por ser identificada ...[68]

---

[68] A última parte do testemunho de Manuel, sobretudo quando afirma que alguém que deixa vestígios de DNA pode ser apanhado mesmo nos lugares mais remotos do mundo, se tiver perfis ou dados genéticos incluídos na base de dados, foi contradito por Paul, de 37 anos, a cumprir 15 anos por furto agravado e roubo à mão armada. Paul, que tinha frequentado a

Manuel também disse que um eventual efeito dissuasor das bases de dados genéticos com fins forenses teria de ser contrabalançado com os efeitos do próprio encarceramento:

> Um criminoso que é criminoso, o bandido a sério, quando comete um crime sabe bem como fazê-lo sem ser apanhado ... se já cumpriu pena de prisão, onde as pessoas aprendem mais sobre como cometer um crime, será muito difícil deixar-se apanhar.

Amaro, outro dos nossos informantes portugueses, partilha opiniões idênticas às de Manuel. Ambos se distanciaram do mundo do crime e dos criminosos: tanto Manuel como Amaro falaram de si próprios como pessoas que acabaram na prisão devido a um azar na vida e que na verdade não pertencem ali (característica também muito comum em várias das nossas conversas com reclusos na Áustria). Tal como Manuel, Amaro não acreditava que as bases de dados de perfis de DNA tivessem um efeito significativo a dissuadir criminosos; ao falar sobre a possibilidade de uma base forense de dados genéticos ter capacidade para dissuadir do crime, afirmou que isso dependia do tipo de criminoso:

> Se é alguém que anda metido em drogas, quando sai da prisão provavelmente tem amigos lá fora e volta outra vez ao mesmo [a cometer crimes]. Já vi pessoas saírem e passado um ano ou dois estão de volta [à prisão]. Há indivíduos que não pensam, fazem-no por impulso [cometer um crime] e deixam sempre alguns vestígios atrás deles. Mas se é alguém que pensa sobre o que vai fazer, a coisa será mais cuidadosa.

Na opinião de Amaro, a existência de uma base forense de dados genéticos tornaria os criminosos mais sofisticados e mais conscientes do risco de virem a

---

universidade num curso de filosofia, disse que a capacidade dos investigadores da polícia para utilizarem as informações da base de dados assentava no facto do suspeito ser parte da sociedade 'normal':
Os vestígios de DNA só são úteis ... se a polícia souber que a pessoa X está no sítio Y. Que ele trabalha no sítio Z. [Que] este é o seu número de segurança social, que este é o seu local de trabalho. Só aí é que eles conseguem prender-me. [Se eles não souberem onde é que eu ando] não podem fazer mais nada do que pôr cartazes com 'procura-se' que tenham a minha fotografia. Em retrospetiva, depois de ser detido, podem provar tudo o que quiserem [com base no DNA]. Mas para a fase da busca, tem relativamente pouca importância (ver Prainsack e Kitzberger 2009: 71).

ser apanhados; por isso, iriam tomar mais precauções para diminuir o risco de serem identificados. É o oposto do efeito dissuasor:

> Entrevistador: Acha que a base forense de dados genéticos fará com que as pessoas que saem da prisão pensem duas vezes?
> Amaro: Eu acho que ainda vai piorar [rindo]. Quanto mais o cerco for apertado, eles têm mais medo e são capazes de se pôr mais finos, como a gente costuma dizer. Vão pensar para eles próprios: 'Isto está a tornar-se mais perigoso'.

Amaro foi-nos apresentado pelo diretor da prisão como outro recluso exemplar: uma pessoa em geral cumpridora, que cometeu um erro uma vez. Era visto por todos os guardas como um homem honesto e trabalhador, e estava autorizado a sair todos os dias da prisão para trabalhar como jardineiro. Amaro tinha sido agricultor até que, aos 20 anos, atirou sobre dois vizinhos que lhe roubaram algumas toneladas de lenha. Uma das suas vítimas morreu, e o outro perdeu a visão. Amaro foi condenado a 20 anos de prisão; sentença que tinha cumprido quase na totalidade à data da nossa entrevista. Para Amaro, era importante frisar que não 'sabia nada' sobre o mundo do crime ou a forma de pensar dos criminosos; tudo aquilo que dizia sobre o estilo de vida de um criminoso, insistia, era apenas o que 'imaginava' sobre esse assunto.

Ernst, 30 anos, que cumpria uma pena de três anos por fraude, disse que o facto de o seu perfil de DNA estar arquivado numa base de dados genéticos forense deixava-o preocupado em relação ao período que se seguiria à sua libertação; não só porque o seu DNA podia ser 'plantado' pelos seus inimigos em locais de crime, para o incriminar, mas também porque não confiava em si próprio. Uma vez que tinha tido sempre problemas em controlar a sua raiva, não excluía a possibilidade de se poder tornar violento, e aí os vestígios biológicos poderiam incriminá-lo. No entanto, disse que o apoio psicológico recebido na prisão tinha-o ajudado a controlar melhor as suas emoções, e talvez o ajudasse a evitar voltar a meter-se em problemas. Para Ernst, ter acabado na prisão representava um passo para o seu caminho para a 'redenção', para ultrapassar os seus erros e para livrar-se de comportamento aditivos: 'Uma vez acordei a meio da noite e quando percebi onde estava pensei: Estou na prisão, graças a Deus!'

Sigi, de 37 anos, a cumprir uma pena de 18 meses por agressão, dizia que os recentes avanços nas tecnologias forenses tinham mudado de forma significativa o jogo para os criminosos. Não se referiu especificamente às bases de dados genéticos quando discutiu os riscos da vida de um criminoso, mas responsabilizava os avanços tecnológicos e científicos em geral por terem tornado muito mais difícil a vida dos criminosos de carreira, incluindo ele próprio. Quando cometia crimes no passado – que incluíam roubos, furtos e crimes violentos – disse que primeiro pensava sempre nos riscos de ser apanhado. Achava que todos os que faziam parte desse meio deviam ser capazes de analisar os riscos:

> Toda a gente pensa sempre sobre isso [a possibilidade de deixar provas na cena de crime]. A coisa funciona assim: se planeia cometer um crime, então primeiro tem de ter a certeza que não irá deixar qualquer tipo de vestígios. Porque isso tornou--se mais difícil com a medicina forense e a tecnologia forense. Porque avançaram tanto que hoje em dia é suficiente uma pequena amostra de cabelo. Qualquer pessoa que esteja a planear fazer um trabalho deve pensar seriamente nisso.

Alguns reclusos disseram que há também grupos de criminosos que não se preocupam com os vestígios porque não estão concentrados num objetivo racional de ganhar dinheiro, são orientados por motivos irracionais e necessidades que não conseguem controlar. O exemplo mencionado com mais frequência sobre este tipo de criminoso era o do 'drogado', o toxicodependente que comete roubos consecutivamente apenas para arranjar algum dinheiro para comprar droga. Gaspar, 39 anos, condenado a cinco anos por roubo, furto e consumo de drogas, representava um exemplo paradigmático do estado mental de um toxicodependente que, à primeira vista, parecia confirmar o estereótipo do toxicodependente que está continuamente dentro e fora da prisão. À data da entrevista, Gaspar estava a cumprir a sua quarta pena de prisão. No entanto, não se descrevia a si mesmo como o típico consumidor de drogas que pratica um crime 'sem pensar'. Pelo contrário, explicou de forma muito detalhada como é que se conseguia cometer um roubo sem se ser apanhado, e como fazer um planeamento estratégico de maneira a escolher o melhor *modus operandi* numa determinada situação de roubo. Na perspetiva de Gaspar, a característica mais importante de um criminoso de carreira era manter a cabeça fria:

> [deixar vestígios no local do crime] depende se a pessoa é esperta ou não ... se é habilidoso, se não é. As pessoas que têm mais calma – porque há outros que fazem algumas coisas ... sem pensar, à toa, digamos assim. Agora, para as pessoas que pensam mais, é lógico que já não deixam esses vestígios, não é? Já vão equipadas para isso. Com gorros e luvas, essas coisas todas, não é? Há certos equipamentos, tipo plástico, que fazem com que os cabelos não fiquem agarrados ao gorro.

Gaspar autodenominou-se como criminoso de carreira e disse que as bases de dados genéticos forenses eram benéficas para 'quem está do outro lado', acrescentando que os indivíduos que já tiverem estado presos não vão parar de cometer crimes porque não têm nada a perder uma vez que – de acordo com o que diz este recluso – serão sempre os suspeitos do costume:

> Entrevistador: O que é que pensa sobre a existência de uma base forense de dados genéticos?
> Gaspar: [É bom] para a sociedade. Porque é [mais] benéfico para o outro lado, o lado da justiça ... [Mas as] pessoas que estiveram na prisão – como eu próprio – não têm nada a temer. No meu caso não há benefício nenhum [com a existência de uma base de dados genéticos], pelo contrário tenho sido massacrado sempre (...) é uma boa ideia para os presos que estão mesmo a pensar em começar uma nova vida [quando saírem daqui]. Agora eu, com os meus antecedentes... na prática [a base de dados] não vale. Eles tinham que me garantir que o meu registo está limpo. Agora, o dizer, o falar coisas bonitas, isso é fácil.

Um pequeno grupo de reclusos chegou a afirmar que a existência de bases de dados genéticos forenses centralizadas poderiam dar origem a crimes graves como estratégia para apagar vestígios dos locais de crime. Feliciano, de 34 anos, a cumprir uma sentença de 12 anos por homicídio, apresentou o seguinte cenário:

> Poderá dar azo à criminalidade muito mais violenta. Imagine um assalto que acaba em morte, e o homicida, para não deixar vestígios, rega tudo com gasolina e chega lume. Tantas são as provas, com medo, para não deixar uma única prova que possa identificá-lo...

Também Ingo, de 43 anos de idade, com pena perpétua por roubo e homicídio, disse que por recearem que a sua vítima pudesse ser identificada com base no cabelo, nas impressões digitais ou no DNA, ele e os seus cúmplices tinham cortado e queimado as mãos e a cabeça da vítima depois de a terem matado: 'Os ossos não queimam totalmente, mas a coisa mais importante para nós foram os dentes: tínhamos de ter a certeza que os eliminávamos mesmo'.

Antes de falar sobre criminosos que pegam fogo aos locais de crime por terem medo de deixar vestígios, Feliciano referiu-se à existência de bases de dados genéticos com propósitos forenses como 'uma vantagem para a investigação criminal e para o combate da criminalidade no futuro ... vai acelerar a investigação ... mesmo a nível internacional é uma coisa boa porque possibilita a troca de informações sobre criminosos'. No entanto, à medida que a entrevista progredia, começou a mudar a linha do seu raciocínio, e começou a falar sobre os 'novos riscos' que podem surgir com a expansão crescente das bases de dados genéticos com finalidades de investigação criminal. Por um lado, sublinhou a possibilidade de ocorrerem violações da privacidade e erros que podem ser cometidos: 'Um fator que deve ser sempre considerado é a privacidade ... [as bases de dados de DNA] sem dúvida que mexem um bocado com a privacidade. Espero que se houver algum tipo de problema com esse sistema – que considero infalível – ele seja resolvido da melhor maneira'.

No entender de Feliciano, estes problemas eram exacerbados pelas desigualdades sociais, que se refletiam e eram reproduzidas pelo sistema de justiça criminal. Ao mesmo tempo, Feliciano achava que havia criminosos engenhosos que iriam sempre enganar a polícia:

> O criminoso tenta sempre ultrapassar, ou pelo menos estar à frente das novas medidas para combater o crime ... A justiça está a evoluir – e isto [os perfis de DNA e as bases de dados genéticos] é um sistema que traz desenvolvimentos interessantes – mas normalmente a mente criminosa também evolui e está sempre a pensar: 'Eles agora têm maneira [com a tecnologia de DNA] de resolver isto [o crime em questão], por isso como é que vou lidar com isso [para não ser apanhado]?

Apesar de apenas um pequeno número de presos austríacos ter expressado a mesma opinião, Henrique, recluso português de 37 anos, condenado a três anos por roubo e falsificação, acreditava que o problema dos criminosos era que, independentemente dos cuidados que tivessem para evitar deixar provas no local do crime, podiam ser sempre 'lixados' pela polícia. Em seu entender, mesmo os criminosos que agiam de uma forma realmente profissional, podiam ser apanhados pela polícia com base nos vestígios biológicos – um cabelo ou uma impressão digital. Referiu-se ao seu próprio caso como um exemplo deste problema:

> Eu já fazia isto [praticar crimes] há 20 anos, e safava-me sempre ... Usava sempre luvas quando roubava, tinha cabelo curto e nunca tirava o gorro quando estava dentro de um carro ... mas quando a polícia quer mesmo apanhar alguém, seja através de impressões digitais ou de DNA, se eles quiserem mesmo tramar alguém, eles fazem-no. Uma mentira deles vale mais do que 100 verdades nossas ... Nunca fui apanhado, percebe? Eu vendia drogas, consumia drogas, cheguei mesmo a ser correio de droga ... mas nunca fui apanhado.

A história de Henrique era de certo modo confusa em relação à forma como ele descreveu como veio a ser apanhado. Segundo ele, as autoridades sabiam que era um criminoso no ativo (disse ter estado sob vigilância e que foi alvo de recolha de uma amostra biológica em 2002), mas nunca foram capazes de o relacionar com nenhum crime. Esperaram até ele estar fora do país, instauraram um processo-crime, e condenaram-no na sua ausência. Henrique disse que, quando voltou, não havia nada que pudesse fazer, uma vez que o seu caso não podia ser reaberto. Henrique concluiu dizendo que a existência de uma base de dados não tinha qualquer efeito na dissuasão da criminalidade, porque na sua opinião os criminosos irão simplesmente aprender a ser mais cuidadosos para evitarem ser apanhados pela polícia. Chegou mesmo a admitir que o facto de voltar a estar com os seus antigos companheiros depois de ser libertado, podia tentá-lo a regressar novamente ao mundo do crime. A única maneira de o evitar seria deixando o país:

> Vão cometer crimes na mesma. Vão apenas tornar-se mais cuidadosos ... Temos só de encontrar uma maneira de sair daqui [da prisão]. E a única forma que encontro é portar-me bem – ter bom comportamento, trabalhar – tudo o que eles me dão eu aceito, para ver se saio mais cedo. Mas neste momento, não sei como é que vai ser quando estiver lá fora. O que vou fazer depois de sair da prisão não vou dizer ao meu pai, ou à minha mãe, ou à minha família. Não sei o que é que vou fazer. Não sei o que é que o dia de amanhã vai trazer. Se não emigrar, posso voltar ao mesmo tipo de vida [cometer crimes] se voltar a andar com os meus antigos companheiros ...

A maioria dos reclusos que entrevistámos não acreditava que as bases de dados genéticos com propósitos forenses viessem a reduzir o crime, ou tivessem um impacto significativo na sua dissuasão. Ao mesmo tempo, um número considerável de reclusos afirmou que era desejável um uso mais intensivo e extensivo das bases de dados genéticos forenses, porque mais 'instrumentos científicos' poderiam proteger melhor os seus direitos individuais, eventualmente aumentando a possibilidade de exoneração, ou pelo menos de protegê-los de eventuais ações policiais ilegais ou incriminatórias, tais como plantar vestígios biológicos em locais de crime, forçar confissões, ou recorrer a informadores (ver também Capítulos 7 e 8). Prainsack e Toom (2010) usaram o termo 'in/capacitação situada' para sublinhar a simultaneidade dos efeitos capacitadores e opressivos da vigilância: 'A ideia de in/capacitação situada ajuda-nos a entender a forma como os efeitos capacitadores e incapacitadores da vigilância estão sempre interligados e estão com frequência mutuamente integrados' (Prainsack e Toom 2010: 1118). O mesmo pode dizer-se sobre a maneira como os reclusos falaram sobre as bases de dados genéticos com propósitos forenses.

Não obstante, as bases de dados genéticos foram retratadas pelos reclusos não só como opressivas e estigmatizantes, dificultando as suas vidas, mas também como potencialmente ilibatórias e ajudando a desfazer os erros da justiça. Ainda assim, as conversas em torno do tema foram, talvez até de uma forma inesperada, interligadas com a identidade e subjetividade dos reclusos. Como discutimos nos capítulos anteriores, Beauregard e Bouchard (2010) chamam a atenção para algumas estratégias de fuga à deteção, como parte de uma certa 'consciência forense' que os transgressores podem desenvolver face ao aumento do uso da ciência e tecnologias forenses por parte das autoridades. Os dados recolhidos nas nossas entrevistas parecerem reforçar a existência de uma tal 'consciência forense' entre os reclusos; as discussões em torno do conhecimento das potencialidades das tecnologias forenses enquadravam-se num discurso sobre 'profissionalismo'. A forma como os reclusos falavam do seu próprio conhecimento, ou da falta dele, a respeito das tecnologias forenses, estava ligado a identidades profissionais, autoconfiança e a formas de poder. O facto de não querer, ou não precisar, de saber muito sobre como diminuir o risco de ser apanhado, era usado por alguns reclusos para os distinguir dos criminosos de carreira. As afirmações que se centravam na forma como os investigadores criminais (ab)usavam das tecnologias e da ciência forense, faziam parecer que se travava uma guerra entre dois grupos profissionais em competição, em que um (as autoridades) estava mais bem munido de recursos, mas não necessariamente mais bem treinado, do que o outro (os criminosos). Os reclusos que falaram apaixonadamente sobre ciência forense e o quão impressionante é (ver Capítulo 5), demonstraram um fascínio quase 'puro' e não instrumental com a ciência; e tal está intrinsecamente ligado a disparidades de poder, uma vez que a maioria dos nossos reclusos provem de agregados familiares que não mandaram (ou não puderam mandar) os filhos para a universidade. Em qualquer caso, a perspetiva dos reclusos quando falavam sobre tecnologias forenses, e sobre como evitar o risco de ser apanhado, refletia a maneira como se viam a si próprios profissionalmente, na sociedade, e em relação aos outros reclusos. É neste sentido que as tecnologias forenses de dados genéticos estão relacionadas com a gestão da identidade dos reclusos (Ericson e Haggerty 1997: 53, ver também Capítulo 8).

Quem Deve Estar na Base de Dados?

Entre os reclusos portugueses, eram vários os que apoiavam a ideia de incluir os perfis de DNA de grupos mais alargados de pessoas na base nacional de dados genéticos com propósitos forenses. Alguns chegaram mesmo a apoiar a ideia de ser criada uma base de dados universal que reunisse os perfis de toda a população, como meio de aumentar a eficácia da investigação criminal. Esta ideia de uma base de dados universal é semelhante ao plano inicial delineado pelo governo português, em 2005, para criar uma base de dados que contivesse os perfis de toda a população, como foi descrito no Capítulo 3. No entanto, chama-se a atenção para o facto de nenhum dos reclusos portugueses ter dito que sabia que o governo tinha tido intenção de criar uma base nacional de dados genéticos com propósitos forenses.

Os reclusos austríacos, apesar de muitos pensarem que as bases de dados de DNA faziam um bom trabalho a ajudar a 'sociedade' a 'apanhar os que são realmente criminosos', e nesse sentido viam-nas como 'uma coisa boa' (ver também Prainsack e Kitzberger 2009), não apoiavam a ideia de uma base de dados universal, ou da inclusão na base de dados grupos mais alargados (como os suspeitos). Apenas um recluso, Karl, de 50 anos, a cumprir uma pena de 17 anos por homicídio e tentativa de homicídio, achou inicialmente apelativa a ideia de uma base universal de dados genéticos; mas quando mais tarde, ao longo da entrevista, considerou as possibilidades de a polícia usar indevidamente uma base de dados nacional deste género, mudou de ideias (ver Prainsack 2010b: 168). Assim, aquilo que a maioria dos reclusos sublinhou como sendo mais favorável na criação de uma base de dados nacionais de perfis de DNA, e quem nela devia ser incluído, apresenta semelhanças notórias com o *status quo* dos respetivos países.

Lucílio, como mostrámos anteriormente, não estava minimamente otimista quanto à utilidade de uma base forense de dados genéticos para dissuadir criminosos, uma vez que achava que o crime fazia parte da 'natureza humana'. Nas suas palavras, 'Eu acho que deve ser para todos [a base forense de dados genéticos]. Não só para criminosos ... Para todos, certo? No fundo somos todos criminosos'. No entanto ele também pensava que iria ajudar a investigação criminal se fossem alargados os critérios para a inclusão de perfis na base de dados. Acrescentou ainda que os criminosos estavam bem conscientes do potencial das tecnologias de DNA. Toda a gente sabia, disse ele, que o '[DNA é usado para provar] acontecimentos relacionados com crimes, através de cabelo, pele, sangue, saliva, dentes ... unhas das mãos ... Toda a gente sabe disso, mas ninguém está preocupado com isso'. Uma vez que a propensão para cometer crimes era algo que fazia parte da natureza humana, a única forma de parar os criminosos seria apanhá-los e encarcerá-los. Uma base de dados universal seria um instrumento importante para fazer com que se tornasse possível:

> Lucílio: Eu acho que deve ser aplicado a todos. Não só aos criminosos porque... No fundo somos todos criminosos ... Toda a gente [devia ser incluída]. Tal como eu, os meus filhos, a minha mulher.
> Entrevistador: Toda a gente?
> Lucílio: Toda a gente, porque todos temos um bicho dentro de nós, não é? A gente não sabe o que é que vai fazer amanhã.

Tomás, de 28 anos, foi condenado por violação e homicídio. Foram encontrados vestígios de sangue no corpo da vítima, usados como prova para sustentar a pena de 21 anos que lhe foi atribuída. A opinião de Tomás era muito parecida com as intenções expressas à imprensa portuguesa pelos membros do governo em 2006 e 2007, quando foi divulgada a possibilidade de criar uma base universal de dados genéticos, com amostras de sangue provenientes de testes médicos obrigatórios, e feitos a todos os recém-nascidos em Portugal:

> Já temos uma base de dados que contem o DNA de toda a gente desde o nascimento. Não temos aquele exame de sangue, o teste do pezinho? Quando se nasce tira-se sangue e isso significa que já há um registo. Esse registo não é usado para efeitos criminais mas quem sabe se não poderá transitar para uma situação de investigação criminal? (...) Portugal devia ter uma base de dados genéticos a nível nacional, porque seria uma arma muito eficaz contra o crime.

Tomás discutiu os problemas éticos que surgiriam com a criação de uma base de dados genéticos com propósitos forenses que abrangesse a totalidade da população, mas concluiu que os benefícios eram superiores aos riscos de repressão e à ameaça aos direitos individuais: 'Eu sei que uma base de dados universal iria criar grandes problemas éticos em termos de violação das liberdades ... mas eu acho mesmo que devia ser alargada – estou a ser um bocado radical aqui – a todas as pessoas. Devia incluir toda a população'.

O facto de nenhum dos reclusos austríacos ter sido a favor de uma base universal de dados genéticos, pode estar ligado ao fenómeno de nenhum deles pensar que o crime faz parte da 'natureza humana', ou que algumas pessoas tenham 'no sangue' a predisposição para o crime. Os reclusos austríacos eram essencialistas sociais, no sentido que entendiam que as circunstâncias sociais, as relações, e as experiências, eram as únicas responsáveis por alguém se tornar um criminoso.

No entanto, não encontrámos diferenças entre os reclusos austríacos e portugueses quanto à sua opinião de que um uso mais sistemático e alargado da tecnologia de DNA – independentemente de a entenderem no geral como positiva ou negativa – poderia aumentar as desigualdades sociais subjacentes aos sistemas de justiça criminal. Apesar de muitos dos nossos entrevistados terem manifestado receios sobre um eventual uso indevido da informação genética nas mãos das autoridades (ver Capítulo 8), havia uma ideia recorrente que a melhor maneira de pôr um fim ao tratamento diferenciado entre condenados e cidadãos cumpridores (em especial os grupos sociais mais privilegiados), seria a de desenvolver bases de dados vocacionadas para incluir toda a população.

Manuel, o recluso exemplar que vimos anteriormente neste capítulo, era da opinião que 'aqueles que têm poder têm possibilidades, podem escapar à justiça e cometer os crimes que quiserem', e afirmou que: 'Quem tem poder, quem tem relações próximas com o governo, terá o seu perfil de DNA na base dados forense se cometerem um crime? ... Não deveria haver exceções nenhumas'.

Apesar de também para alguns reclusos austríacos a questão da diferenciação de poder e da estigmatização dos criminosos ser muito importante, não usaram esse argumento como base para defender a expansão das bases de dados. Tal acontecia apesar do facto de as bases de dados genéticos forenses de criminosos condenados diferenciarem entre pessoas condenadas e pessoas não condenadas, uma vez que consideravam muito provável os condenados serem detetados em casos de reincidência, enquanto o risco de ser apanhado com base em vestígios biológicos é muito menor para aqueles que foram ilibados das acusações. Para além disso, alguns grupos étnicos estão claramente sobre-representados nas bases de dados policiais (ver por exemplo Cole 2001, Duster 2006b, 2008, Nuffield Council on Bioethics 2007, Williams e Johnson 2008). Assim, vários críticos referiram a possibilidade do alargamento do critério de inclusão nas bases de dados genéticos poder ajudar a mitigar o seu potencial discriminatório (Connor 2003, Haddow 2008, Kaye e Smith 2004). Estes comentários alimentaram o debate sobre a necessidade de reconfigurar as questões relativas à ameaça dos direitos individuais potencialmente geradas pela expansão dos critérios de inclusão, e nesse sentido parece ser necessário continuar a discutir o tema, garantindo que o debate é, tanto quanto possível, aberto e acessível a todos (Machado et al. 2011, Prainsack 2010a), incluindo os reclusos e outros condenados como interlocutores importantes no debate sobre os riscos e benefícios do uso das tecnologias de DNA com propósitos forenses (Prainsack e Kitzberger 2009).

Alguns reclusos apoiaram a expansão dos usos das bases de dados genéticos porque tinham esperança que esta medida conduzisse a investigações criminais mais rigorosas, impedindo assim que as autoridades acusassem pessoas inocentes. Para além disso, muitos dos nossos entrevistados também afirmaram que deviam ser tomadas mais medidas que contribuíssem para um decréscimo das taxas de reincidência. Este tipo de medidas incluiria o aumento da capacidade da sociedade em oferecer oportunidades de trabalho a ex-condenados; atualmente, as expectativas dos reclusos relativamente à reintegração social estão associadas com áreas relacionadas com o emprego e com o tipo de redes sociais que irão encontrar no exterior. Na opinião destes entrevistados, a reintegração social também era 'muito dificultada' pelo estigma social prevalecente a que estão sujeitos os condenados (ver também Capítulo 8).

Conclusão

A capacidade especial que se atribui ao DNA de conseguir ligar criminosos a um local de crime tende a confirmar um certo sentimento público que sustenta que a expansão das bases de dados genéticos – tanto em termos de inclusão como do âmbito das finalidades para que podem ser usadas – iria aumentar de forma quase automática a dissuasão da criminalidade. As narrativas dos nossos entrevistados na prisão não corroboram o argumento de que um uso mais expansivo e sistemático da tecnologia de DNA iria ter um efeito dissuasor relevante. A maioria dos reclusos considerava que nunca deixará de existir crime, seja porque o crime faz parte da 'natureza' das (algumas) pessoas, seja porque as pessoas foram levadas a uma vida criminal em virtude de circunstâncias sociais e familiares difíceis. Ambas as situações podem ser facilmente remediadas, e certamente não através da expansão das bases de dados policiais.

Apesar de reconhecerem que as tecnologias de DNA eram vistas como muito úteis na identificação de praticantes de delitos (ver também Capítulo 5), a maior parte dos nossos entrevistados afirmou que não era suficiente para permitir à polícia apanhar os criminosos realmente 'profissionais' – aqueles que são muito inteligentes e meticulosos quando se trata de planear um crime, e têm cuidado para não deixar vestígios da sua presença nos locais do crime. Este tipo de características fazia parte de um processo de categorização social dos criminosos, através das quais era estabelecida uma hierarquia entre criminosos 'profissionais' e criminosos 'de baixo nível', avaliada de acordo com a competência de uma pessoa em evitar ser apanhada. Havia uma tensão entre a maneira como os criminosos 'profissionais' eram retratados pelos nossos informantes, descritos como bastante inteligentes, e a situação atual dos nossos informantes que, é claro, tinham todos acabado por ser apanhados. Queria isto dizer que nenhum dos nossos informantes se considerava a si próprio como um 'verdadeiro profissional'? Esta tensão resolvia-se, ora salientando os vários crimes que tinham cometido no passado e pelos quais nunca foram apanhados, ora culpando as circunstâncias que escaparam ao seu controlo e que fizeram com que fossem detetados, assim representando o facto de terem sido apanhados como algo fora do normal, um 'erro'. Os reclusos que se autoidentificavam como criminosos profissionais atribuíam a sua captura a um acaso ou a uma conspiração contra eles, e não como resultado de um erro pelo qual devessem ser responsabilizados.

Alguns dos presos que se auto-representaram como criminosos afirmaram que o seu tempo na prisão tinha-os ajudado a aperfeiçoar as técnicas criminais que iriam usar quando fossem libertados. Para estes informantes, a prisão era descrita como uma espécie de 'escola' para criminosos. Outros reclusos enfatizaram que, na prática, eram boas pessoas e cidadãos cumpridores, e que acabaram na prisão apenas porque tiveram um episódio de azar. Por norma, este último tipo de reclusos desviava-se da sua narrativa para sublinhar que não tinha qualquer tipo de conhecimento forense, uma vez que para eles não teria qualquer tipo de utilidade. De forma caricata, mesmo as pessoas deste segundo grupo faziam uma distinção entre os criminosos 'profissionais', que não são apanhados, e os 'falhados' que não eram suficientemente espertos para evitar serem apanhados, ou que estavam demasiado 'pedrados' para se preocuparem com isso. As bases de dados genéticos eram vistas por quase todos os reclusos como significando uma maior probabilidade de deteção, identificação e condenação dos 'falhados', a quem faltava a experiência ou o 'olhar seletivo' dos criminosos profissionais. Mesmo para os 'profissionais' entre os criminosos, as bases de dados genéticos eram descritas como algo que lhes tornava a vida mais difícil; eram tidas como um fator que precisavam de ter em conta na avaliação dos riscos quando planeiam e cometem um crime.

Em resumo, está ainda por provar que as bases de dados de DNA para usos forenses e policiais tenham como efeito evitar e dissuadir potenciais criminosos de praticarem delitos (Nuffield Council on Bioethics 2007). Existem muito poucos estudos publicados que explorem o uso das provas de identificação forense e os seus impactos nas várias fases do processo de justiça criminal (Peterson et al. 2010). Pode ser feita uma exceção ao estudo levado a cabo por Briody (2004b) sobre os efeitos da prova de DNA nos resultados dos casos de homicídio. Briody concluiu que os casos em que esteve envolvido DNA tinham mais probabilidade de serem levados a tribunal do que os que não tinham essa prova, e que a prova incriminatória de DNA tinha um efeito mais positivo na decisão do tribunal em condenar, do que em garantir acordos de sentença aos acusados. Se esta é uma situação demonstrativa do efeito *CSI* (ver Capítulo 5) continua a ser uma questão em aberto.

No entanto, apesar de o perfil genético representar um instrumento importante na identificação de autores de crime, bem como um potencial extraordinário para exonerar inocentes (Capítulo 7), é pouco provável que os perfis de DNA e as bases de dados genéticos venham a tornar-se a cura para as maleitas que assolam a investigação criminal e que dificultam a resolução de alguns problemas do sistema de justiça; nem mesmo que venham a tornar-se uma ferramenta milagrosa que impeça as pessoas de cometerem crimes.

O poder incontestável que se associa à ciência precisa claramente de ser revisto, e é necessário que se levem a cabo pesquisas independentes mais aprofundadas sobre o contributo da bioinformação na prevenção da criminalidade e na resolução de crimes (National Research Council 2009, Nuffield Council on Bioethics 2007). Como Ulrich Beck (1992) celebremente argumentou, nas sociedades de risco, a ciência e a tecnologia não são a solução última para garantir segurança, também dão origem a novos riscos. A criação e organização de bases de dados genéticos para fins forenses envolvem ameaças potenciais em vários direitos individuais, tais como o direito à privacidade, o direito à liberdade, o direito à integridade física e moral, a dignidade dos indivíduos e a presunção de inocência. O armazenamento e processamento de perfis de DNA em bases de dados potencia a vigilância dirigida a potenciais delinquentes e reincidentes, em sociedades que são menos tolerantes relativamente a cidadãos considerados 'suspeitos' ou ' perigosos'. Esta noção é várias vezes reproduzida e apoiada pelos discursos e sentimentos públicos (Ericson e Shearing 1986, Hindmarsh 2010). Outro tipo de novos riscos associados ao recente aumento do uso de perfis de DNA e a sua inclusão em bases de dados com finalidades forenses é um eventual aumento de investigações criminais deficientes, devido à pouca 'consciência forense' dos agentes policiais, revelada, por exemplo, pelo facto de os investigadores criminais não submeterem a análise todos os materiais recolhidos na cena de crime, ou a má qualidade de preservação dos mesmos (Saulsbury et al. 1994, Taylor e Hirst 1995), o uso estratégico da prova de DNA para 'facilitar' confissões, e o uso indevido e má interpretação da prova forense como causa dos enganos da justiça (ver também Capítulos 7 e 8).

Há ainda outro conjunto de riscos que foi apontado pelos reclusos: o risco de estigmatização e de intolerância da sociedade relativamente àqueles que já estiveram presos. Como sugerem vários especialistas, as variáveis extralegais, como as características pessoais da vítima, do suspeito ou do infrator (grupo étnico, idade, género, ou estrato social) acarretam um peso significativo nas decisões policiais e judiciais, como por exemplo fazer ou não uma detenção (Bynum et al. 1982, Gottfredson e Gottfredson 1988). Estes fatores acentuam ainda mais as desigualdades do sistema de justiça.

Deve ser feita uma pequena chamada de atenção: embora se possa argumentar que as opiniões dos reclusos, devido ao seu conhecimento em primeira mão do sistema de justiça criminal, representem uma perspetiva única sobre a investigação criminal que deve ser considerada nas discussões sobre vigilância e o uso de tecnologias forenses, estas perspetivas não se aplicam de forma automática a todos os outros 'criminosos'. Estudos etnográficos realizados em prisões portuguesas (Cunha 2002, 2008) mostraram que os reclusos estão tão disponíveis para reproduzir uma visão estereotipada sobre as populações criminais como qualquer outro grupo social. Tal deve ser tido em conta quando situamos os dados apresentados neste capítulo: os relatos dos reclusos sobre o comportamento e 'carácter' dos outros reclusos nem sempre são provenientes de um conhecimento aprofundado destes indivíduos, mas reiteram com frequência estereótipos comuns. No entanto, isto não significa que por esta razão devam ser desvalorizados os relatos dos reclusos sobre os outros 'criminosos', por serem parciais ou sustentados por motivações ambíguas; é impossível separar a maneira como os reclusos falam dos outros, da maneira como se veem a si próprios. A produção do 'eu', do 'nós', e do 'outro' está estreitamente interligada (Goffman 1986[1963]). Considerando as perspetivas que os nossos entrevistados têm sobre os outros, as suas motivações e objetivos, permite-nos compreender o papel que as tecnologias forenses desempenham em unir diferentes grupos de pessoas em contextos diferenciados: 'cidadãos cumpridores' *versus* 'os criminosos', nalguns contextos; 'condenados' *versus* 'o sistema de justiça criminal' noutros contextos, e os estigmatizados em relação àqueles que os estigmatizam em todas as dimensões possíveis.

CAPÍTULO 7

TECNOLOGIAS QUE INOCENTAM:
EXONERAÇÃO E EXCULPAÇÃO

Introdução
Nas últimas duas décadas, as impressões digitais e a prova de DNA têm vindo a ser cada vez mais utilizadas no sistema de justiça criminal, não só para condenar mas também para exonerar e exculpar. O termo exculpar pode referir-se à apresentação em tribunal de provas que visam afastar de alguém a acusação de culpa; mas pode também referir-se a um processo que normalmente acontece durante as fases iniciais da investigação criminal, nomeadamente, quando um indivíduo em particular é excluído de um grupo de suspeitos. Em contraste, a exoneração envolve uma reavaliação da culpabilidade de um indivíduo que tenha sido condenado, através de recursos de decisões judiciais. Por terem despertado a atenção mediática, são conhecidos do público em geral casos de exoneração de reclusos condenados à pena de morte por crimes capitais ocorridos nos EUA (Marshall 2004, Scheck 2001, Scheck et al. 2000). Sintetizando, a exculpação normalmente ocorre antes ou durante o julgamento, enquanto que a exoneração acontece depois da condenação e quando determinada pessoa está já a cumprir pena de prisão.

A prova de DNA tem desempenhado um papel fundamental na revisão de sentenças e na exoneração de pessoas condenadas. Tal explica-se pelo facto de as mais recentes técnicas de genética molecular terem aberto possibilidades na obtenção de provas materiais importantes que não podiam ser corretamente analisadas há várias décadas atrás (por exemplo, manchas de sangue na roupa). O trabalho do chamado *Innocence Project* (Projeto Inocência) uma organização de litígio e política pública fundada em 1992, nos EUA, assumiu um papel charneira na 'exoneração, pelo recurso a testes de DNA, de pessoas erradamente condenadas e na reforma do sistema de justiça criminal para prevenir injustiças futuras' (Innocence Project s.d.). O *Innocence Project* tornou-se um exemplo crucial para demonstrar a forma como as tecnologias forenses podem ser usadas para identificar, e por vezes corrigir, os erros da justiça, tendo impulsionado várias iniciativas semelhantes noutros países.

Este capítulo começa com uma descrição das diferentes fases da investigação criminal, bem como dos procedimentos em tribunal, por forma a oferecer uma panorâmica das circunstâncias em que os indivíduos envolvidos em processos--crime são ilibados e exonerados. Apesar dos procedimentos de justiça criminal variarem de país para país, a maioria das jurisdições aplica as mesmas fases nucleares da investigação, desde a seleção de suspeitos, à formalização da acusação e ao julgamento. Na segunda secção deste capítulo, discutiremos o papel que as provas obtidas por meios tecnológicos desempenham no trabalho levado a cabo pelo *Innocence Project*, em que os testes de DNA têm vindo a ser usados em recursos judiciais para reverter decisões erradas dos tribunais. A principal missão do *Innocence Project* (e de iniciativas semelhantes) não é, contudo, apenas de exonerar os que foram erradamente condenados, mas também de revelar as causas que levaram a condenações erradas e recomendar medidas e reformas que previnam futuros casos de injustiça.

Depois de apresentarmos os principais objetivos e atividades do *Innocence Project*, e de discutirmos os motivos mais frequentes que levam a condenações erradas, considerando o único país em que esses dados têm até agora vindo a ser recolhidos de forma sistemática, os EUA, analisaremos a opinião dos reclusos, tanto sobre o potencial incriminatório como exculpatório dos perfis de DNA. Para além disso, vamos ainda considerar a apreciação que os reclusos fazem dos fatores que podem contribuir para uma condenação errada.

Exculpação e Exoneração no Sistema de Justiça Criminal
A primeira etapa de uma investigação criminal é normalmente a descoberta pela polícia, ou por indicação da vítima ou de uma testemunha, da ocorrência de um crime. A polícia segue para o local do crime ou o local onde se encontra a vítima, e detém o suspeito (se este for identificado e se for possível abordá-lo), mas também procura, localiza e interroga testemunhas, recolhe e preserva outro tipo de provas.

A fase de inquérito começa depois da descoberta ou comunicação de um crime e segue os procedimentos legais criminais em vigor no país em questão. Durante a fase do inquérito desencadeiam-se medidas de investigação que têm como propósito examinar o local do crime, identificar os autores do crime, e reunir provas para formar uma acusação.[69] Nesta fase, as autoridades judiciais

---

[69] De acordo com a Lei Portuguesa, 'O inquérito compreende o conjunto de diligências que visam investigar a existência de um crime, determinar os seus agentes e a responsabilidade deles e descobrir e recolher as provas, em ordem à decisão sobre a acusação'. (Artigo 262. 1, do Código de Processo Penal 2007).

podem interrogar testemunhas e potenciais suspeitos. As autoridades podem fazer (ou ordenar) uma detenção se for encontrada razão suficiente para acreditar que foi cometido um crime, e que foi uma pessoa em particular que o cometeu. Normalmente há um período de tempo relativamente curto a seguir a uma detenção, em que as autoridades têm de decidir entre acusar a pessoa de crime, ou libertá-la. A inclusão e exclusão de indivíduos de um grupo de suspeitos são parte destas atividades. Neste sentido, a exculpação é uma parte inerente aos procedimentos habituais da fase inicial da investigação criminal, quando são consideradas e ponderadas diferentes pistas, e concretizadas ou descartadas as suspeitas relativamente a determinadas pessoas. Assim, a exculpação não é uma ação claramente definida. De facto, apesar destas diversas atividades e procedimentos (interrogatório de testemunhas, análise de potenciais provas, etc.) terem um papel importante nos programas de televisão mais populares como o *CSI*, *Medical Detectives*, etc.,[70] o termo exculpar não aparece com frequência neste tipo de programas.

Nem todas as investigações criminais têm como resultado uma acusação criminal, seja porque se constata que não foi cometido crime, ou porque não há possibilidade legal de dar início a procedimentos criminais contra um indivíduo suspeito de o ter cometido. A autoridade que investiga o crime pode simplesmente arquivar o material reunido durante a investigação se as provas sugerirem que não foi cometido qualquer crime, ou porque aquele indivíduo em particular – o suspeito – de facto não cometeu o crime, ou porque legalmente não é possível continuar a investigação criminal de maneira a produzir uma acusação formal. Exemplos desta última hipótese são os casos em que as vítimas retiram as queixas, em que expirou o período legal estabelecido para formalizar uma acusação, ou em que se conclui que não há indicação de provas que possam ser usadas para fundamentar a acusação, isto é, as provas são insuficientes para verificar a existência de um crime ou a identidade dos seus autores. As provas

---

[70] Outro significado de exculpação, que significa literalmente o processo de libertar alguém da culpa ou da acusação, corresponde à defesa bem-sucedida de um suspeito (ou de um acusado, uma vez que este processo pode ocorrer em tribunal) argumentando que a pessoa não é culpada. As razões para esta ausência de culpabilidade podem ser que o suspeito ou acusado é menor, ou porque perdeu as suas faculdades intelectuais quando alegadamente cometeu o crime (possivelmente devido ao consumo de droga, episódios psicóticos, etc.). No entanto, uma vez que esta variante da exculpação por norma não inclui o uso de tecnologias forenses, não é discutida neste capítulo.

que sustentam uma acusação são consideradas suficientes quando garantem uma hipótese razoável de detenção do acusado ou condenação em julgamento.

A exoneração, pelo contrário, obriga a uma reavaliação da culpa de um indivíduo que tenha já sido condenado. Em muitos países não há um limite de tempo para que um caso possa ser reaberto com a finalidade de exonerar alguém; ocorre sempre depois do julgamento ser efetivo (isto é, quando não são possíveis mais recursos), e em casos em que foi imposta uma pena de prisão normalmente acontece quando a pessoa condenada ainda continua presa. A exoneração pode também ocorrer quando os casos criminais são reabertos. Os casos podem ser reabertos depois da libertação da pessoa condenada, e mesmo depois da sua morte (por exemplo, para a família requerer compensações monetárias ou se pretender limpar o nome da pessoa injustamente condenada, etc.)

Apesar de existirem grandes variações entre países no que respeita a detalhes específicos, a maioria das jurisdições autoriza, quer à acusação quer à defesa, a reabertura de casos quando são conhecidas ou produzidas 'novas provas'. Por exemplo, quando uma testemunha principal, cujo testemunho desempenhou um papel relevante para a condenação, volta atrás com o seu testemunho, a defesa pode requerer a reabertura. Para além disso, se aparecerem novas provas materiais – como a recuperação do carro da vítima encontrado no fundo de um lago vários anos depois, contendo provas que podem alterar o veredito de culpado – a defesa tem uma excelente hipótese de conseguir autorização para reabrir o caso. Apesar de na maioria das jurisdições ser possível, tanto à acusação como à defesa, a reabertura de um caso, o termo exoneração só se aplica quando é requerido pela defesa, e conduz à absolvição da pessoa que foi previamente condenada.

Tanto na Áustria como em Portugal, a reabertura dos casos pode ser iniciada tanto pela acusação como pela defesa, quando os factos ou provas que surgem são 'objetivamente novos' (*nova producta*). Tal significa que, se uma prova em particular não foi incluída no julgamento original porque a acusação ou a defesa entenderam que não era suficientemente relevante, então não pode servir de base para a reabertura de um caso apenas porque a respetiva parte tenha mudado de ideias (por exemplo, se percebeu mais tarde que tinha avaliado mal a sua relevância). No entanto, há bases suficientes para reabrir um caso se aparecerem novos factos que tornem plausível que a mesma prova, anteriormente negligenciada, pode contribuir para uma pista importante ou mesmo para a correta ponderação do valor da mesma para o caso. Por exemplo, se o perfil de DNA obtido de uma ponta de cigarro encontrada perto do local do crime não tiver sido incluída no julgamento original porque se presumiu que era irrelevante, e a pessoa condenada, ou o seu advogado, entenderem mais tarde que deviam ter apresentado esta prova, porque 'nunca se sabe', isso não seria suficiente para uma reabertura. Porém, se aparecesse uma nova testemunha que declarasse de forma plausível que tinha visto uma pessoa fumar no local exato onde a ponta de cigarro tinha sido encontrada, e que essa pessoa poderia muito provavelmente ser o autor do crime (por exemplo, porque a nova testemunha sabia que o indivíduo em causa tinha um romance secreto com a vítima, algo que não se sabia durante o julgamento), este elemento pode constituir fundamento suficiente para reabrir o caso. Para além disso, a existência de novas tecnologias ou técnicas para analisar as provas é uma razão aceite para a reabertura de um caso. Se há três décadas atrás uma mancha de esperma na roupa interior de uma vítima de violação não podia exculpar um suspeito (por não estarem disponíveis tecnologias adequadas para análise do DNA), pode agora exonerar uma pessoa condenada erradamente se houver vestígios suficientes para fazer um teste genético.

De acordo com a lei austríaca, *nova producta* são factos ou provas que eram *desconhecidas* ou *inacessíveis* à parte que podem justificar a reabertura de um caso, a menos que esse desconhecimento resultasse da sua própria negligência. Na Áustria, durante o período entre 2009-2010 foram autorizados 36 por cento de todos os requerimentos para a reabertura de casos (i.e. 1.914 pedidos de um total de 5.328 requerimentos – dados facultados por cortesia do Ministério Federal da Justiça Austríaco).

De acordo com a lei portuguesa, os casos podem ser reabertos se forem encontrados novos factos ou provas que, por si mesmos ou em articulação com outras provas consideradas previamente durante o julgamento, coloquem 'sérias dúvidas sobre a justiça da condenação' (Artigo 449.1.d do Código Processo Penal português 2007) e a revisão da sentença deve ser autorizada pelo Supremo Tribunal de Justiça.[71]

Um representante das autoridades de investigação criminal em Portugal que entrevistámos com o propósito de escrever este capítulo, afirmou ser 'relativamente comum' [*sic*] reabrir casos criminais que foram encerrados durante a fase de inquérito antes de serem levados a julgamento (embora não haja dados oficiais sobre o número de reaberturas). Como nos disse esse entrevistado:

---

[71] 'Se for autorizada a revisão, o Supremo Tribunal de Justiça reenvia o processo ao tribunal de categoria e composição idênticas às do tribunal que proferiu a decisão a rever e que se encontrar mais próximo'. (Artigo 457.1, do Código Processo Penal português 2007)

'Tem-se verificado, com alguma frequência, a reabertura de inquéritos face à posterior identificação das impressões digitais recolhidas na cena do crime. Não conheço nenhum caso de reabertura de inquérito com base em prova de natureza biológica'.

Na Áustria, a reabertura de casos de audições prévias a julgamento representavam apenas 17 por cento de todos os casos reabertos entre 2001 e 2010 (dados facultados por cortesia do Ministério Federal da Justiça Austríaco). Relativamente a Portugal, não temos dados oficiais sobre esta matéria. Mas segundo um dos nossos informantes, uma pessoa que coordenava as investigações criminais em Portugal, e portanto experiente no sistema de justiça penal, 'nós ainda estamos na idade da pedra em termos do uso de DNA, e ainda vai demorar algum tempo até que tenhamos casos a serem reabertos ou revistos com base neste tipo de prova'. Este informante também afirmou que raramente foram descobertos no sistema penal português casos de erro da justiça, ao contrário do que sucede noutros países. Tal não se deve ao facto de a justiça portuguesa ser menos propensa a errar do que outros sistemas de justiça, mas porque – como o próprio admitiu – há uma mentalidade corporativa que impede que o sistema reconheça os seus erros. Nas palavras deste entrevistado:

> Creio que esta postura corporativa não estimula a revisão e será um dos óbices à sua realização mais frequente. Por outro lado, nos países onde a revisão é mais frequente, isso não estará desligado da existência de uma forte opinião pública e da existência de grupos de ajuda a quem clama pela sua inocência.
> Terá ainda de levar-se em consideração que nem as polícias nem o Ministério Público têm uma cultura de 'revisão' que possibilite reavaliações das investigações e, consequentemente, das condenações.

Em suma, existe a possibilidade das técnicas de genética molecular humana poderem ajudar a corrigir (ou a compensar) erros do sistema de justiça criminal e de servirem como base não só para uma identificação e condenação mais rigorosa dos autores de crimes, mas também para provar a inocência de pessoas que tenham sido erradamente condenadas. Esta possibilidade de inocentar ganhou um elevado nível de apoio público em boa parte devido ao trabalho realizado pelo *Innocence Project*, como explicaremos de seguida.

O(s) *Innocence Project(s)*

O *Innocence Project* foi fundado em 1992, nos Estados Unidos da América, e oferece representação legal *pro bono* a indivíduos que procuram provar a sua inocência depois de terem sido condenados (para uma discussão dos casos mais proeminentes que o *Innocence Project* já representou, ver também Krimsky e Simoncelli 2011). Durante vários anos, os únicos casos aceites pelo *Innocence Project* eram aqueles em que podiam ser usados testes de DNA para fundamentar a exoneração. No entanto, nos últimos anos o *Innocence Project* aceitou representar clientes em casos em que a tentativa para exonerar era fundamentada com base em métodos ou tecnologias distintas do DNA. Isto porque a realização do mesmo só era possível de concretizar apenas em 5 a 10 por cento de todos os casos criminais (Innocence Project 2009a), e nesse sentido 'o teste de DNA por si só não é capaz de reverter a maioria das condenações erradas' (Innocence Project s.d.). De facto, como fica demonstrado pela análise das causas de condenações erradas dos primeiros 239 indivíduos que o projeto ajudou a exonerar nos Estados Unidos, a identificação feita por testemunhas oculares desempenhou um papel crucial em três quartos das condenações revertidas através do teste de DNA; em metade de todas as condenações que foram posteriormente revogadas pelo teste de DNA, a identificação errada feita por testemunhas oculares tinha sido a principal razão para a condenação (Doyle 2005, Innocence Project s.d., ver 'Eyewitness Identification'). No mesmo sentido, o criminólogo Richard Leo afirma que, em termos gerais, a identificação errada feita por testemunhas oculares 'surge como a principal causa para condenações erradas' (Leo 2005: 208). Este facto dificilmente surpreende, uma vez que muita da pesquisa em psicologia, em ciências sociais, e – em menor grau – em criminologia, mostrou que a memória humana está longe de ser fiável, e é suscetível de ser influenciada pelo conhecimento de especificidades que o caso assumiu mais tarde (ex. Neuschatz et al. 2007, Wells e Olson 2003). Por exemplo, tem vindo a mostrar-se que algumas das memórias das testemunhas oculares relativamente às características físicas de um infrator mudam quando têm informação sobre os traços físicos do(s) suspeito(s) em questão (Wells e Quinlivan 2009). Em 15 por cento dos casos de exoneração analisados pelo *Innocence Project* (s.d., ver 'Informants/Snitches'), as pessoas que prestaram depoimentos apresentaram informações falsas. Para além dos erros genuínos, as razões para prestar informações falsas incluem subornos – financeiros ou outros, por exemplo, libertação antecipada da prisão – e tentativas de desviar a atenção para a possibilidade do seu próprio envolvimento no crime (ver também Center on Wrongful Convictions 2005).

O uso problemático da ciência forense era também outra causa frequente de erro nas condenações. Mais de 50 por cento das primeiras 225 condenações erradas que foram revertidas através do teste de DNA por intermédio do *Innocence Project*, envolviam 'ciência forense não validada ou inapropriada'. Os casos variavam: desde a aplicação de tecnologias ou descobertas científicas não validadas – como a comparação visual de marcas de dentes, ou a simples observação de dois cabelos e o testemunho de que pareciam 'semelhantes' – até à negligência grosseira ou má conduta (Garrett e Neufeld 2009, Innocence Project 2009b). Relativamente ao uso incorreto da análise de DNA, é de destacar especialmente o caso de Josiah Sutton, no Texas, que foi condenado erradamente pela acusação de ter violado uma mulher no banco de trás do carro dela, em 1998. Apesar de o teste de DNA ter excluído como suspeito o senhor Sutton, este facto não foi mencionado em nenhum dos relatórios. Pior ainda, a testemunha perita em DNA que esteve presente no julgamento do senhor Sutton, afirmou que 'o tipo de DNA de J. Sutton pode ser encontrado em 1 de 694,00[0] pessoas entre a população negra' (Thompson 2003: 7, citado em Garrett e Neufeld 2009: 65), e que se 'veio de uma mesma pessoa, deverá ter exatamente o mesmo padrão de DNA. Não existem duas pessoas com o mesmo DNA, exceto no caso de gémeos idênticos' (Thompson 2003: 176, citado em Garrett e Neufeld 2009: 65-6). Assim, como concluem Garrett e Neufeld (2009: 66), o 'júri ficou com a impressão errada de que a prova de DNA identificava unicamente Sutton como o violador'.

As confissões falsas também parecem ser outra origem de condenações erradas. Aproximadamente um quarto de todos os casos exonerados pelo DNA que foram analisados pelo *Innocence Project* envolviam testemunhos incriminatórios, confissões, ou acordos de sentença de suspeitos ou acusados. Ao passo que nalgumas circunstâncias as confissões falsas podem ser explicadas pelo estado mental do suspeito ou do acusado, podem também ter sido obtidas pela força, pela coerção, pelo medo da violência, por terem sido infligido danos, devido a mal entendidos, ou por meio de ameaças (Innocence Project s.d., ver 'False Confessions').

A prova de DNA parece ser especialmente usada para provocar confissões, e a este propósito Williams e Johnson (2005: 11) referem-se ao facto de a polícia usar a prova de DNA para 'coagir ou enganar' indivíduos. Para além disso, o relatório feito pelo *Nuffield Council on Bioethics, The Forensic Use of Bioinformation: Ethical Issues* (2007), discute o uso estratégico de DNA para obter confissões de culpa dos suspeitos.

Todos estes fatores contribuem para o problema das condenações erradas, um problema cujas verdadeiras dimensões aparentemente só agora se começaram a vislumbrar, não tendo estas questões ainda sido debatidas nem na Áustria nem em Portugal. Este capítulo dá o mote para o debate nesta matéria, a partir do que nos dizem os indivíduos condenados a pena de prisão que entrevistámos neste estudo.

A Perspetiva dos Reclusos
Um em cada três dos reclusos que entrevistámos falou explicitamente da capacidade das tecnologias de DNA para ajudar a provar a inocência de alguém. Neste sentido, as tecnologias forenses podem ser vistas como 'aliadas' de indivíduos injustamente acusados de terem cometido um crime, facto que provavelmente explica porque é que a utilização da tecnologia de DNA e das bases de dados genéticos na investigação criminal eram encaradas por muitos reclusos como 'uma coisa boa' (ver Capítulo 6 e também Prainsack e Kitzberger 2009). É interessante constatar que todos os reclusos referiram o potencial exculpatório e exonerador das tecnologias forenses apenas a respeito do DNA, uma vez que, em teoria, todos os tipos de prova (por exemplo, as impressões digitais ou as declarações de testemunhas) podem ser seus aliados no sentido de que podem indiciar ou provar a sua inocência. A tecnologia de DNA assumiu este papel mais do que outras ciências ou práticas forenses, em grande medida por ser geralmente entendida como menos falível. De acordo com os nossos entrevistados, mesmo as autoridades estatais – antes de mais, a própria a polícia – teriam que se submeter à autoridade da prova de DNA. Como se o poder do DNA para produzir a 'verdade' bastasse por si só.

Um bom exemplo desta crença no poder inocentador do DNA é-nos apresentado por Valter, um toxicodependente de 25 anos que tinha sido enviado aos dez anos para um centro para delinquentes juvenis. Provinha de uma família descrita pelos assistentes sociais como 'disfuncional'. A sua história é um exemplo claro do poder atribuído à prova de DNA na identificação dos verdadeiros autores de crimes, e de como essa propriedade de descoberta da verdade é efetivamente atribuída à tecnologia em si, e não àqueles que a usam. Quando Valter falou connosco, estava a cumprir uma sentença de 18 anos por vários crimes – rapto, violação, roubo, posse de arma ilegal e falsificação. Ele acreditava que a prova de DNA podia demonstrar a sua própria inocência. Contou-nos como lhe foi recolhida uma amostra de saliva para análise de DNA quando ficou sob custódia policial, a qual veio mais tarde a 'provar' que ele não tinha praticado uma violação de que estava a ser acusado:

> Valter: Houve um caso com um carro onde supostamente houve um crime sexual e eu ia ser incluído no crime. A polícia retirou saliva para fazer um teste de sangue para ver o DNA [sic], para ver se eu tinha feito parte desse crime sexual. Veio negativo, disse que eu não tinha [violado a mulher], eu estive lá, mas não tive um papel direto... nisso. E foi o DNA que me safou, não foi? Eu fui considerado como cúmplice, certo? Mas ilibou-me completamente.
> Entrevistador: De ter cometido [a violação]?
> Valter: Exatamente ... o DNA foi importante porque eu não tive [sexo com essa mulher] e a polícia não acreditava nisso... nem mesmo quando a vítima disse que eu estive lá mas não tinha feito nada. Eles disseram que foi [violada por] um gangue. Fizeram-me testes a mim e aos outros. Éramos três e um foi condenado, e eu fui acusado por cumplicidade, por ter estado lá e não ter tentado parar com aquilo.

Também o caso de Joaquim demonstrou claramente a importância do DNA como uma 'máquina da verdade'. Joaquim tinha 49 anos quando o entrevistámos, e estava a cumprir uma pena de seis anos por ter violado a sua filha mais nova, que tinha 16 anos na altura do crime. A filha ficou grávida, alegadamente como resultado da violação incestuosa. Ao longo da entrevista, Joaquim insistiu que era inocente e que nunca pensou sequer em abusar sexualmente da filha. Entendeu que para provar a sua inocência devia ter tido a oportunidade de fazer um teste de DNA, mas não lhe foi concedida. Na sua opinião, o juiz errou por ter dado atenção apenas às provas testemunhais contra ele, e ao facto de ter feito um exame forense psicológico que indicou que ele tinha uma 'predisposição' para o abuso sexual:

> Joaquim: Tinha esperança que eles fizessem testes [ao bebé que estava para nascer] da minha filha, mas ela fez um aborto ... A única coisa que me fizeram foi chamar-me [a um hospital psiquiátrico] e um psicólogo analisou a minha ... deficiência ou isso... o psicólogo que falou comigo enviou um relatório para o tribunal – o meu advogado contou-me isto depois – a dizer que eu tinha tendência para fazer isto. E depois fui condenado pelo crime. Foi errado porque assim que se soube que ela estava grávida [eles] deviam tê-la examinado, não era?
> Entrevistador: Para descobrir quem era o pai da criança?
> Joaquim: Sim, para saber quem era o pai ... porque o meu advogado tinha testemunhas que diziam que ela tinha uma data de namorados ... Mas os namorados

disseram todos que era só abraços e beijos. Porque é que [o juiz] me condenou quando eu não fiz nada? ... Estava à espera que me fizessem um teste ao sangue, ou que analisassem qualquer coisa ... Estava à espera e ainda estou!

Vários reclusos – tanto em Portugal como na Áustria – disseram que consideravam a análise de DNA uma prova particularmente sólida para a identificação criminal, porque conheciam diversos casos criminais ocorridos nos EUA em que pessoas condenadas erradamente tinham sido exoneradas depois de vários anos na prisão. Feliciano, um homem de 34 anos a cumprir uma pena de 12 anos por homicídio, referiu-se à forma como as tecnologias de DNA poderiam ser úteis para provar a inocência e, nas suas palavras, combater a 'corrupção' que dizia existir no sistema de justiça. Ser corrupto, em seu entender, fazia parte da natureza humana:

> Os seres humanos são corruptos por natureza. E uma vez que há várias formas de alterar provas, isto [o DNA] é muito mais fiável ... Eu não acredito que possa haver erros, porque agora nos Estados Unidos há vários casos de presos que passaram 15, 20 anos na cadeia, e com o DNA prova-se que afinal eles foram inocentes durante aquele tempo todo. Houve um homem acusado de violar a filha, que passou 17 ou 20 anos na cadeia, e eles reabriram o caso por causa da prova de DNA e conseguiram provar que ele era inocente. O mal já estava feito porque ele cumpriu vários anos ... mas entre ser condenado e um dia, anos mais tarde, dizerem 'de facto, não, afinal eras inocente' – que é uma coisa importante – e a ideia de ser culpado para sempre, [a primeira opção] é muito melhor.

Durante as nossas conversas, alguns reclusos fizeram referência a criminosos que foram condenados por engano em casos que não tinha sido usada a prova de DNA, quer na exoneração, quer na condenação errada que antecedeu a exculpação. No contexto austríaco, o chamado caso Heidegger foi mencionado por vários reclusos, apesar de à data das nossas entrevistas terem passado mais de três anos desde a exoneração de Heidegger. Peter Heidegger era um rapaz de 19 anos que trabalhava na construção civil na província austríaca da Alta Áustria, quando foi condenado a 17 anos de prisão pelo assassinato da condutora de táxi Claudia Deubler, em Salzburgo, em 1993. Heidegger foi detido com base nas declarações de duas alegadas testemunhas oculares, que afirmavam ter visto o jovem perto do local do crime na noite do homicídio. Heidegger foi posteriormente submetido a longos interrogatórios em que admitiu ter cometido o crime, apesar de ter voltado atrás na sua confissão duas semanas depois. Como não tinha sido encontrado no local do crime nenhuma prova que sugerisse que fosse Heidegger o agressor, as declarações das duas autointituladas testemunhas oculares tinham sido a única prova que ligava Heidegger ao homicídio.[72] No entanto, Heidegger foi condenado de assaltar e matar a motorista de 28 anos.

Pouco depois da condenação de Heidegger, um jovem foi à polícia declarar que tinha visto outro homem a assaltar e assassinar a motorista de táxi em Salzburgo. A polícia não acreditou nele. Depois de incontáveis tentativas de Heidegger, dos seus advogados e da sua família para provar a sua inocência, o caso foi reaberto e o outro jovem foi condenado pelo homicídio em 2003. Heidegger foi exonerado depois de ter passado 2,865 dias na prisão (Grabher 2007).

Para os nossos informantes na Áustria, o caso Heidegger era uma referência frequente quando discutiam os eventuais erros da polícia e do sistema de justiça criminal: o destino de Peter Heidegger era visto como ilustrativo do que pode correr mal se as autoridades 'levarem a sua avante'. As tecnologias de DNA eram vistas como uma ferramenta central na exculpação e exoneração, e este ponto também é interessante à luz do facto de a prova de DNA não ter tido qualquer papel na condenação ou exoneração de Heidegger.

No caso de Peter Heidegger, foi a identificação errada feita pelas testemunhas oculares que conduziu a uma condenação enganosa. A principal 'prova' incriminatória tinha vindo de um empregado de mesa de uma pizzaria, que afirmou que lhe tinha dado boleia antes do assassinato da motorista de táxi. Quando o caso de Heidegger foi reaberto, tornou-se evidente que as características básicas da descrição feita pelo empregado de mesa a respeito do jovem viajante – tal como a cor do cabelo – não correspondiam a Heidegger, e não se tinha feito uma prova de reconhecimento como deve ser (Grabher 2007) para que o empregado identificasse Heidegger. A falsa confissão de Heidegger provavelmente foi resultado tanto do seu estado mental como psicológico, e do medo e da intimidação. Reinhard Grabher, um jornalista austríaco que escreveu um livro sobre o caso Heidegger, refere que Heidegger, que tinha dificuldades de aprendizagem, se tinha sentido 'sozinho e sem apoio, [e] desesperadamente pressionado' com a

---

[72] Foi encontrado em casa de Heidegger um aparelho com a forma de uma caneta que pode ser usado para disparar foguetes para o ar – por exemplo, em emergências náuticas – no entanto a ferida no corpo da vítima não coincidia com o calibre dos cartuchos da pistola sinalizadora. Para além disso, Heidegger afirmou que as pistolas sinalizadoras eram muito populares entre os jovens da sua cidade que disparavam foguetes nas festas e cervejarias durante os meses de verão.

acusação de homicídio (Grabher 2007:245). Uma das razões que fez com que a sua retratação, duas semanas mais tarde, da confissão do crime, não tenha sido entendida como credível, foi que durante a avaliação psicológica ele não tinha confidenciado a sua inocência ao psiquiatra. Quando lhe perguntaram porque é que não o fez, Heidegger disse que estava intimidado 'porque não estava familiarizado com o sistema' (v. Grabher 2007:245). Para além disso, Heidegger afirmou que um dos investigadores criminais tinha-o 'encorajado' repetidamente a confessar o assassínio de Claudia Deubler, porque – e assim lhe foi sugerido – ele provavelmente poderia alegar que tinha sido um acidente e que a bala da sua pistola sinalizadora ter-se-ia soltado involuntariamente. Também lhe foi dito que as provas contra ele eram esmagadoras, por isso, fosse como fosse, não tinha hipótese nenhuma de ser absolvido. Infelizmente, esta última hipótese – de suspeitos que confessam o crime quando não o cometeram, devido à insistência dos investigadores policiais que afirmam terem sido encontrados indícios que 'provam' o seu envolvimento no crime – não parece ser um caso isolado.

A história de Peter Heidegger foi mencionada pelos reclusos austríacos, não só em relação aos erros da justiça em geral, mas também em particular às exonerações com base na prova de DNA. Esta ideia parece curiosa se considerarmos que a prova de DNA não desempenhou nenhum papel importante neste caso. O que levava então os reclusos a pensarem em DNA quando falavam de Heidegger? O lugar de destaque que as tecnologias de DNA assumiram a este respeito está, em nosso entender, enraizado não só na sua associação com a ciência sofisticada e a infalibilidade (ver Capítulo 5), mas também com o papel importante que a prova de DNA assume na exculpação e exoneração de casos transmitidos pela televisão ou outros meios de comunicação. Assim, provavelmente não era o caso particular de Heidegger que motivava os nossos informantes a fazerem uma ligação com a prova de DNA, mas no imaginário público o tema das exonerações em si mesmo estava (e continua a estar) ligado de forma inseparável às tecnologias de DNA. Nos últimos anos, o aumento da percepção que se tem da importância do trabalho levado a cabo por alguns advogados de defesa, que disponibilizam o seu tempo para inocentar pessoas condenadas erradamente em vários países, tem contribuído para uma compreensão mais equilibrada do que a prova de DNA é, ou não, capaz de fazer. Para além disso, estas iniciativas deram origem a discussões mais alargadas sobre a solidez e fiabilidade de outras práticas forenses e judiciais (Saks e Koehler 2005).

Provocar Confissões

A investigação em psicologia e criminologia mostrou que as confissões nem sempre resultam de um verdadeiro conhecimento ou culpabilidade do indivíduo (Conti 1999, Gudjonsson 2003, Kassin 2008), mas podem ser determinadas por influências externas ou circunstâncias adversas, como táticas agressivas por parte das autoridades, problemas de saúde mental, intoxicação por álcool ou drogas, ou mesmo pela crença que o acusado tem de que poderá vir a ser libertado depois de confessar, e provar mais tarde a sua inocência. Isto é algo que a maioria das pessoas tem dificuldade em compreender. O *Innocence Project* estimou que em 25 por cento dos casos de exoneração por DNA, os acusados inocentes tinham prestado testemunhos incriminatórios, isto é, assumiram-se como culpados (Innocence Project s.d.)

Nas nossas entrevistas, este fenómeno foi mencionado por vários reclusos que afirmaram que quando a polícia lhes disse que tinham sido encontradas provas incriminatórias, sentiram que tinham de confessar a autoria do crime. Por exemplo Bernhard, de 28 anos, que estava a cumprir uma sentença de três anos por uma série roubos, admitiu de imediato ter cometido esses assaltos, com uma exceção: insistiu que não tinha nada a ver com um roubo em particular pelo qual tinha sido condenado – no entanto, confessou-o. Porque é que confessou?

> Acho que foi uma armadilha da polícia ... Os ladrões têm um esquema – toda a gente tem um estilo diferente de arrombar. E este [*modus operandi*] era exatamente igual ao meu. Eles apanharam-me, um ano mais tarde, numa cilada. Disseram: 'Foste tu. Encontrámos vestígios de DNA'. E eu disse-lhes logo que *fui* eu [ênfase original]. (ver Prainsack e Kitzberger 2009: 52)

Quentin, de 25 anos, a cumprir oito anos por fogo posto, contou-nos a história da sua detenção depois de ter assaltado um café. Como foi apanhado dirigindo-se do local do crime para casa, ainda com o dinheiro consigo, também confessou um crime que não tinha cometido:

> Quentin: E [confessei] também outra tentativa de roubo que nem sequer tinha feito.
> Entrevistador: Não fez?
> Quentin: Não, não fiz, mas disse-lhes logo que tinha sido eu. Eu disse que confessava e depois disse: 'Deixem-me em paz'.
> Entrevistador: Por que é que disse isso?
> Quentin: Porque queria que me deixassem em paz. Havia um polícia que eu não suporto. Quando o vejo, abro a navalha dentro dos bolsos. Começo a tremer assim que lhe ponho os olhos em cima.

Apesar de provavelmente não se limitar à prova de DNA, a alegada prática dos investigadores da polícia de 'encorajar' uma confissão com base em meias verdades ou mentiras descaradas a respeito da natureza da prova e a prontidão dos nossos informantes em confessar um crime assim que lhes diziam que existiam provas incriminatórias era mais pronunciada quando envolvia DNA. Este facto estava estreitamente relacionado com a sua avaliação das tecnologias de DNA como sendo as mais fiáveis de todas as tecnologias forenses. Alguns disseram mesmo que enquanto que era impossível a polícia falsificar DNA, podiam falsificar impressões digitais para incriminar um suspeito. O excerto seguinte provém da nossa conversa com Anton, de 42 anos, que estava a cumprir três anos por abuso sexual agravado de menores (ver Prainsack e Kitzberger 2009: 66):

Anton: Pode-se falsificar uma impressão digital.
Entrevistador: Como é que se falsifica uma impressão digital?
Anton: Bem, vemos muitos filmes. Pode-se fazer uma cópia e *voilá*, tens uma impressão digital. [Mas] o DNA é cem por cento à prova de bala. O vestígio de DNA [sic] é só meu, mais ninguém tem.

Muitos dos nossos informantes mencionaram uma alegada tendência entre os oficiais da polícia para procurar os 'suspeitos do costume', ou seja, procurar suspeitos sobretudo entre pessoas com condenações anteriores. Quem já tinha cumprido penas de prisão era visto como estando especialmente predisposto a tornar-se alvo neste tipo de procura de um culpado. Os reclusos afirmaram que muitas vezes a polícia fabrica provas, ou que os investigadores criminais confiam demasiado em informadores que podem mentir e produzir provas contra uma pessoa inocente. O problema da utilização de informadores e delatores dentro da prisão, foi mencionado como um fator em mais de 15 por cento dos casos promovidos pelo *Innocence Project* (Innocence Project s.d.) de condenações erradas revertidas pela realização de testes de DNA, e vários estudos citam a prevalência deste fenómeno como um dos problemas que mais gravemente afeta o sistema de justiça criminal (Findley 2002, Natapoff 2009). Artur, um toxicodependente de 38 anos e que se auto-intitulava criminoso de carreira, condenado a 12 anos por furto agravado, furto e tentativa de roubo agravado, descreveu a forma como tinha sido sujeito a violência policial enquanto esteve sob custódia – 'Eles deixaram-me todo negro [bateram-me]' – e que só tinha sido preso porque um 'bufo' o tinha denunciado. Este recluso admitiu que procurava aperfeiçoar as suas técnicas de furto através do que aprendia na prisão. Vangloriou-se de durante vários anos ter sido capaz de enganar a polícia sem ser apanhado, e defendia que foi condenado, não por ter cometido qualquer erro, mas devido a um informador:

> A polícia consegue fazer várias coisas porque tem bufos. Porque eles não têm uma bola de cristal, não é? ... Eu fui para a prisão porque alguém me denunciou e é assim que as coisas são, às vezes a polícia bate nas pessoas para as conseguir pôr a falar. E a polícia teve de bater no bufo que me denunciou para o fazerem calar. Porque descobriram coisas que não queriam saber.

Este recluso já tinha estado na prisão quando foi acusado de cometer crimes de agressão e homicídio (que insistiu não ter cometido). Artur falou sobre as confissões obtidas pela violência policial e disse que a polícia, quando não tinha outras provas, ia à prisão para encontrar um culpado:

> Uma vez fui chamado ... para dar uma amostra de saliva. Não era obrigado a dar porque era por causa de uma agressão e um homicídio de 2002. Quando me chamaram foi em 2005. E uma vez que já tinham passado aqueles anos todos e a polícia queria encontrar um culpado eu fui lá e recusei [dar uma amostra de saliva]. Não dava, simplesmente não dava! ... E os guardas prisionais até me disseram: 'Fizeste bem'. Eles não conseguiam descobrir quem foi e por isso pensaram 'Vamos buscar um tipo que já esteja preso'. Pode escolher ao acaso e naquele dia foi a minha vez ... Os polícias são mais bandidos do que os que estão presos. São mesmo bandidos! São... do pior. Eles são assim: 'Não conseguimos saber quem foi [que praticou o crime], não há ninguém a quem possamos apontar o dedo, olha vamos ao caixote do lixo, à prisão. OK [vamos dizer que] é este'.

A prática que os investigadores têm de encorajar confissões, argumentando enganosamente a existência de provas de DNA incriminatórias ou recorrendo à violência, é particularmente problemática à luz do facto de que as confissões são vistas como 'provas' de culpa particularmente sólidas, tanto em termos práticos como legais (ver também Drizin e Leo 2004, Drizin e Reich 2004, Leo 2005; para uma discussão sobre a [in]admissibilidade de provas de DNA obtidas de forma imprópria ou ilegalmente, ver Gans e Urbas 2002, Johnson e Williams 2004a). Nalgumas jurisdições, as confissões excluem a possibilidade de reabertura de um caso. Uma decisão marcante a este respeito foi decidida pelo Supremo Tribunal da Pensilvânia em fevereiro de 2011: o tribunal reconheceu o facto das confissões nem sempre serem 'prova' de culpabilidade, e decidiu que se um indivíduo confessa um crime, tal não o impede de pedir testes genéticos após condenação (Innocence Project 2011). Numa declaração que também encaixa precisamente com o caso de Peter Heidegger, o tribunal declarou que: 'Não é necessário recordarmos as inúmeras situações em que pessoas confessaram crimes dos quais estão inocentes, seja com o intuito de proteger o culpado, seja por motivações psicológicas que as impelem a fazê-lo' (cf. Innocence Project 2011, ver também Hall 2010).

Juízes Punitivos e Advogados Preguiçosos?
Fica claro que a má conduta de oficiais de justiça, procuradores ou advogados de defesa, podem também ser uma razão que explica a existência de condenações erradas (ver também Capítulo 8). O *Innocence Project* (s.d., ver 'Government Misconduct', ver também West 2010a) enumera as seguintes práticas mais comuns de má conduta por parte de membros da autoridade: usar a sugestão durante o processo de identificação; coagir falsas confissões; mentir ou enganar intencionalmente os jurados com as suas observações; abster-se de revelar provas exculpatórias ao advogado de acusação; oferecer incentivos que garantam provas duvidosas provindas de informantes'. Entre as formas de má conduta dos procuradores constam: omitir à defesa provas exculpatórias; a má gestão, má preservação, ou destruição de provas; permissão do testemunho de fontes não credíveis; pressão sobre as testemunhas de defesa para não testemunharem; confiarem em peritos forenses fraudulentos ou de conduta duvidosa; a elaboração de argumentos enganosos que sobrevaloriza o valor probatório do testemunho (Innocence Project s.d., 'Government Misconduct'). O problema da 'má advocacia' (Innocence Project s.d., 'Bad Lawyering'), que de acordo com o *Innocence Project*, vai desde a incapacidade de apresentar testemunhas de defesa, de objetar as provas apresentadas pela acusação, ou não procurarem obter testes serológicos ou de DNA, (ver West 2010b), até chegarem a dormir durante os julgamentos, afeta incontestavelmente sobretudo os acusados que provêm de meios mais pobres, uma vez que não têm capacidades monetárias para pagar aos melhores representantes legais.

O desapontamento com a conduta dos advogados de defesa foi um tema que também surgiu nas nossas conversas com os reclusos. Muitos reclusos afirmaram que, enquanto os ricos têm dinheiro para contratar um bom advogado e prolongar os procedimentos judiciais no tribunal ao longo de vários anos, as pessoas mais pobres estão sujeitas a condenações sumárias, muitas vezes sem ser concedido tempo para compreender de forma cabal o que se está a passar.

Manuel, de 27 anos, estava a cumprir uma pena de prisão de 14 anos por homicídio e tráfico de droga. Lamentava que o seu advogado não lhe tivesse dito a 'verdade' e criado falsas expectativas sobre as possibilidades de ser absolvido. Nas suas palavras:

> Vais para tribunal como [uma pessoa] inocente, a primeira vez que vais estás confuso, não é? ... Nunca pensei que fosse para a prisão e quando o juiz disse 'agora vai ficar sob custódia' pensas: 'O quê? Vou para onde?' E o advogado diz: 'Não se preocupe, vamos tentar interpormos um recurso para ver se conseguimos libertá-lo num mês, ou dois, ou três'. Quer dizer, ele tentou dar-me alguma esperança, mas não era realista, era uma falsa esperança'.

Karl, de 50 anos, estava a cumprir 17 anos por homicídio; tinha entrado numa discussão com um amigo quando estavam ambos sob influência de drogas, e uma vez que ambos trabalhavam no negócio da prostituição e havia armas de fogo por todo o lado, Karl teve uma reação exagerada quando se sentiu ameaçado fisicamente pelo outro homem, e matou-o com um tiro. Na perspetiva de Karl, tanto o seu estado de intoxicação como a falta de intenção em matar o homem, podiam tê-lo poupado a uma condenação por homicídio e culpava o seu advogado por não ter sido capaz de argumentar a seu favor em tribunal. Karl culpava-se a si próprio por ter escolhido aquele advogado: tinha-o escolhido, afirmou, porque era um dos melhores advogados de defesa na matéria, mas não tinha noção que o indivíduo tinha um problema de alcoolismo: '[o trabalho] era demasiado para ele. Agora está reformado... O tribunal, claro, agiu com base nas coisas erradas que ele disse'.

Oliver, de 32 anos, a cumprir pena de prisão indeterminada por tentativa de homicídio e tentativa de violação, e que negava ter cometido tanto uma como outra, afirmou que uma carteira com vestígios de sangue, que de início tinha sido considerada como prova no local do crime – e que tinha sido mostrada em imagens televisivas na reportagem que fez a cobertura do crime – tinha 'desaparecido' durante o julgamento. Disse que o seu advogado não tinha feito nada acerca disso, apesar de muito provavelmente esse elemento poder revelar a sua inocência. Nenhuma prova do local do crime indicava que Oliver tinha sido o autor do crime, e a única prova que o incriminava – um cabelo no seu apartamento, que supostamente seria da vítima – foi encontrada só depois de terem sido feitos, sem sucesso, vários exames ao apartamento. Para Oliver, este era um caso óbvio de contaminação – i.e. o cabelo tinha acidentalmente, senão deliberadamente, sido colocado no seu apartamento – no entanto o seu advogado não fez nada a este respeito. Como resultado, Oliver agora estava 'obcecado' – como lhe chamou – com as tecnologias das cenas de crime e queria provar a sua inocência. Disse que durante o julgamento nunca deixou de acreditar que no final viesse a ser demonstrada a sua inocência: 'Pensei sempre que se ia resolver. Porque não fui eu. Até agora tenho lutado como um animal selvagem [para provar a minha inocência]. Tenho pena da rapariga, é uma vítima ... Mas eu também sou uma vítima'.

Frederico, de 54 anos, tinha tido problemas com a autoridade desde que era adolescente. Foi-lhe atribuída uma pena de prisão em cúmulo jurídico de 20 anos, por crimes que iam desde ser o chefe de um gangue criminoso, extorsão, e tráfico de droga. Este recluso falou repetidamente sobre os erros da justiça, e de como no passado tinha sido condenado por crimes que não tinha cometido, simplesmente porque o juiz só deu atenção à versão dos acontecimentos contada pela polícia, que alegadamente encontrou dois pacotes de droga no seu carro – 'Nessa altura eu nem sabia o que eram drogas, nunca tinha visto droga com os meus próprios olhos, só na televisão', disse Frederico. Na sua opinião, 'os advogados são incompetentes, chegam a deixar passar o período para apresentar recurso' e 'os juízes, por terem já julgado tantos casos, são insensíveis e não procuram a verdade a 100 por cento, se uma pessoa tem um passado [criminal] ou já esteve na prisão eles estão convencidos de que cometeu o crime. E pode não ser verdade'. É interessante notar que a descrição deste entrevistado reproduziu a mesma perspetiva sobre um sistema de justiça que é incapaz de reconhecer os seus próprios erros, e que pode não estar muito recetivo a rever sentenças, como foi argumentado no início deste capítulo. Frederico disse-nos ainda o seguinte:

> O problema é saber o rumo que levam estas análises de DNA. Pode haver uma margem de erro. Se é um caso de homicídio, por exemplo, acho que não devem ser consideradas fiáveis, estas análises, fiáveis por si só. Acho que devem ser pedidos outros testes, por outra equipa que faça o mesmo tipo de trabalho, para ver se os resultados coincidem. Aí [os testes] provavelmente serão muito, muito fiáveis.

Ainda relacionado com o tema da parcialidade de juízes e de jurados, a avaliação e perceção dos nossos informantes assentava muito mais no facto de estes agirem, ou não, de acordo com os seus deveres profissionais e legais e as regras de boa conduta. No caso de Anton, que estava a cumprir uma sentença de três anos por abuso de menores, a questão – na sua perspetiva – prendia-se com fatores relacionados com a situação pessoal dos juízes, pelos quais não podiam ser culpados. Disse-nos que mesmo que tivessem tentado, a juíza e os jurados do seu caso não teriam conseguido ser objetivos. Anton não os acusava de lhe terem feito injustiça de forma consciente ou deliberada, mas fez este comentário de uma maneira muito pragmática: 'A juíza estava grávida, todos os jurados tinham filhos e, seja como for, é um tópico delicado [o abuso de menores] neste país. Condenaram-me a três anos'. Interpretamos esta afirmação como um reflexo de uma ideia que Anton incorporou, de que nenhum de nós consegue pensar ou agir independentemente das relações sociais e das circunstâncias em que estamos envolvidos. Num certo sentido, Anton afirmava que o ambiente social e as circunstâncias pessoais podiam influenciar o comportamento na tomada de decisão da sentença.

Outro recluso, David, foi condenado por tentativa de assassinato, e recebeu uma sentença de três anos e dez meses por ter atropelado acidentalmente uma mulher quando conduzia sob a influência de álcool. Este recluso alegou que os juízes estão mais preocupados em garantir uma condenação, do que em ter em conta as circunstâncias da vida pessoal do acusado que poderiam servir para mitigar a sentença, ou substitui-la por uma alternativa à pena de prisão. David ficou desapontado com a decisão dos juízes, uma vez que achou que o seu pedido para usar uma pulseira eletrónica em vez de ir para a cadeia deveria ser ter sido aprovado. Falou de si próprio como alguém que era capaz de ser reintegrado na sociedade, inclusive porque tinha um emprego para o qual podia voltar depois de ser libertado. David achou que tinha sido tratado injustamente, sobretudo quando comparado com outras pessoas que, mesmo podendo ser violentas ou vir a reincidir, 'conseguiram' fazer com que os juízes lhes dessem alternativas à sentença prisional:

> David: Eu tinha uma vida estável até ser preso. Fui preso por causa do acidente de carro.
> Entrevistador: Foi um acidente que o pôs aqui?
> David: Sim [pausa]. Mas quando uma pessoa pede alguma coisa ao juiz, eles não ouvem, dizem que somos um criminoso violento. É o que eles dizem. Ainda continuo a pedir uma pulseira [eletrónica], por exemplo, e eles dizem que eu não estou reintegrado, que não posso voltar para a sociedade.
> Entrevistador: Quer ir para casa e usar uma pulseira?
> David: Sim. Mas o juiz nem sequer se dá ao trabalho de ver se eu posso regressar para sociedade ou não, apesar de neste momento eu saber que posso arranjar trabalho ... mas [os juízes] não estão interessados nisso. A única coisa que lhes interessa é manter as pessoas [na prisão] ... Se é um roubo, e há vários desses tipos que já estiveram presos várias vezes, se é um roubo, dão-lhes uma pulseira ou serviço comunitário. São pessoas que usaram armas! Não percebo porquê [que isto acontece].

A análise que este recluso faz do uso de tecnologia de DNA no sistema de justiça criminal era profundamente negativa; acreditava que nada poderia mudar a forma injusta como o sistema parece operar. Na sua opinião, a injustiça e a desigualdade irão sempre prevalecer nos tribunais. E acrescentou:

> David: A prova de DNA por si mesma não pode condenar ninguém. Tenho a impressão de que estes agentes da polícia acreditam mesmo que é uma coisa que vai ajudar. Ajuda a polícia a encontrar o criminoso, mas isso não é a verdade, pois não? Só porque se pode dizer que alguém tinha isto no local do crime, isso não significa que seja culpado. Pode ter sido colocado, não é?
> Entrevistador: O DNA pode ser usado para tentar provar a inocência de uma pessoa?
> David: Eu acho que sim. Mas há muitas pessoas condenadas sem qualquer prova... Há pessoas que merecem estar aqui e são mandados de volta, só para poderem continuar a cometer crimes. Se é alguém que esteve envolvido numa morte, e isso pode acontecer a qualquer pessoa, são muito mais afetados por isso ... Os juízes não sabem o que significa ser condenado, eles não sabem o que se passa nas prisões. Aqui não estão a reintegrar ninguém na sociedade. As prisões são só para castigar.

O caso de Emílio, um cidadão ucraniano em Portugal, era típico da violação de direitos humanos a que pode estar sujeito um suspeito se for pobre, não entender bem a língua e não se conseguir fazer entender de forma adequada. Emílio foi condenado a 15 anos por homicídio, coerção sexual e roubo, mas ficámos com a impressão que ele não percebeu muito bem as razões que levaram à sua condenação. Os seus comentários eram um pouco confusos e revelavam uma falta de familiaridade com a lei, os seus direitos, e o que se passou durante o julgamento:

> Emílio: Eles mostraram-me a folha de acusação por agressão, roubo e violação. Fui a tribunal mas o tribunal não me explicou nada ... E eles não iam acreditar em mim porque eu não tinha testemunhas. Mandaram-me para a prisão e fui agredido pelos outros presos. Alguém disse que eu era um violador e aqui ninguém respeita os violadores. Estou aqui há seis meses, tenho trabalho mas não tenho visitas, nem roupa, nada...
> Entrevistador: Fizeram-lhe um teste de DNA?
> Emílio: Claro, sem um advogado e sem ninguém estar presente, mas eu deixei, uma vez que eles pensavam que eu era o violador ... Um dos guardas agarrou-me a boca e veio outro e [faz os gestos de alguém a ser arrastado pela boca] ... era difícil para mim falar com eles [a polícia] na sua língua ...

Muitos outros reclusos disseram ter sofrido de violência policial e agressão (ver também Capítulo 8). Esta afirmação era mais comum ouvir-se da parte de reincidentes e criminosos de carreira que já 'eram conhecidos' da polícia, por isso quando foram detidos, sentiram que eram tratados não como suspeitos, mas como condenados. Esta condição está estreitamente relacionada com a questão do estigma, que de uma forma ou de outra esteve presente em todas as conversas que tivemos com os reclusos. Os reclusos referiram dois tipos de estigma – o estigma de serem reclusos, proveniente da sociedade; e o estigma (p. ex. agressores sexuais) entre os próprios reclusos (Sykes e Messinger 1960, Vaughn e Sapp 1989). Vários reclusos afirmaram que as tecnologias de DNA eram particularmente eficazes em provar a verdade no caso de crimes sexuais. Daniel, um estudante de psicologia de 36 anos e condenado a 24 anos por homicídio, fogo posto, e ofensas corporais agravadas, afirmou que o estigma afeta em particular os agressores sexuais, e que as tecnologias de DNA eram importantes para provar a inocência, não só no contexto da exoneração, mas também para restaurar a integridade moral de indivíduos catalogados como violadores:

> Daniel: [O estigma] é muito comum em casos de violação, que normalmente são muito sérios em termos morais, não é, em termos morais é terrível um homem ser condenado por violação, certo...?
> Entrevistador: Sim, sim.
> Daniel: E ainda é pior se um homem é inocente e for condenado por esse tipo de crime. Porque se um homem for condenado de assaltar uma joalharia ou um banco ou, sei lá, qualquer coisa mais oportunista, [fica] catalogado como um aventureiro, e socialmente não é tão sério [como ser rotulado de violador].
> Entrevistador: Certo.
> Daniel: Mas ser considerado como violador é terrível. E o DNA pode pelo menos resolver muitos destes casos, a maioria deles. Já resolveu, e por isso é que eu digo que é uma ferramenta essencial para ambos os lados, para provar a culpa ou a inocência.

Conclusão

Que caminhos é que a determinação da culpa e da inocência irão seguir no futuro? As narrativas dos reclusos sobre o potencial do DNA para provar a inocência, e as suas referências a práticas éticas e profissionais incorretas da parte de vários atores do sistema de justiça criminal, salientam a necessidade de serem feitas mais pesquisas sobre as causas da existência de condenações erradas, e para serem criadas medidas que minimizem o risco. Deverá ser feito um melhor uso da prova científica, como as tecnologias de DNA? Precisamos de prestar mais atenção aos procedimentos éticos quando são recolhidas amostras biológicas, e dedicar mais atenção ao modo como é prestada a informação sobre os objetivos dessa recolha aos indivíduos sujeitos a estes procedimentos (Machado e Silva 2009)? O que pode ser feito para tornar os interrogatórios policiais mais transparentes, de forma a minimizar o risco de coerção? Precisamos de reavaliar as práticas relativas ao uso de informadores ('chibos', ou 'bufos') no trabalho de investigação criminal? Para além disso, qual é o papel que os novos meios de comunicação social – como o *Facebook* ou o *Twitter*, e outros recursos *online* que fornecem informação livremente acessível sobre as redes de amigos pessoais e o seu paradeiro a determinadas horas do dia – poderão desempenhar futuramente nas investigações criminais e nos julgamentos? Será que estas ferramentas de vigilância ajudam a diminuir o risco de condenações erradas?

Por fim, será que a atual proliferação de iniciativas dedicadas à exoneração de pessoas condenadas erradamente conduzirá também à descoberta de dados concretos sobre as razões que explicam a ocorrência de condenações erradas em jurisdições diferentes? Apesar do *Innocence Project* ter sido iniciado nos Estados Unidos (Scheck et al. 2000), hoje em dia existem projetos semelhantes a funcionar no Canadá, na Nova Zelândia e na Austrália. Como sublinham Roberts e Weathered (2009: 44), os *Innocence Project* estão, por norma, associados a universidades de direito, devido à possibilidade de angariarem um grande número de estudantes entusiastas. Apesar do(s) *Innocence Project*(s) continuar a ser mais ativo na América do Norte, tem vindo a crescer o número de organizações na Europa e noutras partes do mundo que oferecem apoio a quem foi injustamente condenado (v. p. ex. Forejustice s.d., [The] Innocence Network 2008, Johnson e Williams 2004b, McCartney 2006c, Roberts e Weathered 2009; Sulzbach 2006 apresenta uma bibliografia anotada de todas as publicações sobre o tema da exoneração). Para além do importante trabalho levado a cabo pelos *Innocence Projects* e organizações afiliadas para exonerar os que foram injustamente condenados, um outro resultado relevante que provém desses esforços é o aumento da consciência pública e dos decisores políticos sobre as origens dos erros judiciários (Neufeld e Scheck 2002). De facto, o volume de artigos e editoriais em revistas académicas, revistas e jornais, que discutem os usos problemáticos das ciências forenses, ou que apelam a um escrutínio mais acentuado, tem vindo a aumentar de forma consistente nos últimos anos (Leo 2005, Lofquist 2001, ver também Nature 2011). Leo (2005: 213) defende que conhecer-se as causas das condenações erradas não resolve o problema do erro da justiça. Em sua opinião, esta conclusão tem por base um pressuposto não confirmado:

> O pressuposto não confirmado em quase todos os textos e estudos sobre erros judiciais é o de que [as razões apontadas para o erro judicial] são as causas reais, e uma vez identificadas saberemos como e porque é que ocorre o problema das condenações erradas. Este pressuposto não confirmado é simplista, se não mesmo enganador. Esta lista de causas tem impedido a nossa compreensão teórica e análise das causas mais profundas a nível psicológico, sociológico e institucional que levam a condenações erradas. A identificação errada feita por testemunhas oculares, a confissão falsa, e a má conduta policial e da acusação, não são de facto as *raízes* do problema. A identificação destas causas leva-nos a colocar a questão óbvia, muito mais profunda: quais são as causas das falsas identificações feitas com base em testemunhos oculares? Quais são as causas de confissões falsas induzidas pela polícia? Quais são as causas da má conduta policial e dos procuradores? ... Os académicos precisam de procurar a *raiz* das causas da condenação errada, não as causas *legais* [ênfase original].

Leo chama ainda a atenção para o trabalho de Talia Harmon (2001a,b), que comparou casos de reclusos libertados do corredor da morte com aqueles que foram executados, como um caso exemplar de um estudo de ciências sociais consistente sobre casos de condenações erróneas que, na sua perspetiva, devem ser complementados com análises de absolvições corretas. Acima de tudo, os estudiosos 'precisam de ir para além das categorias legais e dos conceitos que lhes são fornecidos por jornalistas e advogados, [... e] fazer mais do que apenas casos de estudo descritivos que reproduzem as mesmas ideais essenciais' (Leo 2005: 215).

A implementação de tecnologias que reforcem a proteção face aos erros da justiça deve ser complementada com medidas adicionais que evitem os novos riscos que podem advir da expansão dos usos das tecnologias forenses de DNA. Um dos principais riscos associados à expansão do uso de perfis genéticos e de bases de dados forenses é a grave implicação que têm na privacidade e nos direitos civis, uma vez que 'a sua lógica coloca em perigo a presunção de inocência, com a criação de uma "sociedade suspeita"' (McCartney 2006a: 156). Algumas opiniões críticas que têm vindo a ser elaboradas para reforçar a proteção face aos erros da justiça apoiam o escrutínio da utilização de métodos científicos e o testemunho de especialistas nos tribunais, e solicitam o aumento do empenho no controlo de qualidade, regulação e formação no que respeita à prova científica (por exemplo, McCartney et al. 2010, Nuffield Council on Bioethics 2007). As perspetivas dos reclusos sobre o potencial exculpatório do perfil de DNA, e também a sua opinião sobre os fatores que podem contribuir para condenações erradas, mostra que é necessário documentar sistematicamente e estudar casos de condenações erradas. É igualmente importante criar contextos favoráveis para a implementação de políticas, práticas e legislação que previnam condenações erróneas no futuro. Para tal, é vital que se invista mais na formação de estudantes e profissionais do sistema de justiça criminal (desde a polícia, a advogados, jurados, procuradores e juízes) sobre o tema das condenações erradas e se promova a responsabilidade ética necessária em todos os procedimentos de investigação criminal.

CAPÍTULO 8

CORPOS CRIMINAIS E AUTORIDADES ABUSIVAS

Introdução
Este capítulo discute dois aspectos centrais da forma como os nossos entrevistados falaram sobre o seu corpo: referiram-se a ele tanto como uma ferramenta útil, como uma fragilidade no momento de cometer um crime, uma vez que o corpo pode ser reconhecido ou deixar vestígios, e em consequência, levar à detenção. Defendemos que o corpo não começou a ser encarado como um perigo para os autores de crime apenas na era do DNA, mas que é uma situação precedente ao surgimento das tecnologias de identificação de indivíduos por perfis de DNA. As características físicas dos infratores – enquanto características externas, por norma, visíveis a outros – sempre os colocaram em risco de poderem ser reconhecidos. Contudo, a maneira como o DNA é encarado como simbolizando a 'essência' do corpo (por ser algo que provém 'de dentro'), conjugado com o facto de ser virtualmente impossível uma pessoa proteger-se contra a possibilidade de deixar vestígios físicos, fizeram as tecnologias de DNA assumir um lugar de destaque nos relatos dos presidiários. E 'estar em controlo' – das suas vidas, dos seus 'trabalhos', dos seus corpos e mentes, e do ambiente e circunstâncias daquilo que os rodeia – foi um elemento muito central nas nossas conversas com os reclusos ao falarem do seu corpo: as tecnologias de genética forense vieram fragilizar, por motivos que exporemos neste capítulo, o controlo sobre o corpo, tornando-o um veículo de risco.

Este capítulo também discute e contextualiza os processos sociais através dos quais os reclusos aplicam às suas próprias experiências de lidar com o sistema de justiça criminal o conhecimento que têm sobre os vestígios nas cenas de crime, e em particular os vestígios de DNA. Muitos reclusos enfatizaram os aspectos negativos do trabalho dos agentes da polícia, referindo-se, por exemplo, a alegadas ocasiões em que a polícia fabrica provas ou sistematicamente vai de encontro aos 'suspeitos do costume', isto é, durante as investigações criminais a polícia centra a sua atenção, em primeiro lugar, em ex-presidiários. Outros reclusos chamaram a atenção em particular para a faceta humana do trabalho dos investigadores criminais: os investigadores policiais merecem ser louvados se fizeram bem o seu trabalho, e repreendidos se permitiram que os seus padrões morais e profissionais forem comprometidos. Neste contexto, alguns reclusos falaram-nos sobre relações pessoais com alguns agentes da polícia, no sentido em que 'os conhecem bem' por se terem cruzado com frequência com eles ao longo de um período de tempo prolongado (correspondente à sua trajetória no sistema de justiça criminal).

No que diz respeito à questão das bases de dados policiais, os reclusos pareceram estar mais à vontade em relação à retenção de impressões digitais, encarando esta prática policial com normalidade. Já no que diz respeito a perfis de DNA, os entrevistados dos dois países manifestaram reações mais intensas e complexas. Alguns declararam que a retenção de perfis genéticos em bases de dados forenses nacionais poderia ajudar a protegê-los no futuro contra acusações falsas. Ao mesmo tempo, o facto de os seus perfis de DNA estarem arquivados numa base de dados centralizada era vista como contribuindo para aprofundar o seu estigma enquanto condenados. Isto demonstra claramente a simultaneidade dos efeitos de capacitação e incapacitação (Prainsack e Toom 2010) que as tecnologias forenses, e em especial as tecnologias de DNA, exercem nos nossos informantes. Uma das melhores ilustrações da ideia de que as tecnologias de DNA faziam parte de um conjunto de práticas, atitudes e tecnologias de estigmatização, foi apresentada na seguinte conversa com Jürgen, de 29 anos, condenado a cinco anos por agressão agravada (citado em Prainsack e Kitzberger 2009: 69):

> Jürgen: Eu tive de o fazer [dar uma amostra de DNA]. Eles retiraram-me saliva e eu tive de dar as impressões digitais. [Silêncio. Parece infeliz]
> Entrevistador: Importou-se com isso?
> Jürgen: Sim.
> Entrevistador: Porquê?
> Jürgen: Porque foi que aí eu soube: agora sou um criminoso. Tipo, agora isto está a ficar sério.
> Entrevistador: Com o que é que se importa mais: a parte do DNA ou das impressões digitais? Ou fica incomodado de igual forma com qualquer uma?
> Jürgen: Eu diria que é mais a saliva.
> Entrevistador: Porquê?
> Jürgen: *Porque vem do interior.* Uma impressão digital uma pessoa deixa em todo o lado da mesma maneira, enquanto que a saliva está dentro de mim e por isso é que me preocupa mais [Ênfase nossa].

Outros reclusos descreveram as tecnologias forenses de DNA como uma forma de *reduzir* o estigma associado ao seu estatuto de criminosos condenados. Como explicou Nelson, de 35 anos, a cumprir uma pena de nove anos por abuso sexual de um menor, roubo, furto e perjúrio, o ideal seria a criação de uma base de dados universal como forma de evitar que a polícia procure primeiro suspeitos entre aqueles que cometeram crimes no passado:

> Eu acho que é mau que só esteja lá [na base de dados] a informação genética da população prisional. Devia aplicar-se a toda a gente. De maneira a evitar a discriminação e outras coisas ... nós somos o lixo da sociedade [silêncio] porque por cada crime que acontece eles [a polícia] vão imediatamente procurar aqueles que já lá estão [na base de dados]. E depois o justo pode pagar pelo pecador.

Outros entrevistados disseram que o aumento da rapidez e eficácia da investigação criminal através da comparação automática de perfis em bases forenses de dados genéticos poderia ajudar a evitar certas práticas policiais dirigidas a suspeitos habituais, tais como criar acusações infundadas contra indivíduos que foram já alvo de investigações criminais no passado, ou o recurso a provas fabricadas ou a procedimentos incriminatórios ilegais. Para esta opinião contribuiu certamente o facto de muitos dos nossos entrevistados encararem a existência das tecnologias de DNA como sendo, no geral, uma 'coisa boa', apesar deste efeito positivo poder estar comprometido pela possibilidade, inescapável, da tecnologia ser mal usada por pessoas com más intenções.

Corpos Perigosos
Um corpo forte, ágil e resistente é um dos principais recursos de quem pretende cometer um crime (com exceção, é claro, de alguns crimes de 'colarinho branco'). Intimamente ligadas à boa forma física estão as competências ganhas através da experiência e da aprendizagem com os colegas ou 'parceiros do crime' (Becker 1963) – tal como acontece na maioria dos trabalhos 'normais'. A agilidade e destreza necessária para roubar uma carteira sem se ser notado (Pais, 2003) e as capacidades de memória e cognitivas necessárias para escolher os alvos de um roubo (Gibbs e Shelly 1982, Steffensmeier e Ulmer 2003, Sutherland 1937, Wright et al. 1995) exigem um certo nível de habilidade física, apesar de requererem mais do que isso. Contudo, como se explicou acima, o facto de o corpo deixar vestígios da sua presença, torna-o um risco potencial. Será talvez também por esta razão que as tecnologias de DNA foram descritas

pelos nossos entrevistados como o meio principal de se identificar o autor de um crime: enquanto facilmente se consegue evitar deixar impressões digitais – por exemplo, usando luvas –, não deixar quaisquer vestígios passíveis de serem analisados com a ajuda de tecnologias de DNA era visto como quase impossível (ver Capítulos 5 e 6).

O papel proeminente da prova de DNA nas representações dos presidiários quando falam de vestígios corporais na cena de crime contrasta com a proporção relativa baixa dos casos criminais em que a prova de DNA é realmente um fator decisivo na investigação criminal. Em muitos países, os principais locais de ocorrência de crimes mais comuns (como furtos e roubos) não são alvo de pesquisa de vestígios de DNA e mesmo em vários casos de crimes graves, a prova de DNA não tem um papel crucial: é o caso, por exemplo, de violações em que a questão da culpa assenta na determinação de se foi ou não um encontro sexual consensual, e não se chegou ou não a acontecer.

No entanto, há pelo menos um outro aspeto em que as tecnologias de DNA têm uma ligação especial com o corpo daqueles que praticam crimes: ajudam os investigadores a recolher, arquivar, e comparar de forma automatizada dados que representam material contido em cada célula do nosso corpo. Assim, enquanto as tecnologias de DNA são potenciais 'aliadas' de quem é acusado erradamente, são as inimigas de quem realmente comete crimes. E estas tecnologias podem também tornar-se inimigas para aqueles que são inocentes se forem usadas de forma imprópria pelas autoridades. O que torna este último cenário muito temido por vários reclusos era verem-no como algo que podia acontecer a qualquer pessoa, a qualquer momento. No entendimento dos nossos entrevistados, as autoridades eram imprevisíveis no que diz respeito ao manuseamento de tecnologias de DNA e mesmo que estas sejam manipuladas, uma vez que uma pessoa seja falsamente acusada, a possibilidade de não ser condenada normalmente está fora do seu alcance. Neste contexto, nas nossas conversas com os presos, as histórias sobre condenações erradas que se ouviam na cadeia ou viam na televisão estiveram muito presentes. Os reclusos reconhecem ter falta de controlo, tanto relativamente às ações de autoridades abusivas, como no que diz respeito ao poder de identificação individual que têm as tecnologias de DNA: viam-se, em ambos os casos, como impotentes, mas por razões diferentes. O seguinte excerto de uma entrevista com Micael, 31 anos, que estava a cumprir uma sentença de 12 anos por violar uma mulher sob ameaça de arma branca, realça o modo como sentia não ter controlo sobre os vestígios que o seu corpo deixava:

> Micael: É muito difícil não deixar qualquer vestígio. Perdemos cabelo todos os dias – e qualquer cabelo deixado no lugar do crime contem DNA. Quando falamos, libertamos saliva ... e os nossos corpos também estão sempre a escamar ... Por isso deixamos sempre algum vestígio atrás de nós [na cena de crime].
> Entrevistador: Então é difícil de controlar?
> Micael: É. Não é como se nos conseguíssemos meter dentro de uma bolha e cometer um crime, não é?

A impossibilidade de controlar o facto de que o corpo deixa vestígios foi também claramente ilustrada nas palavras de Feliciano, de 34 anos, que estava a cumprir uma pena de 12 anos por homicídio:

> O DNA está presente em todas as partes do corpo ... e como os criminosos têm medo que sejam identificados mais rapidamente, são mais cuidadosos em relação ao próprio crime ... que pode [tornar] as pessoas um pouco mais atentas e um pouco mais prudentes [pensa] 'Há muito mais hipóteses de que eu seja apanhado, por isso é melhor pensar duas vezes' ... ou ir totalmente disfarçado [sorri], com o corpo todo coberto para não deixar nem sequer uma pestana para trás. Porque hoje em dia a polícia forense consegue apanhar tudo, até mesmo uma gota de suor que lá esteja ...

Feliciano achava que ver séries policiais na televisão para ter informação sobre a forma mais eficaz de evitar a deteção tinha um efeito secundário positivo, que era o de uma pessoa aprender mais sobre o modo de funcionamento do corpo em geral:

> Sempre que há um homicídio na série [*CSI*] ... e eles falam sobre os diferentes tipos de tecido e músculos e órgãos – num aspeto forense, certo, porque é, é o que eles trabalham – [é] muito interessante. Mesmo as pessoas comuns ao verem o programa podem aprender alguma coisa sobre o seu próprio corpo.

Mais adiante na entrevista, Feliciano falou sobre a importância de compreender o corpo em termos da gestão da cena de crime, fazendo referências concretas aos riscos que podem surgir, tanto para criminosos como para cidadãos inocentes:

> Quanto mais informação houver, menores os riscos ... Para quem é realmente criminoso ... Mas com esta informação, o cidadão comum pode... não sei ... por exemplo, se há um homicídio, e alguém que não tem nada a ver com isso [o crime] aparece [no local do crime], é provável que toque no corpo, não é?

Contudo, os corpos não eram difíceis de controlar apenas por ser quase impossível não deixar vestígios, mas também porque o consumo de álcool ou drogas podia afetar a mente e, por conseguinte, tornar o corpo mais 'perigoso' para o seu portador. Bernhard, um assaltante de 28 anos de idade a cumprir uma pena de três anos, disse-nos que, por estar muitas vezes sob a influência de drogas, não sentia qualquer dor quando se cortava e deixava vestígios nos locais do crime. Ao descrever como forçou a entrada numa loja que vendia óculos de sol muito caros, Bernhard sabia que muito provavelmente tinha deixado vestígios de sangue que poderiam mais tarde conduzir à sua identificação. Mas não se lembra de se ter cortado: 'Levava comigo um martelo de bater na carne e parti a janela da cave, entrei e levei os óculos de sol. Devo ter-me cortado, não sei bem...'

Nesse sentido, os corpos eram não apenas um risco em termos da sua capacidade para levar a cabo os trabalhos que tinham de fazer, ou por ser impossível evitar deixar vestígios, mas também porque, nalguns casos, a falta de controlo que o recluso tinha sobre a sua própria mente fazia com que perdesse o controlo sobre o seu corpo.

Segundo Martim, de 27 anos, condenado a quatro anos de prisão por violação, tentativa de coerção e rapto, o álcool era também responsável pela prática do seu crime. Martim afirmou que a bebida o levou a fazer coisas que de outra forma não teriam acontecido:

> Martim: No dia em que fiz aquilo, quando cometi o crime ... Eu estava completamente bêbedo. Tenho muita pena disso ... nada justifica o que fiz, porque tenho filhos. Se alguma coisa destas alguma vez [lhes] acontecesse, eu ia para a prisão mas primeiro matava o desgraçado que fez isso ... Ainda me pergunto porque é que o fiz. Porque é que fui para o bar e fiquei tão bêbedo até às primeiras horas da manhã e a primeira mulher que me apareceu à frente teve de pagar por isso. E eu tinha uma mulher em casa! ... Continuo a sentir-me muito mal, muito mal com o crime que cometi e odeio as pessoas que o fazem. Odeio-me a mim próprio [silêncio] ...

O tema do controlo sobre si próprio e de 'ter perdido a cabeça' também fez parte da história de Mariano, de 29 anos, condenado a uma pena de 17 anos pelo cruel assassinato de uma prostituta, com recurso a tesouras e a um cabo elétrico. Mariano afirmou explicitamente que tinha cometido este crime em resultado do abuso de bebidas alcoólicas e também porque na altura, quando tinha apenas 21 anos de idade, achava que tinha ficado afetado psicologicamente por ter estado numa unidade do exército conhecida pelo seu treino físico e mental particularmente duro. Descreveu como depois de deixar o exército tinha sentido um impulso para matar:

> Eu era muito novo, era mais impulsivo e não me conseguia controlar [e também] tinha acabado de sair do exército e tinha o sabor a sangue na minha boca, como eles dizem ... o crime que cometi é muito raro [e foi devido a] impulsos, e o facto é que na altura perdi a cabeça. Depois do primeiro golpe, vi a minha vida toda a passar-me pela frente, desde a infância até à idade adulta ... depois do primeiro golpe só pensava 'a minha vida está arruinada'. Acabei por levar o corpo para dentro de casa, embrulhei-o num lençol, telefonei para a polícia e fiquei dentro de casa. Senti-me bloqueado, não sabia o que fazer comigo próprio. Podia ter fugido, mas não o fiz. Também pensei em matar-me com um tiro na cabeça...

Mariano disse-nos que ao longo dos anos tinha conseguido desenvolver um maior grau de autocontrolo e que quando fosse libertado da prisão isso o iria ajudar a resistir a impulsos de comportamento violento, desde que controlasse a sua vontade de consumir álcool. Assim, em grande medida seguindo a linha dos testemunhos de alguns dos reclusos austríacos, que enfatizaram bastante o apoio psicológico que recebiam na prisão e como o tempo que tinham passado presos os tinha ajudado a mudar (Capítulo 6 e Capítulo 9), Mariano (recluso português) referiu-se ao seu encarceramento como uma situação que abriu oportunidades para ultrapassar a sua dependência do álcool.

Se tivermos presente a relação entre autocontrolo e valores culturais de masculinidade hegemónica (Almeida 1995), então isto significa que o tempo passado na prisão tinha tornado Mariano 'mais homem' por aumentar a racionalidade e objetividade traduzida na forma como controlava o seu corpo e a sua vida. No entanto, ao mesmo tempo, a maneira como o encarceramento restringe a agência e deste modo o controlo que as pessoas têm sobre o que fazem e onde vão, bem como os seus hábitos, cria uma tensão interessante entre capacitação e incapacitação. O encarceramento parece dar a alguns reclusos mais controlo a um certo nível, ao retirar-lhes controlo a um outro nível. Este é também claramente o método usado por organizações militares para transformarem as pessoas em soldados.

No entanto, os reclusos não descreveram o seu esforço por conseguir maior autocontrolo como histórias de sucesso, mas antes enfatizaram a difícil luta que representava para eles alcançar esse domínio sobre si mesmos (uma vez mais, muito em consonância com o imperativo psicoterapêutico de 'trabalhar' assuntos traumáticos e comportamentos destrutivos). Mariano referiu-se por diversas vezes durante a entrevista à sua luta interior para disciplinar o seu corpo e a sua mente:

> Eu sou impulsivo e as pessoas dizem 'oh, ele é muito agressivo', mas não é verdade... Agora eu sei que posso ter uma discussão sem me tornar violento. Não sou nenhum santo e às vezes tenho de me impor, devido à situação em que estou, devido ao sítio em que estou [na prisão]. Quando me descontrolo acabo por me castigar a mim próprio. Não como, fico fechado na minha cela ... Fico três ou quatro dias sem comer ... Alguns dos presos que me conhecem melhor ficam espantados como é que eu ainda estou de pé. Normalmente dizem 'Deves ter um sangue forte'.

O corpo de Mariano, o seu 'sangue forte', era visto por ele como uma espécie de um lado interior mais 'suave' e mais sensível: por dentro, era alguém que se esforçou muito para se tornar uma pessoa melhor. Por fora, representava o estereótipo de um assassino, o exemplo paradigmático de um criminoso insensível e violento, que faz os outros sofrer sem qualquer tipo de compaixão (Jenkins 1994, Jones e Wardle 2008, Pollak e Kubrin 2007, Seal 2010). Enquanto o seu 'exterior' escondia um interior mais brando, também lhe garantia o respeito dos outros criminosos e dava-lhe assim algum controlo sobre eles:

> Na prisão já tive pessoas a acusarem-me de lhes ter batido e outros que me pedem proteção ... por causa deste suposto respeito ... Quando há problemas eu posso intervir porque os outros reclusos não lutam comigo. Posso chegar e separar lutas, como já fiz várias vezes. Muitos chegam mesmo a dizer que estou a lutar pela justiça ou por manter as coisas em ordem, talvez devido ao meu treino militar ...

Mariano também encarava o seu corpo como um reflexo do seu estado de espírito: quando se sentia 'em baixo' o corpo enfraquecia; quando trabalhava a forma física, o espírito elevava-se. Em suma, o seu estado corporal (estar ou não musculado, ou ter ou não o peso adequado) refletia o quão seguro ou inseguro se sentia e como no cômputo geral se estava a sair:

> Gosto de fazer um pouco de musculação e às vezes é preciso queimar um bocado de gordura ... Mas não me sinto bem assim, preferia estar um pouco mais ... não é gordo, é mais musculado ... [Quando estou mais magro] olho para mim próprio e penso: 'Estás a ir abaixo, estás-te a deixar arrastar pelo sistema'.

Mariano considerava assim que a força física do seu corpo espelhava a sua capacidade para resistir 'ao sistema'. Este aspeto reflete as múltiplas formas como 'o sistema' e a experiência de encarceramento estão relacionados com o controlo da agencialidade, que por sua vez são em parte expressos através da *gestalt* física e do *habitus* dos reclusos. Ao passo que o encarceramento e a situação de punição, com todas as suas restrições e humilhações inerentes, limitam o grau de controlo que os reclusos conseguem ter, como vimos anteriormente, no que respeita a ter uma perspetiva clara e a ser capaz de controlar a sua própria vida, o tempo passado na prisão era retratado pelos reclusos de ambos os países como capacitador.

Uma história semelhante de capacitação através do aumento de autocontrolo ganho na prisão foi-nos contada por Artur. Este recluso, com 38 anos de idade, condenado a 12 anos por roubo agravado, considerava que tinha sido sempre um criminoso 'muito bem sucedido', até ao dia em que deixou de ponderar adequadamente sobre os riscos e benefícios, e entrou numa corrida desenfreada de roubos. Tinha conseguido escapar à polícia durante anos. Descreveu ao entrevistador algumas das suas técnicas para evitar ser apanhado; por exemplo, prestava atenção aos movimentos das patrulhas da polícia e mudava de carro quando cometia roubos:

> Às vezes roubava três ou quatro carros numa noite … passava pela patrulha da polícia, passava os polícias, e eles também não são burros, veem três bandidos num carro a andar para trás e para a frente e começam a seguir o carro. Por isso tínhamos de abandonar o carro e roubar outro.

Acabou por ser a sua dependência de drogas que o levou à cadeia, disse Artur, uma vez que a necessidade de consumir cocaína e heroína 'fez' com que se entusiasmasse; no fim, já fazia vários roubos por dia:

> Tinha de roubar todos os dias, todos os dias, por causa do meu vício [de drogas]. Se não estivesse metido nas drogas, nem sequer estaria aqui hoje … Mas como estava, e consumia muito todos os dias, era mesmo forçado a roubar.

Artur punha em contraste esta falta de controlo pessoal, consequência do consumo de drogas, com o facto de ter conseguido, por sua própria iniciativa e sem ajuda médica, quebrar a sua dependência de heroína e cocaína depois de ter sido enviado para a prisão. O relato seguinte sobre a sua relação com drogas desde que foi preso foi contado com grande satisfação:

> Desde o primeiro dia na prisão eu pensei: 'Daqui para a frente não vou andar mais nas drogas'. Deixei as drogas a frio, sem medicação, metadona, nada … Sabe-se que

o haxixe alivia o 'castigo' [a vida na prisão] porque uma pessoa que está pedrada com haxixe às vezes até se consegue esquecer que está preso, dorme melhor e tudo. Toda a gente sabe que o haxixe não cria dependência, certo? Fumas mais para te esqueceres onde estás. Mas como eu tenho um filho ... Cortei com isso. Agora só fumo tabaco. Não consumo mais nada.

Hubert, de 42 anos, que estava a cumprir uma sentença de sete anos e meio pelo abuso sexual de dois menores, culpou o álcool de ter arruinado a sua vida, e considerava o tempo passado na prisão como uma ajuda para voltar a recompor a sua vida:

[Aqui] fiz várias terapias e tratamentos. O meu comportamento mudou de muitas formas. Não me tornei uma pessoa nova – isso é impossível. Mas o meu comportamento mudou, as atitudes mudaram muito ... Também porque parei de beber. Ou talvez porque tive dois anos e meio para sentir isto, a mudança. Apesar de ter sido difícil, sobretudo no primeiro ano. Saber que iria estar aqui durante tanto tempo. E depois a minha adição ao álcool ainda lá estava, no primeiro ano. E depois [a consciência de que há] liberdade lá fora, que está tudo na cabeça de uma pessoa. [Mas] eu fiz. Eu consegui. Percebi como comecei a ficar melhor. Percebi a mudança que era dentro da família e fora dela, com a minha companheira, e os meus filhos. Tenho uma filha com 22 anos. Percebi [o quanto mudaram as coisas], percebi tudo.

O que é marcante na citação de Hubert é ele referir-se a si próprio na perspetiva de um psicólogo ou de um terapeuta comportamental. Falou do comportamento que tinha mudado. O controlo, aqui, era visto como tendo-lhe sido facultado a partir do exterior.

Apesar de tanto Hubert como Artur terem enfatizado a forma como re(conquistaram) controlo sobre as suas mentes e, por conseguinte, sobre as suas vidas enquanto estavam na prisão, os dois relatos diferiam pelo menos num aspeto crucial: Hubert afirmou que iria usar esta nova forma de controlo sobre a sua vida para evitar cometer erros. Artur, um criminoso de carreira, tinha como objetivo usá-lo para se tornar um criminoso mais eficiente. Para Artur, já não ser adicto a drogas tinha duas vantagens: primeiro, já não precisava de cometer roubos indiscriminadamente para obter dinheiro para alimentar o seu vício; e segundo, tornava possível evitar deixar vestígios na cena de crime de uma maneira mais eficaz. Como um bom exemplo de atividades de criminosos profissionais, sóbrios, Artur referiu que '... há uns meses foi preso um gangue em que eles já iam fazer assaltos com plástico nos pés ... como aquilo que se usa nos hospitais, entende? Para evitar deixar pegadas. Portanto, cada vez mais as pessoas já vão pensando'.

Artur refere também duas fontes de informação muito importantes para quem deseja aprender sobre como evitar deixar pistas: por um lado, observar com atenção o que dá na televisão sobre procedimentos de investigação criminal (não só no *CSI* e outros filmes, mas também em reportagens sobre o assunto). Por outro lado, trocar conhecimentos com pessoas envolvidas em carreiras criminais que tenham experiências concretas sobre como evitar deixar vestígios corporais na cena de crime:

> Quando há uma reportagem de algum assalto ou de algum homicídio e filmam a Polícia Judiciária. Os gajos vão todos de fatos, touca na cabeça, plástico nos pés e tudo ... Um gajo também não é otário, não é? Vamos vendo. Eles fazem isso para não estragarem as pistas que estão [na cena de crime], mas também é para não deixarem pistas deles, claro, não é? Claro! Mas a televisão também influencia. Influencia o *CSI* e o que dão em filmes desse género. Não quer dizer que seja só nessa série do *CSI* porque há muitos mais filmes.
>
> Nós aqui na cadeia vamos falando. Eu fui preso de uma maneira porque ficou isto ou ficou aquilo [na cena de crime]. Mas outra pessoa já foi preso de outra maneira e eu falo com ele e ele diz 'Oh pá, eu fui comido assim, assim, os gajos comeram-me assim, por causa disto e isto' e eu digo-lhe a ele a mesma coisa. E ele já fica a pensar 'Alto, ora bem, este foi comido assim, e eu fui comido assim, mas aquele já foi comido assim'. Não é? E vamos juntando as coisas. Onde é que este errou para se descobrir que foi ele a cometer o crime. Ou onde é que aquele errou e deixou para trás alguma pista. Toda a gente vai aperfeiçoando... as suas técnicas de roubo.

Controlar a Visibilidade

Como foi discutido acima, apesar de as tecnologias de DNA terem uma relação particularmente íntima com os corpos dos reclusos, e portanto com os riscos que enfrentam de ser apanhados, a prova de DNA não era de forma nenhuma a única em que os reclusos viam os seus corpos como elementos que poderiam denunciá-los. A estatura da pessoa, a sua indumentária e, como no caso de Vincent, a cor dos olhos, eram fatores que precisavam de ser tidos em conta e, se necessário, escondidos para evitarem ser detetados. Vincent, de 41 anos, era um criminoso reincidente que cumpria oito anos de prisão por vários crimes, incluindo tráfico de drogas, agressão agravada, e roubo. Durante algum tempo, a especialidade de Vincent tinha sido visitar idosas endinheiradas e conversar com elas longamente sobre falsas obras de caridade. Enquanto distraía as suas vítimas, os seus cúmplices roubavam itens de valor dos seus apartamentos. Vincent era bem-parecido, do género *Men's Health*, alto, musculado, e com uns olhos azuis muito brilhantes. Esta é a história de como foi apanhado:

> [Foi] uma velha que me denunciou. [O meu cúmplice] que tinha estado comigo naquele dia disse [à polícia] que eu tinha feito outras coisas antes. [Eu sei que foi ele que me denunciou] porque ele era o único que sabia disso. Ele chibou-se de mim. Disse que sabia que eu tinha feito outras coisas antes e *boom*, condenaram-me. [Antes de ele lhes ter dito que tinha sido eu, a polícia] pensava que os assaltantes da joalharia eram russos. Nunca ninguém me viu [a arrombar a joalharia], não havia vestígios, nem impressões digitais, nada. [E depois] por causa dos meus olhos azuis, eles condenaram-me. Eu estava a usar um chapéu e roupas pretas. Reconheceram-me pelo meu aspeto e pelos meus olhos azuis. Fui condenado apenas com base nisso.

Na opinião dos nossos entrevistados, também as marcas exteriores, como cicatrizes ou tatuagens, tornavam mais fácil à polícia identificar os autores de um crime.[73] Como disse Manuel, de 27 anos, e condenado a 14 anos por homicídio e tráfico de droga:

> Nós somos obrigados a dar as nossas impressões digitais... quando somos presos somos obrigados a mostrar tatuagens ou cicatrizes e deixá-los fotografar [pausa]

---

[73] Os sistemas de identificação criminal tiveram sempre uma grande preocupação em incluir nos seus registos as características físicas exteriores dos criminosos ou suspeitos, como tatuagens, cicatrizes ou marcas de nascença (Cole 2001). Um exemplo das práticas contemporâneas para identificação de indivíduos com o objetivo de combater o crime é o tipo de informação arquivado nos EUA, no Sistema Integrado de Identificação de Impressões Digitais Automatizadas norte-americano (IAFIS). Os dados constantes no IAFIS incluem impressões digitais, história criminal, fotografias policiais, fotografias de cicatrizes e tatuagens, características como altura, peso, cor do cabelo e dos olhos, e alcunhas. O sistema também inclui impressões digitais de civis, na sua maioria indivíduos que cumpriram ou estão a cumprir serviço militar norte-americano, ou estejam ou tenham estado a trabalhar para o governo federal.
O IAFIS, lançado em 1999, é a maior base de dados biométricos a nível mundial, detendo atualmente as impressões digitais e as histórias criminais de mais de 66 milhões de pessoas no principal ficheiro criminal, a que se juntam mais de 25 milhões de impressões digitais de civis. Tem capacidade de fazer pesquisa automática de impressões digitais, pesquisa imediata, arquivamento de imagem eletrónica, e partilha eletrónica de impressões digitais e os seus resultados.

as cicatrizes. Eu tenho, estas [*apontando para uma cicatriz*], a polícia tem um registo delas todas, e podem até usá-las para procurar noutros crimes que certas [outras] pessoas tenham cometido.

Olegário, com 31 anos de idade e sentenciado a três anos e seis meses por roubo e perjúrio, afirmou que é necessário ter um cuidado especial para disfarçar adequadamente as características visíveis do corpo quando se comete um crime. Enfatizou a importância de 'se disfarçar' quando se cometem crimes e chegou mesmo a descrever um caso em que um criminoso enganou a polícia ao usar uma tatuagem falsa que tinha mostrado propositadamente no local do crime:

> Há pessoas que usam tatuagens falsas nos braços quando assaltam um banco. Pegam na arma e mostram de propósito a tatuagem e o gerente, por exemplo, vê a tatuagem e grava-a [na sua mente], pode ser um dragão, por exemplo. E depois a testemunha diz 'procurem alguém com um dragão tatuado no braço. Mas na verdade ele não tem nenhuma, só a pôs lá, percebe? Não era uma tatuagem verdadeira. Ele tira-a e não deixa nenhum vestígio.

Os relatos dos reclusos sobre a importância das tatuagens na identificação do autor de um crime, assemelham-se ao trabalho de Cesare Lombroso no século XIX e dos seus contemporâneos na área da eugenia. Num certo sentido, a sua descrição reproduzia os pressupostos culturais sobre os 'corpos criminais', em que as tatuagens podiam ser consideradas marcas corporais de um criminoso profissional (Lombroso 2006 [1876]).[74]

---

[74] Pelo menos desde o trabalho de Lombroso e a sua teoria que os criminosos são atávicos, as tatuagens começaram a ser consideradas como uma 'característica criminal' dos criminosos e uma prova que pode demonstrar aos juízes e aos profissionais da medicina forense que um indivíduo é um ex-recluso. Na perspetiva de Lombroso, os criminosos têm uma preferência por tatuagens comuns na sua pele, seja devido ao tédio provocado por longos períodos de encarceramento, ou sobretudo porque vivem num 'estado natural' muito semelhante ao homem primitivo. Neste sentido, no século XIX as tatuagens por norma eram vistas como uma 'prova' que uma pessoa era um ex-recluso. A teoria atavista via uma estreita relação entre a prevalência de tatuagens entre os reclusos, com o costume generalizado entre os selvagens e as populações pré-históricas. A prática da tatuagem reapareceu em certos grupos de classe baixa, como ex-condenados e marinheiros, assim defendia este argumento, devido às 'suas paixões violentas, sensibilidade nervosa, pura vaidade, e preguiça extrema' (Lombroso 2006 [1876]: 62).

O Poder das Autoridades

Quase todos os nossos entrevistados mencionaram práticas específicas, que consideravam especialmente problemáticas, levadas a cabo por agentes da polícia ou outros atores do sistema de justiça criminal. Alguns reclusos realçaram que a polícia estava sempre atrás das 'mesmas pessoas', sobretudo aqueles que já tinham registo criminal. Os reclusos que se referiram a esta questão falaram de si próprios como indivíduos que já tinham sido 'fichados' nos arquivos policiais.

A conservação dos registos criminais normalmente destina-se a identificar e controlar os 'criminosos habituais' em particular e a população 'suspeita' em geral. E deve ser lembrado, como vários estudiosos já o fizeram (Caplan e Torpey 2001, Cole 2001, Williams e Johnson 2008), que desde as primeiras tentativas feitas pelos Estados modernos para resolver os problemas relacionados com a criminalidade mediante o desenvolvimento de registos policiais de identificação, a ideia central era que se tornava essencial incluir não só os que praticaram crimes, mas também aqueles que apresentavam maiores probabilidades de vir a cometer algum crime no futuro (por exemplo, alguém que tivesse já sido suspeito ou acusado de ter estado envolvido em atividades criminosas). Daniel, de 36 anos, foi condenado a 24 anos de prisão por homicídio em primeiro grau, como um dos autores de um crime que teve como resultado a morte de várias pessoas num caso de fogo posto. Daniel acreditava na ideia de que normalmente as pessoas começavam com pequenos crimes e iam gradualmente cometendo crimes mais graves. Por esta razão, explicava, os investigadores deviam recolher e arquivar o maior número de informação possível:

> Daniel: No crime há uma progressão ... Eu não gosto de falar assim porque às vezes parece racismo, parece que estou a dizer 'ah, aquele tipo que roubou um berlinde ao amigo quando tinha seis anos vai ser um criminoso', não, não estou a dizer isso. Mas na vida, no mundo real, sabe-se que muitas vezes há uma progressividade envolvida. Vais de um passo a outro, e o miúdo que andava a roubar carros, amanhã vai estar a roubar outra coisa qualquer e se calhar vai acabar [por ficar] envolvido noutro tipo de crime qualquer. Por isso eu acho que um pequeno crime, mesmo um pequeno crime, deve ir para a base de dados. Pode vir a ser útil alguns anos mais tarde.
> Entrevistador: Porquê?

Daniel: Porque o investigador tem de olhar para as probabilidades, tem de ser uma pessoa muito prática ... tem de ser frio, tem de investigar a mãe, investigar o pai, tem de ... pensar 'então, é provável, é provável que isto me venha a ser útil daqui a alguns anos'.

Muitos dos nossos entrevistados afirmaram que existe uma grande diferença no facto de os dados de um indivíduo constarem ou não nos ficheiros da polícia, explicando que normalmente as pessoas só eram condenadas a prisão por crimes menores (como roubo ou pequeno tráfico de droga) se já tiverem tido condenações anteriores. Os reclusos portugueses usaram expressões como 'ter a ficha suja' (um registo policial indicando que o indivíduo tem um passado criminoso) e 'ter a ficha limpa' (registo policial que demonstra que o indivíduo cumpriu uma sentença de prisão mas que não cometeu quaisquer outros crimes desde que foi libertado). Vários dos nossos entrevistados em Portugal disseram que quando conseguissem sair da prisão, iriam fazer tudo o que pudessem para manter uma 'ficha limpa'. O que querem dizer com isto tem um duplo significado: para alguns reclusos, ficar limpo significava não voltar a cometer crimes, enquanto para outros significava continuar a sua carreira delinquente sem virem a ser novamente apanhados pela polícia.

Apesar de os reclusos austríacos não terem falado muito sobre registos criminais, os relatos dos presos de ambos os países focaram-se nas relações entre atores individuais dentro do sistema de justiça criminal – por norma agentes da polícia, mas também juízes e jurados – que eram especialmente maldosos ou mal-intencionados na sua avaliação dos reclusos. Quentin, de 25 anos e condenado a oito anos por fogo posto, disse que o incómodo que sentiu ao ver um determinado agente da polícia que conhecia muito bem fora tão intenso, que tinha confessado tudo aquilo de que tinha sido acusado 'Quando o vi, abri a navalha que tinha dentro do bolso. Comecei a tremer a partir do momento em que o vi'. Quentin atribuiu o seu encarceramento, um acontecimento que mudou radicalmente a sua vida, à reação que teve a este homem. Bernhard, o raptor que já considerámos anteriormente neste capítulo, afirmou que, por muito que se esforçasse para não parecer suspeito ou para passar despercebido na multidão, a polícia mesmo sem ter provas concretas contra ele parece sempre ter tido uma espécie de intuição que ele estava envolvido no crime: 'Talvez eu tenha uma aura tão 'grande' que faz com que eles gostem tanto de mim'. Daí começou a contar-nos algumas ocasiões em particular, em que um determinado agente da polícia tinha-o 'fisgado'. Também outros reclusos passaram algum tempo a falar-nos sobre as suas relações com certos agentes da polícia ou juízes que supostamente lhes teriam devotado alguma atenção especial. Por norma eram reclusos jovens que nos contavam este tipo de histórias, e sempre homens que diziam ter sido de algum modo negligenciados pelos seus pais. Em alguns casos, a forma relativamente detalhada e apaixonada como descreviam as relações com agentes da polícia ou mesmo juízes, podia ser entendida como um substituto da inexistência de relações próximas com outros adultos que tivessem algum interesse neles e nas suas vidas.

Na prática, todos os reclusos concordavam que depois de serem libertados o seu estatuto de ex-condenados iria colocá-los na mira de investigações policiais quando fosse cometido um crime que 'encaixasse' nos tipos de atividades que eles tinham praticado.[75] Em capítulos anteriores relatamos histórias de reclusos que sentiam que o primeiro lugar onde a polícia ia procurar suspeitos – sobretudo em casos de grande impacto em que a pressão sobre os investigadores para encontrarem o culpado era muito elevada – era entre (ex-)condenados. Ludwig, de 29 anos de idade, a cumprir 15 anos por homicídio, chegou mesmo a dizer que o facto de ter tido condenações anteriores foi uma das razões que o levou a cometer um homicídio. Ele tinha tido uma amiga, Verena, com quem costumava sair para beber. O namorado de Verena tinha começado a ficar cada vez mais aborrecido com a sua amizade próxima com Ludwig. A certa altura, Verena e Ludwig começaram a dormir juntos, mas ela não queria deixar o namorado, que dizia amar. Um dia, segundo nos contou Ludwig, quando o seu namorado a confrontou sobre a sua relação com Ludwig, Verena disse ao namorado que Ludwig a tinha violado. O namorado de Verena ficou furioso e 'obrigou-a', nas palavras de Ludwig, a ir à polícia fazer queixa da alegada violação. Quando foi acusado, Ludwig não fez nada para refutar a acusação, e mais tarde, aceitou calmamente a condenação a pena suspensa. Alguns meses mais tarde, a situação agravou-se em casa do namorado de Verena, onde ele e Ludwig começaram a

---

[75] Os homicidas (incluindo aqueles que o tentaram) foram o único grupo a quem isto não se aplicava. Provavelmente pode ser explicado pelo facto que a maioria dos homicidas que entrevistámos eram pessoas que tinham atacado membros da família ou amantes devido a 'circunstâncias emocionais' e portanto não eram o típico reincidente (e eles sabiam que a polícia tinha consciência disso). Assim, para eles, a ideia que alguém pudesse suspeitar deles se viesse a ser cometido no futuro um homicídio, era muito remota. Esta situação poderia ter sido diferente para assassinos contratados, no entanto não tivemos nenhum entre os nossos entrevistados.

lutar e Ludwig esfaqueou-o mortalmente. Segundo Ludwig, se não tivesse tido condenações anteriores, nada disto teria acontecido. Porquê?

Bem, nesse caso, depois [da acusação de violação] eu tê-la-ia acusado imediatamente de volta, [fazendo queixa dela] por difamação. Desta maneira eu teria ficado salvo. Ou pelo menos podia ter levado a melhor disso. Eles disseram que tinham provas da violação – mas eu sei que isso não era verdade.

Outros reclusos contaram histórias para demonstrar a sua superioridade moral ou intelectual relativamente aos agentes policiais ou os guardas prisionais. Os guardas prisionais normalmente eram descritos como corruptos, odiosos, e maus, e os agentes da polícia eram muitas vezes descritos como sendo um pouco 'burros', agressivos, ou pouco profissionais. Alguns reclusos disseram-nos que se não tivessem colaborado ativamente com os investigadores da polícia para recolher provas ou reconstruir o seu crime, eles nunca teriam descoberto a verdade. Ingo, de 43 anos, a cumprir pena perpétua por assalto e um homicídio que tinha cometido num país estrangeiro, sentiu-se superior aos investigadores da polícia de duas formas diferentes: não só porque sentiu que era um criminoso com experiência suficiente para enganar os agentes da polícia em geral, mas também porque os polícias do país asiático em que tinha cometido o seu crime eram – segundo Ingo – todos corruptos e altamente desorganizados: 'Quando finalmente encontraram o meu nome nos registos, diz-me um dos polícias: Ainda bem que está aqui. Tem que nos entregar a matrícula do seu veículo pois não pagou seguro do carro no último ano'. Segundo Ingo, esta situação ocorreu enquanto estava a ser interrogado pela polícia depois de ter sido descoberto o corpo da sua vítima: 'Eu disse[-lhes]: Olhem, está aqui o meu passaporte. Agora vou voltar para o meu apartamento e se precisarem de alguma coisa, então aí telefonem-me (...) Não me senti preocupado em poder ser apanhado, porque há sempre margem de manobra. É sempre possível pagar um suborno'.

Paul, de 37 anos, que estava a cumprir 15 anos por assalto à mão armada, disse que tinha-se entregue à polícia num estado suicida, que estava tão deprimido que já nada lhe importava. Disse que mesmo quando confessou tudo, a polícia não acreditou nele, e teve que explicar tudo pormenorizadamente até eles perceberem e acreditarem nele: 'Cheguei à beira deles e disse: Fui eu quem fez X e Y. Estou a entregar-me. No início pensaram que eu era um louco que apenas queria chamar a atenção'.

Ao mesmo tempo, contudo, os reclusos tinham um grande respeito por aqueles polícias que faziam bem o seu trabalho. De acordo com Paul, os investigadores da cena de crime, por exemplo, mereciam o seu respeito pelo bom trabalho que faziam – se o fizessem bem. Parece que a mesma distinção entre um comportamento profissional versus um desempenho inferior que se aplicava às atividades criminais, era também aplicada por estes reclusos ao trabalho daqueles que se encontravam do lado da autoridade. Disse-nos Paul: 'Tenho o maior respeito por polícias que fazem bem o seu trabalho. É de louvar'.

A superioridade moral dos reclusos também se exprimia chamando a atenção para ações dos agentes da polícia ou de outros atores do sistema de justiça que eram tão estúpidos, ingénuos, ou maus profissionais, que os reclusos afirmavam que eles próprios nunca teriam sido capazes de fazer tais coisas. Um destes exemplos é o seguinte excerto da nossa conversa com Christoph, o raptor de 40 anos de idade que manteve a sua vítima trancada na mala do seu carro por várias horas, enquanto ele esperava pelo resgate. Naquele ano tinha sido um inverno especialmente frio, e a mulher teve sorte por não ter morrido de frio. Christoph não falou disto nenhuma vez durante a nossa conversa, e nem sequer nos disse porque é que pensava que ela estaria segura na mala do seu carro. No entanto, ficou agitado quando nos falou sobre o rádio transmissor incorporado no saco com o dinheiro (contrafeito), que a polícia lhe tinha deixado no local combinado com a família da vítima. Como é que a polícia podia fazer isso, deixar o rádio transmissor no carro? – perguntava ele:

> O que me chateia mais é que aparentemente a vida de uma pessoa não conta para nada para a polícia. Imagine só o que poderia ter acontecido se estivessem a lidar com um lunático, alguém que tivesse encontrado o transmissor e se tivesse passado? Eu tinha tido tempo suficiente para ... [silêncio]. Se eles tivessem lidado com a pessoa errada, a rapariga não teria vivido tanto tempo.

Outros reclusos identificaram os representantes das autoridades judiciais, como pessoas que, tais como todos os seres humanos, às vezes cometem erros. Os erros na obtenção de provas, neste sentido, não eram algo que envolvesse obrigatoriamente más intenções, mas era um efeito colateral inevitável da ação humana, que é sempre influenciada também pela emoção (ver Capítulo 7). Isto foi o que Karl (50 anos, a cumprir 17 anos por homicídio e tentativa de homicídio) disse:

> Em minha opinião, de certeza que em muitas das coisas que são feitas [com tecnologias forenses], acontecem erros. Veja-se, este é só um exemplo, não quero insinuar nada... [Mas] o que acontece quando uma pessoa tem emoções ... ... Eu sei

de um caso de uma pessoa que foi para a cadeia, acusado de mutilar os genitais de uma mulher e depois [alegadamente] ter tentado matá-la. Mas ela ainda está viva. Ele diz que o seu apartamento foi revistado duas vezes e não encontraram nada. Nenhum vestígio de DNA. A terceira vez [que fizeram buscas no apartamento] encontraram um só cabelo da rapariga. E agora apanhou [uma pena perpétua]. Eu pergunto a mim próprio: então, quando revistas o carro exaustivamente duas vezes, e depois [encontras] um cabelo quando estás a procurar uma terceira vez ...? Eu não quero insinuar nada, mas como é que consegues proteger um suspeito de [os investigadores] alterarem um vestígio para que comprove o que eles querem? Como é que fazes isso? [As tecnologias de DNA] são uma ferramenta excelente ... se forem usadas corretamente. O que de certeza acontece 99,9 por cento das vezes. Mas como disse, o que é que acontece se uma vez uma pessoa é guiada pelas emoções, quando alguém diz 'precisamos de fechar este caso, é preciso saber quem é o seu autor. Como é que é?'

Esta ideia foi também verbalizada por Zeno, de 29 anos, a cumprir seis anos por vários crimes, incluindo tráfico de drogas e agressão. Zeno disse que teve um 'mau pressentimento' ao pensar na forma abusiva como se podiam usar as tecnologias de DNA em particular, não só por investigadores da polícia mas também por pessoas do 'seu meio': '[Eu tenho um] mau pressentimento. Tu dás [uma amostra de DNA] e depois podes ser detetado em todo o lado. Eu tenho medo – não sei como é que é – eu ando em determinados meios em que, quando alguém quer fazer alguma coisa a outro, então pode plantar provas [falsas]...'

O Aprofundar do Estigma
Entre os nossos informantes, era consensual a opinião de que os investigadores da polícia tinham tendência para procurar os 'suspeitos habituais' que encaixassem num determinado perfil para certos crimes. Vários reclusos falaram do estigma de ser um ex-condenado como uma 'mancha' para sempre; outros disseram que os esforços para reintegrarem a sociedade eram inúteis, uma vez que de qualquer maneira, mais cedo ou mais tarde, voltariam a ser detidos, independentemente de serem ou não culpados. Mariano, de quem já falamos anteriormente neste capítulo, mostrava-se muito crítico quanto à polícia monitorizar os movimentos de quem já teve condenações no passado:

Acabas por cometer o mesmo crime da mesma forma. Isso às vezes também ajuda a polícia... a maneira como fazes as coisas. A polícia começa a perceber os teus movimentos e acaba no teu rasto... Eu vou sair da prisão e aí, quando acontecer

a mínima coisa, [a polícia vai pensar]: 'Vamos atrás daquele' ... 'Queremos uma condenação'. Não pode ser assim. Não podes condenar alguém sem ter provas concretas. Ou só com base em suspeitas, não pode ser assim, porque há muitas condenações só com base em suspeitas.
Uma pessoa que é condenada injustamente vai pensar 'agora que fui condenado e não sou culpado, vou ser um bandido para o resto da minha vida'. Ninguém acreditou em mim, por isso vai ser sempre a mesma coisa. E isso é culpa do Estado. Pode haver crimes idênticos porque as pessoas copiam [umas das outras] ... os seres humanos podem ser muito maleáveis e imprevisíveis. Eu cometi um crime de uma maneira que pode ser imitada por alguém que queira tentar e fazer-me parecer culpado.

Os nossos entrevistados sabiam que a polícia muitas vezes analisa o *modus operandi* dos autores dos crimes. Os reclusos com quem falámos sobre este tema, disseram que os investigadores da polícia farão todos os esforços possíveis para obter provas, mesmo que tenham de ser 'fabricadas' para incriminar um suspeito e que a maneira mais fácil de obter provas era através de falsos depoimentos de testemunhas, forçando confissões ou mesmo colocando vestígios de DNA na cena de crime (ver também Capítulo 7). No entanto, alguns reclusos descreveram os agentes da polícia e as práticas dos investigadores policiais de formas mais matizadas, refletindo uma mistura de gratidão pelo bom trabalho desempenhado e admiração pelas tecnologias que usaram, mas também de preocupação face à maneira como podem deturpar ou abusar dos seus poderes quando estão sob pressão ou se deixam 'levar pelas emoções'. Contudo, regra geral, os agentes da polícia eram descritos com uma linguagem semelhante à que os reclusos usavam para falar de si próprios e dos outros detidos: havia os 'profissionais' e os falhados, pessoas corajosas e pessoas más, e uns que se deixavam levar mais pelas emoções do que outros.

As tecnologias forenses de DNA eram entendidas pelos reclusos como instrumentos de 'vigilância total' dos corpos, e parte de uma vigilância corporal contínua e insidiosa (Haggerty e Ericson 2000). Por outras palavras, as suas perceções sobre o uso indevido destas tecnologias pela polícia provavelmente tem a ver com o facto de os presidiários sentirem que, uma vez cumprindo pena de prisão, seria muito mais difícil escapar à vigilância policial, reforçando-se, assim, o estigma da delinquência. No entanto, ao mesmo tempo, as tecnologias de DNA podem aumentar o poder dos condenados, na medida em que pode ajudar a provar a sua inocência. As tecnologias de DNA eram vistas como potenciais armas protetoras contra práticas policiais dúbias com intuitos incriminatórios (Machado et al. 2012).[76]

Para além de verbalizarem a sua convicção de que a constante intrusão policial nas suas vidas depois de serem libertados da prisão iria existir sempre, havendo também um receio muito evidente de serem estigmatizados pelos membros 'normais' da sociedade após a saída da prisão. 'Mancha' era a palavra usada com mais frequência para descrever este estigma. Manuel, de 27 anos e condenado a 14 anos por homicídio e tráfico de drogas, já citado anteriormente neste capítulo, disse que estar na prisão 'vai-me deixar uma mancha para o resto da minha vida', enquanto João, de 49 anos e condenado a quatro anos por um crime que acarreta um estigma particularmente forte (violação e assalto sexual), disse que o que mais temia era a rejeição da sociedade em geral:

> É claro que [estar na prisão] te mancha para o resto da vida. É uma coisa que te deixa marcado. Cá dentro [da prisão] não, [não o sentes tanto], ainda estás cá dentro. Quando fores lá para fora, provavelmente haverá outras coisas que te vão marcar ainda mais ... Ser-se rejeitado pelas pessoas, porque isso é algo que vai acontecer.

Em geral, havia da parte dos nossos entrevistados uma falta de certeza quanto à capacidade do sistema de oferecer oportunidades e condições para a reintegração social, indicando um baixo nível de confiança no sistema de justiça em termos dos seus esforços para reintegrar ex-reclusos na sociedade. As expetativas dos presos face à reintegração social estavam mais associadas

---

[76] Vários reclusos em Portugal – mas não na Áustria – sustentavam a ideia se criar uma base de dados universal de perfis de DNA para fins forenses, e uma larga maioria argumentava que os perfis de DNA nunca deveriam ser eliminados da base de dados nacional, além de se mostrarem críticos da lei portuguesa sobre a base de dados de perfis de DNA, que estipula a obrigatoriedade de eliminar perfis no fim dos procedimentos judiciais, ou no máximo, num período de dez anos após ter sido cumprida a pena de prisão (Machado, Santos e Silva 2011). As experiências passadas dos reclusos com o sistema de justiça criminal tinham levado a uma redefinição muito particular dos seus direitos e estatuto, segundo a qual consideravam a eliminação dos seus perfis de DNA da base de dados forense como uma oportunidade perdida para provar a sua inocência, em vez de como uma oportunidade de ter uma 'folha limpa', 'libertados' de qualquer registo oficial que os pudesse identificar diretamente enquanto autores de crimes passados.

Os reclusos austríacos não apoiavam uma base de dados universal de perfis de DNA, e acreditavam que aqueles que nunca tinham praticado nenhum ato criminal não deveriam ter os seus perfis arquivados num computador da polícia. Eram a favor de uma linha de separação entre o criminoso e o não criminoso, a chamada sociedade 'normal', nos moldes exatos em que os políticos e a política consideravam que devia ser delimitada.

a questões de empregabilidade e ao tipo de redes sociais que iriam encontrar fora da cadeia. Na opinião dos nossos entrevistados, a reintegração social era 'impossível', ou pelo menos 'muito difícil', devido ao estigma prevalecente em torno do ex-condenado, que é um obstáculo para encontrar um emprego, e torna difícil o relacionamento com outras pessoas.

Alguns reclusos defenderam que a remoção de informação do seu registo criminal dos ficheiros da polícia era mais importante em termos de reintegração social do que a remoção efetiva do perfil de DNA da base de dados genéticos com propósitos forenses. Estes reclusos tinham tendência para não associar a função e objetivos dos perfis genéticos com o registo criminal, mas sim com um instrumento infalível para a identificação individual. A lógica do estigma tinha por base 'classes' de pessoas, uma vez que na perspetiva dos entrevistados, os suspeitos eram 'sempre os mesmos'. O estigma era produzido pelas autoridades e neste sentido, era visto como algo independente do marcador biológico (Machado et al. 2012).

Conclusão

As bases de dados da polícia podem conter uma grande diversidade de informação, incluindo a história criminal, impressões digitais, perfis e amostras de DNA, fotografias, ou dados sobre as características físicas exteriores, como altura, peso, cor dos olhos e do cabelo. Os nossos entrevistados falaram do corpo como tendo uma importância particular, não apenas como um recurso para levar a cabo um crime com êxito, mas também como um fator de risco importante por poder potenciar a deteção. Os corpos podem tornar-se de forma indireta incapacitantes, devido ao consumo de drogas ou álcool, ou à instabilidade mental. Para além disso, os corpos podem trair o autor de um crime, uma vez que as substâncias corporais – saliva, cabelo, sangue, sémen – podem cair ou ser libertadas e permanecer na cena de crime ou no corpo da vítima, levando a uma condenação.

O que parece ser único nas tecnologias de DNA *vis-à-vis* outras técnicas e tecnologias forenses, é que o DNA pode ser encontrado em todas as células do corpo e simboliza a sua essência (ver Capítulo 5). Pode revelar a identidade do seu proveniente a qualquer momento. Nas palavras de Miguel, condenado a 5 meses por condução de veículo sem habilitação legal, cujo perfil de DNA, disse ele, estaria inserido na base de dados forense da polícia do Canadá, onde viveu vários anos antes de ser deportado para Portugal por conduta criminal, 'O DNA está presente em todas as células e é único em cada indivíduo. [A polícia] pode até mesmo saber quem *uma pessoa é* através do seu suor'. [ênfase nossa]

Mesmo que o DNA sirva para identificar indivíduos, outras características físicas têm uma visibilidade externa relevante, e continuam a ser extremamente importantes na ligação de um determinado corpo a um ato criminoso específico. Um corpo forte e musculado com cicatrizes, tatuagens ou ferimentos de bala corresponde ao corpo de um criminoso, imagem que circula tanto na cultura popular e entre as autoridades, como entre os próprios reclusos. Os presos que entrevistámos referiram por diversas vezes a importância das cicatrizes e das tatuagens no processo de identificação do autor de um crime.

O corpo humano tem sido sempre usado para classificar e identificar indivíduos – pela cor da pele, género, aparência e linguagem corporal. As características físicas podem servir não só para identificar pessoas, mas também para antecipar o perigo no contexto da vigilância (Aas 2006), com base nos pressupostos culturais sobre a aparência que o corpo de um criminoso deverá ter. Para além disso, o perfil de DNA possibilita a existência de novos métodos de identificação baseados nos códigos binários positivo/negativo e verdadeiro/falso, que criam a ilusão de certeza, a eliminação da dúvida e a perceção da infalibilidade tecnológica, minimizando quaisquer ambiguidades, uma vez que se distancia a si própria da comunicação verbal e elimina quase totalmente a possibilidade de dúvida, negociação e incerteza (Aas 2006: 151).

Tal como no caso dos perfis de DNA, existem outros tipos de dados provenientes do corpo que só são acessíveis ou suscetíveis de análise caso se possua equipamento adequado para a sua interpretação (tais como o *scan* da íris e da retina, impressões digitais, reconhecimento facial ou da voz, etc.). A identificação biométrica e os perfis de DNA tornaram 'legíveis' um maior número de partes do corpo (Van der Ploeg 1999). O facto de as amostras de DNA poderem ser recolhidas, tanto de vestígios materiais de locais de crime como de suspeitos individuais, significa que os investigadores criminais têm hoje acesso a uma poderosa nova forma de vigilância corporal e de dados corporais. Encontramos, em sociedades que são menos tolerantes face a cidadãos suspeitos, um esforço crescente por parte do Estado para garantir a identificação de indivíduos através de dados corporais. Como afirmam Lynch e McNally: '[e]mbora a 'pessoa' esteja profundamente implicada, a identidade suspeita é acima de tudo um objeto e um produto da perícia policial e forense, mais do que a base para a formação da uma identidade individual e de grupo tecnicamente definida' (2009: 284).

O desafio será o de determinar como é que no futuro próximo poderão ser combinadas novas e velhas formas de identificação. Os dados que obtivemos para este livro parecem indicar que as novas formas de identificação não irão substituir os métodos antigos, mas antes reforçá-los mutuamente, fazendo recair o foco da vigilância sobre potenciais autores de crime e criminosos reincidentes, que assim serão submetidos a um modo de 'suspeição categórica' (McCartney 2004).

CAPÍTULO 9

CONCLUSÃO

Um dos temas centrais abordados neste livro foi o olhar dos reclusos sobre as práticas de investigação criminal baseadas na recolha e análise de vestígios corporais de cenas de crime, e na colheita de amostras biológicas de indivíduos acusados ou condenados pela prática de crime.

As narrativas dos nossos entrevistados deixaram transparecer como estas interpretações das ações da polícia e de outros agentes dos sistema de justiça estavam inter-relacionadas com a perceção que os reclusos têm de si próprios, dos seus crimes, dos seus próprios futuros e da forma como interpretam o comportamento de outros indivíduos que, tal como eles, cumprem pena de prisão. Os relatos dos reclusos espelharam também as suas próprias experiências ao lidarem com o sistema de justiça criminal: esta é talvez a razão pela qual as suas narrativas se concentram com frequência no valor e utilidade das tecnologias forenses para o trabalho policial e para as atividades dos tribunais.

Contudo, as narrativas dos reclusos estão longe de ser homogéneas e neste capítulo conclusivo procuraremos salientar e conferir sentido às nuances que encontrámos na avaliação que os reclusos fazem do uso de tecnologias forenses por parte da polícia e do sistema judicial. Algumas destas variações podem à partida parecer contraditórias: por exemplo, ao mesmo tempo que a maioria dos nossos entrevistados entendia as tecnologias de DNA como um instrumento muito eficaz para a identificação de autores de crimes, e reconheciam o seu valor para exculpar e exonerar, também revelaram dúvidas e incertezas relativamente à 'verdade' produzida pela genética forense. A maioria destas dúvidas estava relacionada com dois aspetos principais: o possível abuso ou uso indevido das tecnologias de genética forense, e o suposto efeito dissuasor das mesmas na prevenção e dissuasão da criminalidade. As preocupações manifestadas pelos reclusos relativamente aos usos e implicações das tecnologias de identificação por perfis genéticos suscitaram aspetos interessantes que, do nosso ponto de vista, podem ser úteis para informar os debates académicos, políticos, éticos e de pendor legislativo. É nosso entendimento que a avaliação que os presos fazem das técnicas de genética molecular nas atividades de investigação criminal e dos tribunais por partirem de uma perspetiva enraizada em experiências pragmáticas – algo que Machado e Silva (2012) designaram por pragmatismo genómico criminal (ver também Machado 2012) – deve ser tida em consideração no âmbito das precauções de governabilidade orientadas por princípios de responsabilidade social, transparência e envolvimento adequado de diversos atores sociais (Prainsack 2010b).

Os dados obtidos com este estudo não revelam diferenças na maneira como os reclusos austríacos e portugueses encaravam o sistema de justiça criminal nos seus respetivos países; em ambos os casos, a maneira como os presidiários falavam sobre as suas experiências e as suas relações com as autoridades de justiça criminal, caracterizava-se por uma combinação de desdenho, intimidação, suspeição e reconhecimento dos aspetos positivos dos valores que as autoridades de justiça criminal devem representar. Demograficamente, também as características dos reclusos entrevistados em ambos os países eram semelhantes. Mais de metade dos nossos entrevistados tinham entre 25 e 35 anos de idade e a maioria era solteira. Neste aspeto, os reclusos que entrevistámos eram 'típicos' da população prisional também noutros países. Como Tonry (2001: 12064-5) sumariou no início deste século,

> Em todos os países a maioria dos reclusos são jovens, homens, solteiros e precários, económica e socialmente, apresentando extensos registos criminais. Uma grande percentagem é dependente de drogas e cometeu os seus crimes sob a influência de álcool ou outras drogas. As mulheres constituem apenas 3 a 8 por cento dos reclusos na maioria dos países.

Também no que diz respeito às taxas de encarceramento (a proporção da população total atualmente na prisão), a Áustria e Portugal são relativamente semelhantes: no início da década de 2000, 131 em cada 100.000 pessoas estavam encarceradas em Portugal, e 85 em cada 100.000 pessoas na Áustria (Christie 2001: 7248).[77]

---

[77] De acordo com este autor, Portugal teve a maior taxa de encarceramento na Europa Ocidental, seguido pelo Reino Unido com 124 pessoas em cada 100.000. A Islândia teve a menor taxa de encarceramento com apenas 29 reclusos por cada 100.000 pessoas. Na Europa de Leste, a Federação russa 'lidera' a lista com 640 reclusos por 100.000 habitantes, no entanto este número continua a ser mais baixo do que nos EUA (709 por 100,000, Christie 2001: 7248–9).

Os dois únicos aspetos em que encontrámos diferenças assinaláveis entre os reclusos de um e outro país foram, primeiro, a perspetiva sobre os benefícios e perigos de uma base de dados genéticos universal: alguns dos reclusos portugueses (mas nenhum dos austríacos) consideraram que uma base universal de dados genéticos seria um desenvolvimento positivo para a sociedade. O segundo aspeto dizia respeito às principais explicações apresentadas pelos presidiários para o comportamento criminal e desviante quando lhes perguntávamos as suas opiniões sobre a função dissuasora das bases de dados genéticos forenses. Embora a maioria dos reclusos austríacos e portugueses fossem céticos relativamente ao efeito dissuasor das tecnologias de genética forense sobre potenciais infratores ou reincidentes, apurámos diferenças nos dois grupos de entrevistados em termos das principais lógicas subjacentes à argumentação da ideia que as bases de dados genéticos não evitavam a criminalidade: enquanto alguns dos nossos entrevistados portugueses consideravam que o crime fazia parte da 'natureza' de muitas pessoas, tornando inútil o uso da tecnologia de DNA para dissuadir a prática do crime, nenhum dos nossos informantes austríacos verbalizou este tipo de raciocínio. Inversamente, muitos dos nossos entrevistados austríacos (e alguns portugueses) apresentaram-se como 'essencialistas sociais' quando se tratava de explicar a etiologia do comportamento criminal: não se nascia criminoso, diziam, mas uma pessoa tornava-se criminosa em virtude do ambiente em que crescia e vivia enquanto criança e jovem. Como explicar esta diferenças?

Do nosso ponto de vista, estas diferenças podem ser explicadas com base em duas dimensões de análise: a respeito da maior recetividade à ideia de uma base de dados genéticos universal entre os reclusos portugueses, consideramos que esta situação pode ser interpretada em torno da construção do estigma de ser-se um ex-condenado e ter o perfil de DNA e as impressões digitais incluídas em bases de dados usadas na investigação criminal. Os nossos dados sugerem que as perceções do estigma associadas à inclusão do perfil de um indivíduo na base de dados genéticos são também diferentes nos dois grupos de presidiários austríacos e portugueses. Como explicado por Prainsack e Kitzberger (2009: 70), o facto de o Estado manter um registo – neste caso, um perfil na base de dados genéticos – que é composto por algo (uma amostra biológica) que foi extraído do corpo de um condenado, aumenta e intensifica a dimensão somática deste estigma. O sentimento de 'estar-se marcado para o resto da vida' pode resultar da experiência real de estar incluído na base de dados de perfis genéticos com propósitos forenses. No caso dos portugueses, à data da realização das entrevistas, a base de dados nacional de perfis de DNA estava ainda no seu início e nenhum dos entrevistados tinha o seu perfil inserido na mesma. Contudo, vários entrevistados portugueses referiram que 'pensavam estar' registados numa base de dados da Polícia Judiciária. No caso dos presos austríacos, na altura da realização do estudo, a base de dados genéticos nacional tinha já dez anos de existência e, à luz da lei, todos os entrevistados teriam o seu perfil genético inserido na mesma. Perante este cenário, não é de todo inverosímil suspeitar que a hostilidade unânime com que os reclusos austríacos encaram a ideia de uma base de dados universal esteja relacionada (pelo menos em parte) com a noção de que o tipo de vigilância e estigma a que já estavam sujeitos era tão intrusivo, que não gostariam de o ver implementado para o resto da sociedade, sobretudo podendo envolver a inserção de membros das suas famílias e amigos.

No caso português, a experiência do estigma associado à inclusão na base de dados genéticos tem um carácter prospetivo, uma vez que esta não estava em funcionamento na altura em que foram feitas as entrevistas. Embora alguns dos reclusos portugueses fossem favoráveis à ideia de uma base de dados genéticos universal, a maioria preferia um cenário em que apenas os suspeitos e os infratores condenados tivessem os seus perfis incluídos. A maioria era também da opinião que os perfis, uma vez inseridos na base de dados genéticos, deviam permanecer arquivados. Esta opção era encarada como beneficiando as investigações criminais e como podendo exculpar os indivíduos que eram erradamente considerados suspeitos. Salientamos uma ligação interessante entre, por um lado, as formas como os presidiários encaravam a capacidade exculpatória dos perfis de DNA na base de dados nacional e, por outro lado, as hipóteses de reintegração social de ex-condenados: uma vez que os perfis de DNA podiam ilibar uma pessoa que tinha sido erradamente considerada suspeita. Também por ser mais provável serem ex-condenados a sofrer este destino, a base de dados genéticos assumia a este respeito a função de catalisar a reintegração: com a ajuda da base de dados genéticos, o ex-recluso podia 'ser deixado em paz'. No caso dos reclusos portugueses saliente-se, ainda, que referiam que o seu estigma enquanto condenados e ex-condenados era mais visível pela existência de um registo criminal – descrito como um obstáculo à obtenção de um emprego após a libertação – e pelo facto de terem estado presos, acreditando que isso criaria processos de afastamento da parte das pessoas, que podiam dificultar a constituição ou manutenção de uma família e de outras relações sociais. Tanto a existência de um registo criminal como os preconceitos das pessoas em relação a ex-reclusos eram vistos como mais penalizadores e estigmatizantes do que terem o seu perfil genético inserido numa base de dados genéticos com propósitos forenses.

No que respeita ao 'essencialismo social' generalizado com que os reclusos austríacos explicavam a ocorrência dos crimes, sugerimos que poderia estar relacionado com o forte assistencialismo penal existente na Áustria. Como sintetizou Simon (2001: 12608), desde o século XIX que a punição penal tem vindo a servir quatro funções diferentes: dissuasão, prevenção, reabilitação e retribuição. Consoante a época, as distintas teorias criminais e sociais, e as diferentes abordagens políticas, uma destas funções foi por norma privilegiada em detrimento das restantes. Na Áustria, o assistencialismo penal – como uma variante do imperativo da reabilitação – tornou-se muito pronunciado durante as reformas do sistema de justiça criminal na década de 1970. Tal conduziu a uma situação em que os reclusos normalmente têm acesso e são encorajados a fazer uso de uma grande variedade de serviços e programas que têm como objetivo ajudá-los a compreender as 'causas' sociais e psicológicas do percurso que os conduziu ao crime e ao desvio; a 'trabalhar' os traumas psicológicos conducentes a estilos de vida precários, e a mudar o padrão de comportamentos nesse sentido. É sobretudo aos reclusos com penas longas, como a maioria dos reclusos do nosso grupo de entrevistados na Áustria, que são frequentemente oferecidas sessões de terapia de grupo e aconselhamento psicológico individual. A adoção de um vocabulário psicológico auto-reflexivo é encarada como um sinal de reabilitação bem-sucedida (Prainsack e Kreissl 2011). Devemos ter em conta este contexto ao observar que, embora as entrevistas fossem iniciadas com um pedido muito genérico do tipo 'diga-me algo sobre a sua vida, as suas origens, a sua família, como é que cresceu, algo que queira partilhar', todos os reclusos chamaram imediatamente a atenção para fatores da sua vida que poderiam ser encarados como circunstâncias atenuantes num contexto judicial: pais que abandonaram os filhos ou que tinham discussões permanentes, mães que se prostituíam, ou o acidente de automóvel que os tinha traumatizado em criança, eram sublinhados nos relatos da infância e juventude dos presidiários. Para além disso, enquanto as narrativas do passado mais recente normalmente não seguiam uma cronologia e eram episódicas, os relatos da 'fase de crescimento' eram normalmente apresentados seguindo narrativas rigorosamente lineares (Evans e Wallace 2008: 493), dando a impressão que estas histórias tinham sido bem ensaiadas no contexto do aconselhamento psicológico.[78]

---

[78] Esta ideia contrasta com o que Evans e Wallace (2008: 493) descrevem das suas entrevistas com presos masculinos numa prisão no Reino Unido: um dos primeiros comportamentos a surgir 'era que estes homens não contam a sua história de vida seguindo necessariamente uma narrativa linear'. O papel importante da psicoterapia no sistema penal austríaco é uma explicação possível para esta diferença.

Muitas vezes os presidiários viam-se a si próprios como vítimas do destino: tinham encontrado ou lidado com 'as pessoas erradas', ou tinham sido 'aliciados' por um ex-companheiro, um membro da família ou por más companhias. Estas relações fatídicas eram descritas como os mecanismos chave que conduziram ao comportamento criminal. Muitas vezes os argumentos e narrativas psicológicas e morais faziam parte dos relatos biográficos dos nossos informantes. Estes elementos davam lugar com frequência a narrativas de vida que seguiam um guião comum: as privações na infância conduziram à estigmatização e ao desvio secundário que, por sua vez, resultaram numa carreira criminal. Também encontrámos narrativas que giravam em torno de repentinos golpes do destino e de má-sorte: vidas e carreiras de sucesso sabotadas por circunstâncias que 'forçaram' os nossos informantes a desviarem-se do caminho 'certo'.

Em Portugal, a tradição humanista do sistema penal remonta ao final do século XVIII. Portugal foi o primeiro país no mundo a abolir por lei a pena de morte, em 1867. A última vez que de facto se aplicou a pena de morte em Portugal foi em 1772. A ideia do assistencialismo penal continua a ter hoje em dia um papel importante e o sistema penal português está fundado numa retórica de reintegração – isto é, a ideia de que a principal função de uma pena de prisão é a ressocialização dos reclusos (Gomes et al. 2003). O sistema de justiça português oferece um leque variado de medidas flexíveis que se destinam a preparar o recluso para a sua libertação, como por exemplo, a emissão de licenças temporárias para saídas precárias. Há também outras práticas concebidas para promover a reintegração social dos reclusos, como a participação em cursos profissionais, e a possibilidade de terem aconselhamento e apoio psicológico. No entanto, tal como sucede em muitos outros países, estas políticas de reintegração social têm um âmbito muito limitado na prática, levando muitos autores a afirmar que é impossível atingir a reintegração social através do encarceramento (Carlen e Tombs 2006, McMahon 1992). Os fatores apontados como responsáveis pela relativa ineficácia das políticas de reintegração social nas prisões portuguesas (Gomes et al. 2003) são a ênfase que os discursos políticos e institucionais põem nas explicações psicológicas do crime e não na complexidade das características excludentes e antissociais das suas condições de vida (Cunha e Bastos 2007, Neves 2007). Para além disso, existem queixas frequentes sobre a escassez de recursos e inadequação das instalações prisionais para promover o necessário aconselhamento psicológico dos reclusos (Gomes et al. 2003: 205-454). Nas suas conversas connosco, os reclusos portugueses referiram ainda que para eles a reintegração social era difícil porque, diziam, os programas de reintegração estavam mal concebidos: eram vistos como excessivamente burocráticos, deficientes em termos de recursos humanos, ou compostos por pessoas com formação insuficiente (para mais detalhes ver Machado et al. 2011). Em contrapartida, os serviços sociais e psicológicos na Áustria eram elogiados pelos reclusos, ou simplesmente não eram comentados. Nenhum dos reclusos austríacos criticou a sua eficácia ou a forma como estavam concebidos.

O maior ponto de convergência entre as narrativas dos reclusos austríacos e portugueses residiu nas fontes de informação sobre a tecnologia de DNA, entre as quais os meios de comunicação e em particular a televisão desempenham um papel importante na construção de representações sobre o poder e grau de certeza desta tecnologia, bem como na aquisição de conhecimento sobre o tipo de vestígios biológicos que podem conduzir a uma identificação. Uma das nossas questões de partida foi precisamente onde é que os reclusos aprenderam a evitar deixar provas nas cenas de crime (se é que sabiam) e quais as fontes de informação que consideravam mais confiáveis. Como indica o título deste livro, os meios de comunicação – e neste caso, sobretudo as séries televisivas do tipo *CSI* – foram referidos pela maioria dos reclusos como a principal fonte de informação. No entanto, em vez de aceitarem incondicionalmente como verdade o que viam na televisão, as descrições televisivas sobre o trabalho na cena de crime e as tecnologias incriminatórias eram comparadas com as suas próprias experiências com a investigação criminal, bem como com a experiência dos seus pares.

Procurámos neste livro explicar que, do nosso ponto de vista, as representações construídas pelos presidiários sobre as tecnologias de DNA e a maneira como são usadas na investigação criminal não podem ser explicadas apenas pelo efeito *CSI*. Embora o grau de aceitação da imagem televisiva sobre a fiabilidade e eficiência das tecnologias usadas na cena de crime diferisse entre os nossos entrevistados, o que todos os entrevistados tinham em comum era a convicção de que quando mais afastada da intervenção humana estivesse uma tecnologia, e quanto maior fosse o grau de automatização na análise de dados e apresentação de resultados, mais fiável esta se tornava. Por outras palavras, na perspetiva dos reclusos deve confiar-se mais nas máquinas do que nos humanos para produzir um conhecimento mais fiável e objetivo. Esta ideia espelhava-se também nas avaliações globalmente positivas sobre o retrato que é feito sobre as tecnologias de genética forense nas séries televisivas no que diz respeito ao rigor como funcionam, *em teoria*, as tecnologias forenses e como são usadas por humanos na investigação criminal. Por exemplo, a maioria dos nossos entrevistados achava que a análise laboratorial de DNA produzia relatórios corretos – exatamente como retratado em séries como o *CSI* –; mas já em relação à rapidez com que a polícia resolvia crimes consideravam o cenário televisivo irrealista.

A ideia de que as séries de televisão policiais com uma forte componente científica e tecnológica têm sobre as pessoas um efeito educativo não esperado, foi apoiada pelos relatos de vários reclusos do nosso estudo. Mesmo não concordando que tudo o que se via no *CSI* era realista, os nossos entrevistados referiram que, de facto, aprendiam sobre as novas técnicas e tecnologias à disposição da polícia, e que por vezes discutiam-nas com outros reclusos – apesar de não terem sido muitos os presidiários que tenham referido que as conversas com os seus pares sejam uma componente relevante para a sua 'consciência forense' (Beauregard e Bouchard 2010). Talvez pelo facto de que os assuntos sobre o trabalho desenvolvido nos locais de crime e as tecnologias forenses não serem discutidos isoladamente, mas sim como parte de narrativas densas sobre a prática e deteção de crimes (reais ou alegados), muito poucos reclusos referiram as conversas com outros presidiários como fontes importantes de conhecimento instrumental sobre o trabalho levado a cabo nas cenas de crime. Ao mesmo tempo, provavelmente esta era a diferença mais significativa entre, por um lado, as descrições que as séries policiais fazem do trabalho na cena de crime e das tecnologias, e a 'vida real do crime', por outro. Enquanto que na televisão os instrumentos tecnológicos tendem a apagar outros aspetos da história, na vida real isso raramente acontece.

Para os nossos entrevistados, a ênfase na ação humana como uma possível origem de erros e enganos não se restringia apenas a erros acidentais, mas também a abuso deliberado e má conduta. Os reclusos chamaram a atenção para a prática, entre investigadores policiais, de mentir aos suspeitos sobre a existência de provas incriminatórias como forma de incentivar confissões e para o risco do uso indevido ou abusivo das tecnologias forenses por parte da polícia. Também aqui as tecnologias de DNA pareciam ter uma função especial: por serem consideradas tão altamente automatizadas e alheias à intervenção e interpretação humanas, eram entendidas como sendo mais robustas também no que dizia respeito à possibilidade de falsificação e uso abusivo. Apesar de alguns dos nossos informantes acharem que se pode falsificar 'tudo o resto', incluindo impressões digitais, o DNA não pode ser falsificado, nem por quem comete crimes, nem pela polícia. Assim, a única possibilidade que a polícia teria para perverter as tecnologias forenses de DNA seria fabricar provas, ou mentir sobre a sua existência.

A importância atribuída pelos nossos informantes às tecnologias forenses de DNA em particular, tinha efeitos no seu próprio autoconhecimento e perspetivas de futuro. Uma vez que a prova de DNA era vista como especialmente 'sólida' e verdadeira, a história que contava tinha precedência sobre as histórias alternativas que os reclusos pudessem ter para contar. Nesse sentido, a agência dos reclusos estava ainda mais diminuída: não só estavam restringidos quanto ao que podiam fazer e onde podiam ir, também o âmbito do que podiam dizer com veracidade estaria determinado por constrangimentos externos. O âmbito das suas possíveis alegações de veracidade e rigor ao falarem sobre as suas vidas e os seus crimes eram delineados pelos factos mostrados pelas provas. É à luz desta ideia que a famosa frase de Gil Grissom, o herói da série *CSI*, de que 'a prova não mente', ganha um significado mais lato: é uma declaração sobre a autoridade dos relatos de uns relativamente aos relatos de outros.

As 'qualidades especiais' atribuídas às tecnologias usadas nos locais de crime, em particular às tecnologias de DNA, são um ponto de partida para discutir a tão comum afirmação de que o seu uso tem um efeito dissuasor sobre potenciais criminosos ou criminosos reincidentes. O pressuposto de que existe um tal efeito dissuasor, por norma é usado para justificar ou defender o alargamento do uso de tecnologias forenses. No nosso caso estavam em questão as bases de dados genéticos forenses que em muitos países têm vindo a alargar-se de forma contínua desde que foram criadas, tanto em termos dos critérios de inclusão de grupos de pessoas cujos perfis são inseridos, como em termos do âmbito dos propósitos para os quais podem ser usados. Como já referimos, as narrativas dos reclusos não corroboraram o argumento da dissuasão: a maioria acredita que o crime nunca deixará de existir, seja porque o crime faz parte da 'natureza' das (algumas) pessoas, ou porque as pessoas são empurradas para uma vida criminal em virtude de circunstâncias familiares e sociais difíceis. A perceção partilhada, tanto pelos que defendiam as 'causas sociais' como dos que apontavam as 'causas naturais' para o desvio, era a de que não existe um remédio fácil para o comportamento criminal, e certamente que não residiria na expansão das bases de dados policiais. Alguns dos nossos entrevistados também disseram que embora as tecnologias forenses pudessem ser úteis para ajudar a apanhar os infratores menos hábeis e menos sofisticados – incluindo aqueles que cometeram crimes sob a influência de álcool ou drogas – os verdadeiros profissionais do crime iriam sempre enganar a polícia. Embora a sofisticação e o uso crescente das tecnologias que incriminam sejam entendidas como podendo dificultar a vida de todos os criminosos de carreira, na verdade, diziam os nossos entrevistados, não iria atingir os melhores. Para além disso, havia um consenso generalizado entre os reclusos de que as tecnologias forenses não iriam ter qualquer efeito dissuasor sobre aqueles criminosos que cometiam os seus delitos e crimes por impulso, motivos passionais, ou num estado de intoxicação. Tal significa que o efeito dissuasor não será aplicável aos autores de numerosos crimes graves – como homicidas e agressores sexuais.

A grande maioria dos reclusos aproveitou também as nossas conversas sobre tecnologias forenses como uma oportunidade para se posicionarem no grupo dos 'não criminosos' e dos 'criminosos'. Por exemplo, sublinhar que não tinham qualquer interesse em saber mais sobre tecnologias forenses era uma forma de corroborar a representação que alguns destes reclusos faziam de si próprios como sendo, acima de tudo, cidadãos cumpridores da lei; o seu crime tinha sido cometido num estado alterado, ou tinha sido um acidente, e na verdade não deveriam 'estar ali' (na prisão). Outros eram claros ao afirmar que não pretendiam adotar um estilo de vida 'normal' depois de serem libertados, tendo como objetivo ganhar a vida fora do âmbito da legalidade. Os indivíduos posicionados neste último grupo tendiam a salientar a sua atitude altamente profissional e os seus conhecimentos forenses.

O ceticismo face ao alegado efeito dissuasor das tecnologias forenses prevalecente entre os reclusos que entrevistámos tem uma correspondência com os resultados obtidos noutras pesquisas, que até agora ainda não apresentaram provas sólidas de qualquer tipo de efeito dissuasor das tecnologias forenses. No entanto, devemos ter presente que o foco da questão da existência ou não de um efeito dissuasor desvia a nossa atenção de outras consequências que as tecnologias forenses acarretam. O arquivo de dados pessoais – incluindo perfis de DNA – numa base de dados genéticos centralizada, por exemplo, envolve ameaças potenciais a uma série de direitos individuais, como o direito à privacidade, o direito à liberdade, o direito à integridade física e moral, a dignidade dos indivíduos e a presunção de inocência. Direciona também a atenção para potenciais delinquentes (incluindo potenciais reincidentes) reforçando deste modo um ambiente de policiamento preventivo. Este não é um mero pormenor em sociedades que estão a tornar-se menos tolerantes face a 'cidadãos perigosos'. Como assinalou Hacking (2003), os discursos que se centram sobre o *risco* de crime, e não sobre o crime em si mesmo, simbolizam medos que dizem respeito não apenas à perda efetiva, mas à estabilidade de valores centrais, como a privacidade e liberdade. Neste sentido, Hacking afirma que as reações ao crime vão para além do dano 'real' infligido ao castigo da corrupção simbólica destes valores. Os reclusos que entrevistámos associaram ao crime um risco muito particular, nomeadamente o risco do estigma enfrentado por aqueles que estão ou já estiveram presos, como explicámos atrás.

Outra dimensão do estigma prende-se com o que os reclusos dizem sobre si próprios mas também sobre os outros indivíduos que cumprem pena de prisão. Como constatou Cunha (2002), os reclusos reproduzem estereótipos comuns sobre a delinquência e as motivações dos delinquentes. Significa isto que as 'causas do crime' apresentadas pelos presidiários para a ocorrência de comportamentos criminais não é necessariamente parcial e guiada por motivações ambíguas. É nossa convicção que a produção do 'eu', do 'nós' e do 'outro', está inevitavelmente interligada. Considerarmos as opiniões dos nossos entrevistados sobre os outros, e as suas motivações e objetivos, ajuda-nos também a compreender o papel que as tecnologias forenses desempenham enquanto pontos de referência para noções de pertença e de diferença em vários contextos: 'cidadãos cumpridores' *versus* 'criminosos', condenados *versus* o sistema de justiça criminal, e os estigmatizados *versus* aqueles que os estigmatizam.

Outro tema que despertou a nossa atenção foi a função cada vez mais importante, assumida nas últimas duas décadas, em alguns países, pelas tecnologias usadas em locais de crime: tornaram-se uma ferramenta crucial para a exoneração de pessoas condenadas. Chamámos a atenção para o trabalho relevante efetuado pelo *Innocence Project*, uma iniciativa de advogados de defesa nos EUA, que trabalham *pro bono* na elaboração de recursos de decisões dos tribunais e pedidos de reabertura de casos em que exista a probabilidade de inocência de pessoas que foram condenadas. Como mostram as análises dos primeiros números obtidos nos EUA, várias destas condenações erradas baseavam-se em usos questionáveis, ou mesmo bizarros, das tecnologias na cena de crime, indo desde a má-identificação de impressões digitais, até 'especialistas' que testemunhavam sobre a aparente semelhança de amostras de cabelo. Também se constatou que as provas não tecnológicas, como a prova testemunhal ocular, são uma causa frequente de condenações erradas. Felizmente, o *Innocence Project* original, pioneiro nos EUA, tem servido como modelo para projetos semelhantes noutros países, incluindo o Canadá, a Nova Zelândia e a Austrália. Também vemos hoje em dia surgirem iniciativas semelhantes nalguns países europeus. Neste contexto, provavelmente não surpreende que nenhum dos nossos entrevistados tenha referido explicitamente o *Innocence Project*, apesar de muitos reclusos reconhecerem que as tecnologias forenses tinham o potencial para incriminar, bem como exculpar e exonerar. Na Áustria, o chamado caso Heidegger – a história de um jovem condenado pelo alegado homicídio e roubo de uma mulher em Salzburgo, que foi mais tarde exonerado e compensado – servia frequentemente como ponto de referência para reclusos que exprimiam as suas preocupações sobre o funcionamento do sistema de justiça criminal. Também aqui, os reclusos que expressaram preocupações sobre os erros – ou manipulação deliberada das provas – que ocorriam no sistema de justiça criminal, focavam-se na ação humana e não nas máquinas. Nenhum dos reclusos falou da possibilidade das condenações erradas pudessem ser resultado de erros ou enganos provocados por máquinas, e não por humanos.

A propósito do potencial de exoneração oferecido pelas técnicas de genética molecular humana, Richard Leo, académico e jurista norte-americano, deu voz às preocupações generalizadas sobre a forma como estão a ser conduzidos os debates em torno dos enganos da justiça e da ocorrência de condenações erradas. Segundo Leo (2005: 213), o conhecimento das causas que contribuem para condenações erradas não é suficiente para resolver o problema dos enganos judiciais. Leo sublinha que há 'um pressuposto não verificado em quase todos os trabalhos académicos sobre os enganos da justiça', nomeadamente o facto de se considerar que problemas como as provas obtidas por falsas testemunhas oculares, o uso ou interpretações problemáticas das técnicas e tecnologias forenses como a análise sanguínea, análise de marcas de instrumentos ou a dactiloscopia, são de facto as causas de erro judicial, o que na sua opinião não corresponde à realidade: são sintomas de causas já subjacentes. Nesse sentido, Leo encoraja os académicos a observarem os fatores subjacentes a nível sociológico, demográfico e legal que contribuem para o que parece ser – nalguns países – uma ocorrência frequente de condenações erradas. Fazemos eco do pedido de Leo para a elaboração de análises aprofundadas. Os estudos sociais de ciência e tecnologia têm sido capazes de dar importantes contributos para o nosso conhecimento crítico das articulações entre a lei, a ciência e a sociedade: uma das contribuições com maior impacto tem sido o questionamento que os estudos sociais da ciência e tecnologia têm vindo a fazer da forma relativamente incontestada como o conhecimento científico e tecnológico está implantado nos sistemas legais. No entanto, há outros aspetos da lei que até agora não têm sido alvo do mesmo escrutínio crítico por parte dos estudos sociais da ciência e tecnologia, como por exemplo a importância do condenado: é muito raro algum estudo deste tipo considerar os condenados como parte interveniente, ou desafiar o suposto significado do termo. Alguns relatos chegam mesmo a considerar os condenados como criminosos de facto, aceitando desta forma várias afirmações inerentes ao sistema judicial: aquelas que consideram que todas as pessoas condenadas são culpadas; que a experiência dos condenados relativamente à ciência e tecnologia usadas nos procedimentos legais devem estar subordinadas, ou serem ignoradas, em detrimento da experiência de outros especialistas; e que esta mesma experiência por parte dos condenados não deve ser reconhecida como experiência profissional. Com este livro esperamos ter dado um pequeno primeiro passo na problematização destes pressupostos.

Outros autores, incluindo peritos e especialistas do sistema de justiça criminal, sugeriram diversas medidas para reforçar a proteção contra os enganos da justiça, apoiar o escrutínio dos usos de métodos científicos ou provas periciais em salas de julgamento, e defendem a melhoria do compromisso com o controlo da qualidade, regulação e a formação relacionada com a prova científica (por exemplo, Nuffield Council on Bioethics 2007, McCartney et al. 2010). Gostaríamos de fazer uma referência especial ao trabalho de Mnookin e colegas (2011), que defenderam que as ciências forenses 'atualmente não possuem – e deveriam realmente desenvolver – uma fundamentação científica bem consolidada' (Mnookin et al. 2011: 731). Exigiram uma mudança na ciência forense no sentido de um foco mais centrado na ciência do que na lei: 'fazer a mudança de uma perspetiva quasi-adversarial para uma orientação de pesquisa' (Mnookin et al. 2011: 731) em que a revisão feita por pares deve ser fundamental, e as publicações não se limitem aos resultados entendidos como desejáveis: '... os erros devem ser reconhecidos como uma parte inevitável de qualquer projeto humano. Os erros devem ser reconhecidos em vez de serem varridos para debaixo do tapete' (Mnookin et al. 2011: 743). Também o Relatório do Conselho Nacional de Investigação [*National Research Council*] norte-americano (2009) – ao sublinhar a solidez da base científica da análise forense de DNA comparativamente com outras tecnologias forenses – defende a existência de mais investigação sobre a parcialidade cognitiva e os seus efeitos nas tomadas de decisão forense; pela estandardização dos relatórios laboratoriais e os termos técnicos, sobretudo os que fazem ligações entre as provas e as suas eventuais origens; e pelo desenvolvimento de um código de ética obrigatório para a prática forense (ver Mnookin et al. 2011: 732–40 para um resumo das recomendações deste relatório). Embora o relatório do Conselho Nacional de Investigação norte-americano (NCR) se dirigisse especificamente à comunidade de cientistas forenses do país, as suas avaliações e recomendações têm sido discutidas muito para além das fronteiras dos EUA e continuam a ser entendidas por muitos decisores como aplicáveis às ciências forenses em vários países por todo o mundo.

Acrescentaríamos que, de forma a criar um ambiente favorável à implementação de políticas que ajudem a reduzir a frequência com que ocorrem condenações erradas, é vital que se atribua financiamento para desenvolver esta pesquisa sobre os fatores sociológicos e demográficos que contribuem para condenações erradas, para formar estudantes e profissionais sobre como evitar estes fatores, e para promover a consciência em torno das responsabilidades éticas.

Um dos temas que emergiu com destacada relevância ao longo das entrevistas foi a questão do corpo do criminoso, ou do alegado criminoso, tanto enquanto instrumento como fator de risco na prática de crimes e na tentativa de evitar a deteção e condenação. A ambivalência desta dimensão corporal foi verbalizada por alguns dos nossos entrevistados em ambos os países. Ao passo que, entre os 'criminosos de carreira', ter um corpo forte, ágil e masculino era visto como uma mais-valia, os nossos entrevistados também se referiram ao corpo – o seu próprio e o de outros – como obstáculos: os corpos podem tornar-se incapacitantes de forma indireta devido ao consumo de álcool ou drogas, ou a instabilidade mental, ou podem trair o autor de um crime ao deixar vestígios das suas marcas ou substâncias. Ao focarmos a dimensão corpórea dos corpos delinquentes não quisemos afirmar nem que os reclusos, nem nós próprias enquanto autoras deste livro, assumimos uma distinção objetiva e linear entre a esfera do corpo e a esfera da mente, sobretudo no contexto de temas como o alcoolismo ou a dependência de drogas. A relação entre estas duas dimensões encontrava-se também claramente patente nas narrativas dos reclusos. O que procurámos fazer ao focarmos a dimensão corpórea do crime e daqueles que (alegadamente ou de facto) cometeram crimes, foi dar lugar à já mencionada ambivalência do corpo, tanto como uma mais-valia como um elemento de risco. Se por um lado reconhecemos que o corpo humano tem vindo sempre a ser usado para classificar e identificar indivíduos – pela cor da pele, género, aparência e linguagem corporal – também é verdade que o avanço das tecnologias incriminatórias, incluindo tecnologias para reconhecimento facial automatizado, e a análise de DNA, começaram a mudar a ponderação a favor destas últimas. As descrições dos nossos entrevistados sobre a maneira como alguém deve cometer crimes – nomeadamente cobrir o corpo tanto quanto possível, disfarçar a cor verdadeira da íris dos olhos, etc. – representam tentativas não só de tornar o corpo invisível (uma vez que mesmo invisível pode deixar vestígios para trás), como de fazê-lo desaparecer.

Em suma, a interpretação dos nossos reclusos sobre as tecnologias que incriminam era complexa e relativizada: os reclusos de ambos os países viam as tecnologias forenses no geral como positivas, não só porque ajudava a apanhar os tipos 'verdadeiramente' maus, mas também porque ajudava a manter a ordem social e era algo que podia 'provar' a culpa ou a inocência. Enquanto os criminosos de carreira afirmaram que o crescente uso intensivo de tecnologias sofisticadas tornava-lhes a vida mais difícil, alguns reclusos elegem as tecnologias usadas nas cenas de crime como suas aliadas: as tecnologias usadas nas cenas de crime podiam ajudar a exculpar ou a exonerá-los, e também a 'obrigar' a polícia a levar a cabo uma investigação exaustiva em vez de ir de imediato procurar os 'suspeitos do costume'. O conceito desta in/capacitação situada (Prainsack e Toom 2010) aplicava-se às representações dos nossos entrevistados sobre as tecnologias usadas nas cenas de crime, no que dizia respeito às suas próprias vidas e identidades. Dependendo da situação e contexto particulares, as tecnologias eram vistas como restringindo ou alargando o âmbito da sua ação. Vale a pena sublinhar que, à exceção de dois aspetos discutidos no início deste capítulo conclusivo – o tema dos riscos e benefícios de uma base universal de dados genéticos, e a discussão sobre as causas do comportamento criminal –, também a este respeito não havia diferenças aparentes entre os grupos de reclusos austríacos e portugueses. A grande sobreposição de perspetivas e a interpretação dos reclusos de ambos os grupos pode eventualmente ter por base as semelhanças entre a Áustria e Portugal no que respeita à forma como está organizada a justiça criminal, para além de todos os aspetos que as pessoas têm em comum devido à similitude de práticas e experiências de vida resultantes do encarceramento. Uma razão adicional para as semelhanças das perspetivas dos reclusos austríacos e portugueses pode ser a existência de um imaginário coletivo sobre a investigação criminal, divulgado pelas séries policiais de grande sucesso televisivo. O *CSI* é o melhor exemplo disso mesmo.

Por fim, gostaríamos de deixar pistas para possíveis rumos de investigação futura na área das representações sociais em torno do papel do DNA e das bases de dados genéticos na investigação criminal.

Independentemente da necessidade de mais pesquisa empírica sobre os fatores sociológicos e demográficos que influenciam a prevalência de condenações erradas, há várias áreas em que seria importante levar a cabo investigações que desbravem novos caminhos. Por exemplo, apesar de começar a haver trabalhos comparativos em ciências sociais sobre os aspetos regulatórios e sociais das ciências forenses, até agora têm sido sobretudo comparações a níveis macro.

Seriam bem-vindos mais estudos com trabalho de terreno empírico em locais de crime e junto de autoridades policiais, assim como em outras áreas do sistema de justiça criminal. Também seriam úteis estudos detalhados sobre a forma como determinadas técnicas e tecnologias incriminatórias são usadas na prática, através da realização tanto de estudos de caso como numa dimensão comparativa, com o objetivo de informar os debates sobre a eficácia e os efeitos deste mesmo uso.

O recurso a bases de dados genéticos e de perfis de DNA com propósitos forenses, nomeadamente de identificação criminal, remetem necessariamente para o debate sobre direitos civis, como a privacidade, a dignidade e a igualdade. Esperamos ter contribuído para o aprofundamento do conhecimento nesta esfera, ainda que adotando uma perspetiva que é pouco comum: discutindo a forma como os próprios indivíduos podem estar mais implicados na construção da identidade dos suspeitos e na redefinição dos direitos e estatuto do corpo suspeito, ao ter em conta a forma como o conhecimento sobre a recolha e armazenamento de perfis de DNA tem efeitos na autogestão daqueles cujas ações e identidades são atingidas por este método específico de vigilância.

Os nossos dados sugerem ainda que é improvável que formas de identificação tecnologicamente muito avançadas – como é o caso da identificação de indivíduos por perfis genéticos – substituam por completo métodos mais antigos (como, por exemplo, as testemunhas, a recolha de impressões digitais, a observação detalhada de todos os elementos da cena de crime). Em vez disso, acreditamos que velhos métodos e novos métodos de investigação criminal venham a reforçar-se mutuamente, centrando e reforçando a vigilância sobre potenciais autores de crime ou reincidentes, que passam assim a ser submetidos a uma forma de 'suspeição categórica' mais alargada e complexa (McCartney 2004). Para além disso, a suposta capacidade que o DNA tem para fazer uma identificação segura e objetiva parece ser um fator que pode ser utilizado para reforçar a confiança pública no sistema de justiça e nas agências de investigação criminal, possivelmente na proporção em que se ampliem as bases de dados genéticos forenses. Contudo, os estudos sobre a confiança pública nas bases de dados de perfis de DNA até agora têm-se limitado às representações e expetativas de 'cidadãos cumpridores' (Wilson-Kovacks et al. 2012). Nesse sentido, permanece a necessidade de mais estudos comparativos para obter um melhor conhecimento da maneira como os criminosos condenados ou 'cidadãos perigosos' (isto é, aqueles que são vistos como potenciais autores de crimes, ou reincidentes) reagem ao crescente uso de tecnologias de DNA na investigação criminal.

Gostaríamos de terminar com um alerta para a necessidade de haver um maior envolvimento nos debates académicos e na produção de políticas nestas áreas de perspetivas não só dos reclusos e autores de crime, mas também de grupos marginalizados num sentido mais abrangente. De modo a diminuir o fosso entre estes e as autoridades e elites...

POSFÁCIO

GENÉTICA FORENSE E AS CIÊNCIAS HUMANAS

Robin Williams

Robin Williams é Professor de Estudos em Ciência Forense no Centro de Ciência Forense da Universidade de Northumbria, Professor Emérito de Sociologia da Escola de Ciências Sociais Aplicadas da Universidade de Durham e Professor Visitante do Centro de Ética & Políticas das Ciências da Vida da Universidade de Newcastle on Tyne, no Reino Unido.

Os seus estudos acerca dos usos das ciências da vida (biologia e genética) ao serviço da investigação criminal e do controlo social têm sido financiados, no seu país, pelo *Wellcome Trust* (entidade financiadora de projetos de investigação na área da saúde humana e animal) e pela *Nuffield Foundation* (instituição independente dedicada ao estudo das questões éticas na biologia e medicina).

Foi membro do Grupo de Trabalho do *Nuffield Council on Bioethics* sobre os 'Usos Policiais da Bioinformação'. Mais recentemente trabalhou (em conjunto com Carole McCartney e Tim Wilson) no projeto da *Nuffield Foundation* acerca do 'Futuro da Bioinformação Forense'. Tem participado em diversas colaborações internacionais na área da utilização da genética no sistema de justiça criminal, como por exemplo, no *Harvard Workshop* acerca dos 'Perfis de DNA e as Liberdades Civis' e o *Penn Workshop* financiado pelo Institutos Nacionais de Saúde dos EUA – entidades integradas no Departamento de Saúde dedicada ao financiamento de investigação em medicina – sobre as 'Questões Éticas Emergentes na Genética Forense Criminal'. Para além de vários artigos em revistas, as suas publicações incluem (com Paul Johnson) *Genetic Policing: The Use of DNA in Criminal Investigations* (*Policiamento Genético: O Uso do DNA nas Investigações Criminais*) (Willan, 2008) e *The Handbook of Forensic Science* (*Manual de Ciência Forense*) (editado com Jim Fraser e publicado pela editora Willan, 2010). Em coautoria com Jim Fraser, prepara um livro intitulado *Where Science Meets the Law* (*Onde a Ciência Se Cruza com a Lei*) que será publicado pela Oxford University Press em 2014. Recentemente, levou a cabo um estudo acerca dos usos da ciência forense no apoio à investigação de homicídios pela *London Metropolitan Police Service* (Serviço de Polícia Metropolitana de Londres) e é membro do projeto europeu em genética forense intitulado EUROFOGEN. Em breve dará início a um estudo financiado pelo *Wellcome Trust* acerca dos usos das 'pesquisas familiares' na investigação de crimes graves no Reino Unido e nos Estados Unidos da América.

Introdução

Este livro é um importante contributo para a literatura das ciências sociais e humanas que se debruça sobre um conjunto de inovações tecnológicas recentes intimamente ligadas à justiça criminal – a criação de perfis de DNA e de bases de dados genéticos com propósitos forenses. Nas páginas que se seguem, situo a contribuição deste estudo no campo das pesquisas já realizadas sobre diversos aspetos sociais das tecnologias forenses, e destaco aquilo que é distintivo na análise de Helena Machado e Barbara Prainsack. Começo por tecer alguns comentários sobre a história recente da criação de bases de dados de perfis de DNA, antes de passar a considerar a forma como vários académicos da área das humanidades contribuíram para ampliar o conhecimento sobre as instituições e os atores da ciência forense em geral, e os da genética forense em particular. No seguimento destas secções, discuto o inovador estudo empírico que as autoras desenvolveram sobre as perceções dos presidiários a respeito dos usos da genética forense por parte da polícia e dos atores judiciais, para depois concluir com algumas observações sobre uma série de questões sociais e aspetos técnicos discutidos nos dias de hoje no âmbito da utilização de perfis de DNA e da criação de bases de dados genéticos forenses.

Genética Forense e Investigações Criminais

Desde que Alec Jeffreys e os seus colegas (Jeffreys et al. 1985) divulgaram pela primeira vez, na revista *Nature,* a descoberta de 'minissatélites hipervariáveis' como parte do genoma humano, até à mais recente controvérsia em torno da credibilidade da chamada técnica 'Low Copy Number' [Baixo Número de Cópias de DNA][79] de análise de DNA de material biológico recolhido em cenas de crime (ver, por exemplo, Budowle et al. 2009; Buckleton e Gill 2010), o desenvolvimento das tecnologias genéticas com propósitos forenses e o seu uso na investigação de crimes e na acusação de infratores num cada vez maior número de jurisdições, tem sido alvo de constante atenção científica, política e cultural.

Vários agentes estatais – sobretudo as autoridades policiais – têm vindo a reagir entusiasticamente a cada um dos muitos desenvolvimentos na utilização de perfis de DNA e na criação e manuseamento de bases forenses de dados genéticos, ocorridos ao longo de quase três décadas de trabalho científico e de investigação. Tem havido avanços constantes na química e nas aplicações dos vários sistemas multiplex STR usados em diversas jurisdições, mas também

---

[79] Ver glossário.

nos usos mais especializados de Y-STR e da sequência mitocondrial.[80] Para além disso, continuam a surgir investigações inovadoras no âmbito das aplicações destas tecnologias, incluindo análises de 'busca familiar', 'pesca de DNA', 'inferência fenotípica' e 'ancestralidade biogeográfica'.[81] Parece ter-se tornado geralmente aceite que a maioria destas aplicações são mais eficazes no apoio a investigações e acusações em que a legislação permite aos investigadores criminais a recolha, uso e conservação de amostras biológicas provenientes de uma grande diversidade de locais de crime, e de numerosas categorias de indivíduos. Por esta razão, há uma tendência expansionista muito forte – e global – na qual as autoridades de cada vez mais jurisdições, recolhem e conservam amostras e perfis de um número cada vez maior de pessoas, em bases de dados genéticos forenses ou em bancos de dados.[82]

No entanto, diversos grupos académicos, jurídicos e da sociedade civil têm reagido de forma muito crítica a estas aplicações expansionistas. No centro destas reações negativas tem estado a preocupação com os efeitos potenciais de uma cada vez maior vigilância dos cidadãos, tornada possível pela expansão das bases de dados genéticos para fins forenses, além de outras questões prementes, tais como definir quais as entidades que têm acesso a amostras e perfis de DNA, e para que propósitos. Também se tem questionado as modalidades de governabilidade deste novo domínio, sobretudo à luz da participação tradicionalmente restritiva de atores sociais externos à esfera policial e judicial ao nível da elaboração de políticas-chave e de presença nos centros de tomada de

---

[80] Para uma revisão recente sobre as bases científicas da genética forense, ver Gill e Clayton (2009).

[81] Ver glossário.

[82] Um levantamento de dados de diferentes jurisdições criminais em que foram recolhidas amostras de DNA a vários indivíduos, extraídos os perfis, e retidos para posteriores objetivos forenses foi divulgado pela Organização Internacional de Polícia Criminal [International Criminal Police Organization] (INTERPOL 2009), e pela Rede Europeia de Institutos de Ciência Forense [European Network of Forensic Science Institutes] (ENFSI). Esta última instituição também revê periodicamente a legislação e as políticas por toda a Europa (ver http://www.enfsi.eu/). Apesar desta tendência geral de crescimento, continuam a existir diferenças significativas entre a disponibilidade e a capacidade de diferentes estados-nação em investir nas principais infraestruturas tecnológicas e científicas necessárias para a criação de uma base de dados genéticos forense a larga escala. Sobre estes dados comparativos – políticos e económicos – podem encontrar-se em Wilson (2009), Jasanoff (2010) e em vários capítulos de Hindmarsh e Prainsack (2010).

decisão.[83] Tem havido particularmente uma crítica acentuada a situações de entusiasmo irrefletido para se aumentar o tamanho e abrangência das bases de dados genéticos com propósitos forenses, e também do uso de argumentos sem sustentação sobre a relação entre a genética e as características fenotípicas.[84]

Independentemente destas objeções, as declarações que sustentam a utilidade operativa e a legitimidade científica da elaboração e a comparação de perfis de DNA com propósitos forenses têm vindo a ganhar uma crescente aceitação por parte de investigadores, advogados e juízes na maior parte das jurisdições penais. No mesmo sentido, o valor das bases de dados genéticos forenses é largamente reconhecido pelos decisores políticos e legisladores da área da justiça criminal num grande número de estados-nação. O aumento de confiança nestas aplicações forenses contribui também, e talvez de forma surpreendente, para um aumento do ceticismo acerca da fiabilidade e validade de outras formas mais tradicionais de conhecimento e perícia da ciência forense. Esta consequência imprevista da prevalência de uma disciplina forense específica em detrimento de outras, tornou-se patente há bem pouco tempo no relatório elaborado pelo *United States National Research Council* [Conselho Nacional de Investigação dos Estados Unidos da América] (2009) sobre o problemático estatuto científico de um grande número de disciplinas forenses, sobretudo, embora não exclusivamente, das impressões digitais, da balística, da análise de marcas de dentes, marcas de ferramentas, e comparação de fibras.[85]

---

[83] É claro que existem grandes diferenças na forma como os regimes de governabilidade têm vindo a ser criados e estabelecidos em diferentes jurisdições ao longo da última década. Podem ser feitas comparações úteis – por exemplo – entre a lenta aceitação no Reino Unido e no País de Gales sobre a necessidade de um envolvimento externo e de um escrutínio ético da Base de Dados Genéticos Forense do Reino Unido (oficialmente conhecida por *UK National Criminal Intelligence DNA Database* - NDNAD), por um lado, e o objetivo dos planos do governo irlandês para instituir mecanismos de supervisão independente da sua base de dados genéticos nacional, por outro lado.

[84] Incluo neste último grupo estudos que criticam a maneira como os indivíduos e as autoridades que têm promovido o uso da extração de perfis de DNA para inferir eventuais 'caraterísticas visíveis' de suspeitos de crime, têm recorrido a conceitos problemáticos como 'raça' e/ou 'etnicidade'. O trabalho de Troy Duster (2004, 2006b, 2008) tem sido uma grande inspiração para estes estudos, bem como outros aspetos da relação entre bases de dados genéticos e desigualdade social. O seu Prefácio a este livro explica esta perspetiva, e o seu artigo e outros na obra de Krimsky e Sloan (2011) representam as tentativas mais recentes para explorar detalhadamente este tema.

[85] A representação do *National Research Council* – NCR – [Conselho Nacional de Investigação dos Estados Unidos da América] da genética forense como a disciplina modelo

As Perspetivas das Ciências Sociais e Humanas e as Intervenções Políticas

Esta área rica em antagonismos, onde as questões da credibilidade científica, da política social, e da prática de justiça criminal se atropelam constantemente, tem recebido a atenção de vários académicos das ciências sociais que têm acrescentado ao debate um conjunto de interesses e recursos mais alargados. Embora não seja surpreendente, muitas das contribuições com mais impacto têm sido dadas por aqueles que estão afiliados ao domínio interdisciplinar dos estudos da ciência e da tecnologia, e sobretudo aqueles com interesse em explorar a relação, complexa e muitas vezes problemática, entre o conhecimento dos sistemas e as práticas locais da ciência e a lei (civil e criminal). Para o desenvolvimento desta área de estudos foi central o trabalho que apareceu há mais de uma década num número especial da revista *Social Studies of Science* em 1998, organizado por Michael Lynch e Sheila Jasanoff: *Contested Identities: Science, Law and Forensic Practice* [*Identidades Contestadas: Ciência, Lei e Prática Forense*].[86] Desde essa altura (e com base nos seus trabalhos anteriores), tanto Jasanoff

---

da ciência forense, e as suas implicações para outras disciplinas tem sido o tema de várias observações na literatura científica. Veja-se, por exemplo, Cole (2010), Murphy (2010) e Thompson (2009). Este desenrolar dos esforços iniciais do NRC para lidar com a chegada da genética forense é discutida por diversos autores, sobretudo Aronson (2007) e Kaye (2010). Para Cole e Lynch (2010), as comparações específicas feitas no relatório da NRC entre a correspondência de perfis de DNA e a comparação de impressões digitais representa o que descreveram anteriormente como uma 'inversão da credibilidade'. No seu relato, os defensores dos primórdios dos perfis de DNA recorriam à retórica do uso da já estabelecida disciplina forense das impressões digitais (usando, muito claramente, o termo 'Impressão Digital de DNA'. Porém as descrições atuais da relação entre as duas tecnologias forenses afirmam a existência de um apoio científico sólido relativamente ao primeiro, comparativamente aos argumentos fundacionais mais diminutos das impressões digitais.

[86] Vários, embora não todos os artigos deste volume sobre a elaboração de perfis de DNA com objetivos forenses, centraram-se na sua aplicação controversa no julgamento de OJ Simpson pelo homicídio da sua ex-mulher e o seu companheiro. Orenthal James Simpson foi um famoso ator e jogador de futebol americano. Ilibado das acusações de homicídio, OJ Simpson viria a ser condenado em processo civil a indemnizar as famílias das vítimas. O foco neste caso conferiu coerência ao número da revista, mas também veio a revelar que as questões acerca da lógica e adequação dos usos das bases de dados genéticos para fins forenses (que tinham já sido levantadas no Reino Unido), bem como considerações acerca do desenvolvimento dos usos forenses do DNA fora dos EUA, estavam a ser alvo de muito pouca atenção. Contudo, Lynch (e McNally) já tinham começado – em 1995 – um estudo inovador no Reino Unido financiado pelo ESRC: *Science in a Legal Context: DNA Profiling, Forensic Practice, and the Court* (*A Ciência em Contexto Legal: Perfis de DNA, Prática Forense e o Tribunal*). Uma boa parte desta pesquisa foi mais tarde publicada em Lynch et al. (2008).

como Lynch continuaram a contribuir tanto para a produção de uma teoria geral, como de ferramentas conceptuais específicas para uma análise crítica deste campo de estudos. A sua preocupação comum em desenvolver trabalho informado pela imagem da 'coprodução', que enfatiza a interdependência das relações de ordem social e natural, tem influenciado em grande medida muitos estudos recentes sobre vários desenvolvimentos científicos e tecnológicos.[87] Para além disso, uma variante especialmente relevante deste tema de fundo (que presta uma atenção especial à elaboração de perfis de DNA e de bases de dados genéticos, ambos com propósitos forenses) é a noção proposta por Lynch e McNally de 'biolegalidade', que se centra no ajustamento mútuo e constante dos imperativos e considerações judiciais, policiais e científicas e os processos de institucionalização destes dispositivos tecnológicos.[88] Por último, a análise do que acontece nos vários fóruns de decisão, em que grupos ou indivíduos e diferentes entidades apoiam ou contestam os dados que sustentam a eficiência dos perfis de DNA e das bases de dados genéticos com propósitos forenses para o controlo da criminalidade, tem vindo a ser complementado pela compreensão de que estes argumentos dependem de 'epistemologias cívicas' particulares – um conceito cunhado por Jasanoff, e cujo potencial explorou na sua análise comparativa sobre a forma comos os atores chave e as autoridades de diferentes sociedades lidaram com uma diversidade de inovações científicas e tecnológicas (ver, por exemplo, Jasanoff 2005). O conceito de epistemologias cívicas e outras inovações conceptuais relacionadas, influenciaram o trabalho de vários outros estudiosos contribuindo para um aumento da literatura sobre os argumentos e usos da ciência forense em geral, e da genética forense em particular.[89]

Estas contribuições teóricas e empíricas têm vindo a complementar o trabalho de académicos do direito que publicaram relatórios de diagnóstico sobre a relação entre argumentos científicos (na genética forense e outras áreas forenses) e o discurso legal. Por exemplo, a interpretação recente de David Kaye (2010) sobre a história dos perfis de DNA para fins forenses abrange muitos dos tópicos que têm tido interesse para este grupo de académicos, especialmente aqueles

---

[87] O mais claro exemplo desta perspetiva, bem como de vários casos da sua aplicação, encontra-se em Jasanoff (2004b).

[88] Ver Lynch, M. e McNally, R. (2009).

[89] Este não é o lugar para uma lista exaustiva destes académicos mas, para além dos mencionados noutro lugar neste capítulo, muitos deles contribuíram para a coletânea organizada por Hindmarsh e Prainsack (2010). Outros que merecem uma menção especial incluem Gerlach (2004), Lawless (2010) e McCartney (2006a).

que trabalham nos EUA. No entanto, há muitos outros estudiosos cujos ensaios têm contribuído para a nossa compreensão de algumas das diferenças mais problemáticas que surgem quando as perspetivas dos cientistas genéticos e dos estatísticos da genética populacional são confrontados com o argumento das preferências dos juízes e dos advogados. As questões surgidas com a introdução da prova de DNA nas condenações penais em Inglaterra e no País de Gales, bem como noutras jurisdições que se baseiam na jurisprudência inglesa, têm vindo a ser abordadas de um modo particularmente intensivo por vários académicos, sobretudo Roberts (p. ex., 2002, 2009 e Roberts et al. 1993), Redmayne (p. ex., 1995, 2001), Steventon (1993, 1998), Edmond (2000, 2004) e Gans (p.ex., 2007 e Gans e Urbas 2002).

Outros estudos sobre perfis de DNA e bases de dados genéticos não têm estado tão preocupados em mapear o rumo das disputas científicas ou jurídicas sobre o funcionamento destas tecnologias, mas antes em avaliar os discursos em torno do seu valor operacional para os investigadores criminais. Aqui, os interesses criminológicos tendem a deixar de fora os estudos legais, ou da ciência e da tecnologia, e as ambições académicas podem complementar mais facilmente as exigências de prova provenientes de decisores políticos na área da justiça criminal e das entidades estatais envolvidas na alocação de orçamentos importantes no domínio da polícia e/ou da ciência forense.

Ao passo que os primeiros esforços para acumular dados capazes de determinar o valor dos perfis de DNA e das bases de dados genéticos nas investigações criminais tiveram maioritariamente origem no Reino Unido, sendo quase todos financiados pelo *Home Office*[90] (ver, por exemplo, Burrows et al. 2005, Prime e Hennelly 2003, Williams 2004), muitos dos estudos mais recentes têm vindo a ser levados a cabo nos EUA, financiados sobretudo pelo *National Institute of Justice*.[91] Dois deles têm sido particularmente ambiciosos. Roman e os seus colegas (Roman et al. 2008) desenvolveram o primeiro teste de controlo aleatório do uso de perfis de DNA com propósitos forenses em vários distritos policiais dos EUA, em que os resultados das investigações de furto onde foi recolhida

---

[90] O Home Office do Reino Unido tutela áreas ligadas ao policiamento, serviços de segurança e controlo da imigração, podendo corresponder de modo lato a um Ministério da Administração Interna.

[91] O *National Institute of Justice* [Instituto Nacional de Justiça] é um organismo que integra o Departamento de Justiça dos EUA e que é responsável pelo desenvolvimento de estudos e pesquisas que aumentem o conhecimento e a compreensão do crime e da justiça através da ciência.

(mas não analisada) prova de DNA foram comparados com outros em que este tipo de prova foi disponibilizada aos investigadores. Um outro estudo relevante sobre o papel que a ciência forense em geral tem em garantir acusações, mas também em fornecer dados isolados sobre perfis de DNA, foi realizado por Peterson e outros investigadores (Peterson et al.2010). Este trabalho acompanhou o percurso da genética forense através do sistema de justiça criminal de investigações visando diversos tipos de crime (incluindo homicídio, violação, agressão agravada, furto, e roubo), para avaliar o contributo da ciência forense no resultado das investigações e acusações. Apesar de contemplar uma grande variedade de tipos de prova forense, foi dada uma atenção especial à análise de DNA pela sua capacidade de produzir provas de 'individualização' que tornam possível associar suspeitos específicos a cenas de crime.[92] As implicações sociais e políticas da expansão dos usos desta tecnologia foram também exploradas em vários estudos académicos e políticos. No Reino Unido, duas entidades principais – o *Nuffield Council on Bioethics*, e a *Human Genetics Commission*[93] – publicaram relatórios muito detalhados[94] sobre os expressivos desenvolvimentos legislativos e operacionais em torno das bases de dados de DNA ocorridos em Inglaterra e no País de Gales entre o estabelecimento da Base de Dados Genéticos Forense do Reino Unido (oficialmente conhecida por *UK National Criminal Intelligence DNA Database* – NDNAD), em 1995, e a decisão do TEDH (Tribunal Europeu dos Direitos Humanos) no caso de S. e Marper v. o Governo do Reino Unido.[95] É difícil avaliar a verdadeira influência das duas instituições supracitadas, embora a *Human Genetics Commission* tenha sido, pelo menos até recentemente, a entidade com maior poder de aconselhamento junto do governo em todos os assuntos relacionados com a genética humana. No entanto, vale a pena sublinhar que a já referida decisão do TEDH sustentou-se especificamente em alguns dos

---

[92] Os resultados deste estudo são demasiado complexos para serem aqui resumidos, mas vale a pena salientar que os dois tipos de crime em que a prova de DNA foi mais importante foram homicídio e violação. Tal pode não surpreender, apesar de não estar realmente de acordo com os resultados de pesquisas feitas no Reino Unido em que houve um grande impulso no sentido de incluir a recolha de vestígios de DNA na inspeção rotineira em casos de roubo e em cenas de crime envolvendo veículos.

[93] O *Nuffield Council on Bioethics* é uma organização independente dedicada ao estudo e à elaboração de relatórios acerca das questões éticas nas áreas da medicina e da biologia. A *Human Genetics Commission* é uma instituição pública que proporciona aconselhamento ao governo do Reino Unido em matérias associadas aos aspetos sociais e éticos da genética.

[94] Ver *Nuffield Council on Bioethics* (2007) e *Human Genetics Commission* (2001, 2002 e 2009).

[95] Ver glossário em "Caso S e Marper vs. Reino Unido".

argumentos sobre a retenção de amostras e perfis de DNA apresentados no relatório do *Nuffield Council on Bioethics* de 2007. Para além disso, nos últimos anos, o grupo de monitorização *Genewatch UK*[96] tem estado também a questionar de forma muito ativa as declarações oficiais e as estatísticas da Base de Dados Genéticos Forense do Reino Unido, bem como a agir perante vários comités da Câmara dos Comuns[97] que se debruçaram sobre aspetos do uso forense de perfis e bases de dados de DNA em Inglaterra e no País de Gales.[98] Nos Estados Unidos da América, a *American Civil Liberties Union*[99] tem frequentemente criticado a expansão estatal e federal da recolha e retenção de DNA (ver Krimsky e Simoncelli 2011), e a *American Society of Law, Medicine and Ethics*[100] financiou vários workshops e conferências nacionais entre 2003 e 2006 sobre os desenvolvimentos da elaboração de perfis de DNA nos Estados Unidos da América, que contaram com a participação dos mais relevantes especialistas das áreas académica, científica e operacional relacionadas com as técnicas de genética molecular humana forense.[101]

Por fim, os académicos das ciências sociais e humanas têm contribuído para a tomada de consciência sobre as fontes e qualidade do conhecimento que indivíduos oriundos dos mais variados grupos sociais têm sobre a elaboração de perfis de DNA e de bases de dados genéticos. Entre os agentes da polícia, o conhecimento sobre a genética forense foi sempre visto como limitado e problemático desde que começou a surgir nas investigações policiais nos anos de 1990. Apesar de não haver estudos que se tenham focado exclusivamente

---

[96] Associação sem fins lucrativos que monitoriza os desenvolvimentos das tecnologias genéticas na perspetiva do interesse público, dos direitos humanos, da proteção ambiental e dos direitos dos animais.

[97] A Câmara dos Comuns é a designação da câmara baixa do Parlamento do Reino Unido e é composta por 650 membros eleitos em representação dos seus respetivos constituintes.

[98] As publicações do *Genewatch UK* sobre as bases forenses de dados genéticos estão disponíveis em http://www.genewatch.org/

[99] A *American Civil Liberties Union* (ACLU) é uma associação sem fins lucrativos e sem afiliações partidárias fundada em 1920 nos EUA com o objetivo de defender os direitos, liberdades e garantias constitucionais dos cidadãos.

[100] A *American Society of Law, Medicine and Ethics* é uma organização sem fins lucrativos dedicada ao estudo académico multidisciplinar das interseções entre a justiça, a medicina e a ética. Para além de organizar e patrocinar eventos académicos e educacionais, a ASLME também edita duas importantes publicações académicas: o *Journal of Law, Medicine & Ethics* e o *American Journal of Law & Medicine*.

[101] As comunicações apresentadas nestes encontros foram publicadas em Lazer (2004) e em Noble e Moulton (2006).

na genética forense, os estudos que se fizeram sobre a consciência forense em geral dos agentes da polícia revelaram consistentemente a existência de grandes variações e de limitações sérias (ver, por exemplo, Saulsbury et al. 1994). No Reino Unido e noutros países, os fornecedores de serviços forenses (muitas vezes em articulação com atores chave na definição de políticas de policiamento) procuraram alertar a consciência policial para as possibilidades e limitações da elaboração de perfis de DNA, mas os resultados destes esforços nunca foram avaliados de forma sistemática.

Também tem sido frequentemente constatado, em especial pelos próprios cientistas forenses, o escasso conhecimento entre advogados e juízes sobre os detalhes relacionados com elaboração e comparação dos perfis de DNA (sobretudo, embora não exclusivamente, a sua compreensão dos principais fatores estatísticos na aplicação destas tecnologias em investigações e acusações). Um interessante estudo recente conduzido por académicos neozelandeses (Grace et al. 2011) explorou detalhadamente este aspeto mostrando as dificuldades que os atores judiciais enfrentam nos seus esforços para compreender a lógica tipicamente Bayesiana[102] que é preferencial entre os cientistas forenses que dedicam às análises de DNA. Esta mesma publicação demonstrou ainda a existência de conhecimento leigo sobre os perfis de DNA, um tema que tem sido de interesse aprofundado noutras esferas, mas raramente objeto de estudos empíricos rigorosos. Muito do trabalho sobre o chamado 'efeito *CSI*' (relativamente ao qual é comum atribuir-se ao DNA forense a sua principal causa) foi recentemente comentado por Cole e Dioso-Villa (2009) mas continua a ser um tema controverso, e tem sido tratado por diferentes estudiosos com diversos graus de seriedade.[103]

---

[102] A lógica bayesiana diz respeito à aplicação do Teorema de Bayes (Thomas Bayes, 1701-1761), um modelo matemático para quantificar a incerteza com base no conhecimento de eventos anteriores. É aplicada no domínio forense à quantificação da probabilidade de correspondência aleatória (*Random Match Probability*) e no estabelecimento de rácios de probabilidade ou rácios de verosimilhança (*Likelihood Ratios*) usados na comunicação de resultados da comparação de perfis de DNA aos tribunais pelos laboratórios. Quando se fala em 'lógica tipicamente bayesiana' está em causa a expressão probabilística dos resultados das análises de DNA (que envolve cálculos complexos e dados de estudos de genética populacional). Ou seja, em vez de concluir de modo categórico (sim ou não) se o perfil de um vestígio de cena de crime corresponde ao perfil do suspeito, é apresentado um cálculo da probabilidade de o suspeito ser o dador da amostra contra a probabilidade de o dador ser outro indivíduo da população.

[103] Em meados de 1900, uma imagem da investigação criminal totalmente sustentada pela ciência forense emergiu com a infame ou famosa 'lei' ou 'princípio' de Locard (por norma simplificada e considerada como 'qualquer contacto deixa um vestígio'), articulada com uma

Tecnologias que Incriminam

Comum a todos os estudos e relatórios já mencionados tem sido uma postura de questionamento crítico face à história da genética forense nas formações sociais contemporâneas, em particular quando se afirma que esta ciência, e as tecnologias que lhe estão associadas, contribuem para atingir objetivos de proteção pessoal e segurança coletiva. Isto tem sido assim, independentemente do foco de tais estudos ter vindo a situar-se na sustentação científica e na realização prática da comparação de perfis de DNA com objetivos forenses, dos percursos de ajustamento mútuo entre o trabalho quotidiano da genética forense e as preocupações dos atores judiciais, da elaboração e implementação de legislação sobre a recolha, retenção e uso de amostras e perfis de DNA, da avaliação do valor deste tipo de informação para a concretização de investigação criminais e acusações fiáveis, ou da forma como a chegada desta tecnologia fez renascer os debates tradicionais sobre os imperativos da proteção pessoal e da segurança coletiva, por um lado, e a observância fundamental da dignidade humana e da privacidade individual, por outro.

O trabalho de Helena Machado e Barbara Prainsack, com este livro e outros textos anteriores, contribui para dar resposta a algumas destas preocupações. Ambas chegaram a este tema depois de um longo trabalho sobre outros aspetos da ciência genética e os seus usos em contextos forenses. No entanto, a partir do momento em que centrou a sua atenção na área forense, e antes de completar a escrita deste livro, Machado já tinha escrito sobre as deliberações portuguesas a respeito da criação de uma base de dados genéticos, e sobre um caso particularmente bem conhecido de uma investigação criminal recente levada a cabo no Algarve. O interesse de Prainsack na genética forense desenvolveu-se no decorrer de um estudo alargado sobre a governabilidade de bases de dados genéticos, tendo dado origem a várias publicações sobre o seu desenvolvimento, o surgimento de regimes de partilha de informação entre jurisdições criminais sobre perfis de DNA em contextos forenses, e o raciocínio subjacente à inferência de fenótipos.

---

versão do 'método' advogado pela personagem de ficção Sherlock Holmes ('a observação das minudências'). Desde então que esta representação continuou a ter lugar no imaginário público e profissional. De facto, apesar de muito ter sido feito sobre a recém-descoberta do hipermoderno 'efeito *CSI*', é claro que o interesse público nos feitos aparentemente espetaculares dos profissionais forenses precede estes fenómenos pelo menos num século (ver a análise de Thomas (2000) sobre o retrato factual e ficcional das tecnologias forenses emergentes no final do século dezanove).

Os capítulos iniciais deste livro fazem uso de estudos já realizados – e outros ainda a decorrer – para explicar como e porque é que esta tecnologia tem vindo a ser adotada por muitas jurisdições criminais. As autoras exploram a história das ambições dos Estados modernos com vista à segurança, e descrevem o crescimento das bases forenses de dados genéticos como uma das manifestações dessas mesmas ambições (ainda que acompanhadas pelo interesse nos usos de outras formas de bioinformação), sobretudo numa tentativa de ancorar o conhecimento da história e das ações de atores individuais (nomeadamente os infratores) em factos imutáveis dos seus próprios corpos. Esta investigação alargada ganha uma textura mais detalhada ao considerar as diferentes trajetórias desses desenvolvimentos em dois estados soberanos da Europa – Áustria e Portugal. No primeiro, encontramos um regime de criação de bases de dados genéticos que se assemelha à primeira jurisdição em que foi criada uma base de dados genéticos com propósitos forenses (Inglaterra e País de Gales), com a exceção de contemplar menos categorias de indivíduos passíveis de ver recolhidas amostras do seu DNA, e de ser muito mais restritiva em termos de conservação de perfis e amostras. Na Áustria, contudo, a prática de elaborar perfis de DNA com objetivos forenses está claramente bem enraizada nas investigações criminais, assim como o entusiasmo por parte das autoridades estatais mais relevantes para participar em novas ações de partilha internacional de bioinformação forense entre a Áustria e outros estados membros da UE ao abrigo do Tratado de Prüm (bem como com outros Estados não europeus, através da Interpol).

Por outro lado, em contraste com esta trajetória mais ou menos estandardizada dos países do norte da Europa e da América do Norte, Portugal apresenta-nos uma história mais invulgar (e problemática) da criação de bases de dados genéticos com propósitos forenses. Enquanto as práticas policiais recentes no que diz respeito ao uso de perfis de DNA têm sido muito limitadas, pelo menos quando comparadas com jurisdições em que o seu recurso é cada vez mais comum em investigações de crimes contra a propriedade bem como de crimes sexuais e violentos, houve apoio político suficiente para permitir o anúncio de um plano de criação de uma base de dados genéticos universal de toda a população enquanto instrumento de auxílio às investigações criminais. No entanto, este plano foi depois abandonado devido aos custos envolvidos e às preocupações relativas à proteção dos direitos humanos. Em vez disso, a lei portuguesa possibilita aos cidadãos que concedam voluntariamente amostras para inclusão nessa base de dados genéticos. Os perfis de DNA dos voluntários são conservados indefinidamente, ou até que a autorização seja revogada, ao passo que os perfis de condenados são conservados por um máximo de dez anos após o cumprimento da respetiva sentença. Não é surpreendente que seja insignificante o número de indivíduos que se têm apresentado voluntariamente para doar uma amostra.

Nos últimos capítulos, as autoras complementam o seu contributo para a investigação e pesquisa atual sobre a natureza e o âmbito da genética forense, fazendo o primeiro estudo sistemático sobre o ponto de vista de reclusos condenados por ofensas criminais (encarcerados em prisões portuguesas e austríacas) em relação às bases de dados genéticos e perfis de DNA. No Reino Unido, várias discussões (levadas a cabo pelo *Nuffield Council on Bioethics*, a *Human Genetics Commission* e o *Home Office*) tiveram em conta as opiniões de membros da população acerca dos usos de perfis de DNA para fins forenses e de quais os regimes mais adequados para inclusão e conservação na Base de Dados Genéticos Forense Nacional de Inglaterra e País de Gales. Contudo, até ao estudo comparativo dos dois casos incluídos neste livro, nenhum investigador tinha tentado explorar de forma sistematizada as experiências e perspetivas de indivíduos condenados. As próprias palavras das autoras expressam muito eloquentemente o quanto esta investigação constitui um esforço para considerar:

> ... as articulações que se estabelecem entre as opiniões dos presos sobre as tecnologias forenses e as experiências dos próprios reclusos quando lidam com o sistema de justiça criminal: o que pensam acerca do trabalho da polícia e dos tribunais, sobre os dispositivos e práticas de vigilância que recaem em suspeitos e condenados, e como se situam em relação aos próprios problemas de exclusão e estigmatização sociais que, eventualmente, se poderão aprofundar pela dupla condição de condenados e de indivíduos que têm os seus dados pessoais em bases de dados policiais.

Ao longo deste livro são analisados vários aspetos das experiências e perspetivas dos reclusos, mas os meus comentários incidirão apenas sobre duas dimensões. Primeiro, as autoras escreveram sobre a 'consciência forense' dos reclusos que entrevistaram – sobretudo a sua perceção sobre o tipo de material biológico que os cientistas forenses são capazes de recolher das cenas de crime, o tipo de análise que conseguem desenvolver e as deduções que conseguem fazer a partir dessas análises. Trata-se de um tópico interessante, quanto mais não seja porque os próprios agentes da polícia e os cientistas forenses poucas vezes são consistentes quanto ao tipo de informação que neste domínio mais lhes interessa disseminar junto da população em geral (e dos atores criminais enquanto membros dessa população). Por um lado, é frequente argumentar-se que o conhecimento sobre o potencial forense do DNA no auxílio das investigações poderá dissuadir os indivíduos de cometerem crimes, por receio de haver uma maior hipótese de serem detetados. Por outro lado, no entanto, afirma-se que revelar demasiados detalhes sobre os procedimentos de recolha e elaboração de perfis de DNA poderá ter levar os autores do crime a tomarem medidas de precaução adicionais relativamente a procedimentos forenses, a alterarem as suas preferências quanto ao tipo de crime que cometem, ou encorajar medidas extremas para eliminar quaisquer vestígios que receiem deixar nos locais de crime (por exemplo, incendiando propriedades).

Alguns dos reclusos entrevistados ao longo deste estudo, embora não todos, esforçaram-se por saber mais sobre a recolha de materiais biológicos em cenas de crime e os usos de perfis de DNA obtidos através destes materiais. Muitos deles só se começaram a interessar depois de condenados, e embora alguns planeassem usar esse conhecimento no futuro, nem todos os reclusos que participaram neste estudo se viam a si mesmos como criminosos de carreira. Outros reconheciam as vantagens ilibatórias da prova de DNA, nomeadamente em situações em que desconfiavam da honestidade da polícia na recolha e na apresentação de outros tipos de provas que não fossem provenientes da ciência forense. Esta pluralidade de narrativas – de consciência, culpa, inocência e de acaso – recorrentes no que dizem os reclusos entrevistados, não podem ser resumidas de forma simples, exceto para dizer que refletem muitas outras ideias gerais sobre a elaboração de perfis de DNA com propósitos forenses, ainda que vistas pelo filtro das preocupações práticas daqueles que em determinado momento se viram envolvidos precisamente no tipo de atividades (criminais) que a tecnologia foi concebida para detetar (e mesmo evitar).

A referência ao tema da deteção leva-me ao segundo tema que quero realçar nas narrativas dos presidiários: os seus pontos de vista sobre a utilidade de bases de dados genéticos com propósitos forenses. A perspetiva geral expressa pelos reclusos era que a criação e expansão deste tipo de bases de dados não iria contribuir para evitar a criminalidade, apesar de existirem algumas diferenças nas opiniões dos reclusos das duas jurisdições, sendo que alguns dos portugueses eram mais otimistas sobre este aspeto particular da 'engenharia sociojurídica'. Parecia haver pouco apoio a respeito do alargamento das bases de dados criminais para bases de dados universais, uma vez que alguns reclusos declararam desconfiar do uso apropriado por parte das autoridades responsáveis. Ainda que os reclusos não sejam especialistas na avaliação destes temas, padecem da ausência de provas concretas a respeito da eficácia das bases de dados em detetar e/ou dissuadir os infratores, à semelhança do que acontece com outros comentadores – profissionais e leigos. Claro que sabem algumas coisas sobre os riscos que a sua própria conduta criminal evidencia, tendo em conta o alargamento da recolha e arquivo deste tipo de bioinformação forense. No entanto, Machado e Prainsack dispõem-se a não sobrevalorizar as tecnologias de DNA a este respeito, lembrando-nos que estas são apenas uma '... de um conjunto de práticas, atitudes e tecnologias de estigmatização' relativamente às quais estes infratores são confrontados como resultado da criminalização dos seus atos.

Conclusão

Ao longo da análise detalhada de diversas perspetivas – operacionais e políticas, policiais e judiciais, científicas e legislativas – sobre a genética forense contemporânea, Machado e Prainsack encorajam-nos a refletir sobre muitos dos aspetos desta tecnologia, e o que pensamos ser tanto a sua contribuição, como o desafio que colocam a vários valores sociais contemporâneos. O debate informado sobre os usos de perfis de DNA e bases de dados genéticos para fins forenses obriga necessariamente a ter em consideração um vasto número de princípios sobretudo, embora não exclusivamente, os da justiça, igualdade, segurança, privacidade, dignidade, liberdade, autonomia e solidariedade. O crescimento de bases forenses de dados genéticos continua a aumentar, independentemente da cautela necessária a propósito dos regimes de inclusão e conservação de dados que os Estados europeus têm atualmente de ter em conta na sequência do já mencionado acórdão de S. e Marper vs. Reino Unido pelo Tribunal Europeu dos Direitos Humanos. Os métodos de extração de perfis continuam a melhorar, com novos sistemas multiplex STR a tornarem possível a extração de material biológico em bom estado de origens até agora demasiado contaminadas por fatores ambientais ou outros que impossibilitavam uma extração do perfil bem-sucedida. A controvérsia sobre o uso da 'busca familiar' ainda se mantém, sobretudo nos EUA, mas também nalgumas partes da Europa; e a análise do fenótipo continua a ser uma ambição para alguns, e um risco para outros. Nem todas as jurisdições estão à vontade com a análise de quantidades ínfimas de DNA por norma amplificadas através da 'Low Template Analysis',[104] e continua a ser conflituosa a capacidade da avaliação humana na desambiguação de misturas de

---

[104] O mesmo que *Low Copy Number* (LCN). Ver nota supra.

duas, três ou mesmo quatro pessoas. As já antigas 'Guerras do DNA'[105] há muito que passaram, mas tal não significa o fim das controvérsias em torno do DNA. A análise contínua da parte das ciências sociais e humanas sobre as origens, natureza e resoluções destas promessas, problemas e controvérsias científicas e operacionais, continuarão a ser necessárias para desafiar a credibilidade de asserções não comprovadas, e para oferecer uma base mais sólida em que deve assentar a tomada de decisão racional neste domínio. Este livro contribui de forma muito categórica para esta análise.

---

[105] Ver glossário.

GLOSSÁRIO

AFIS: [*Automated Fingerprint Identification System*] (Sistema Automático de Identificação de Impressões Digitais). É um sistema biométrico de identificação que usa tecnologia de imagem digital para obter, arquivar e pesquisar dados dactiloscópicos. No processo de determinação da identidade de uma pessoa no contexto de uma detenção ou, em algumas jurisdições, no âmbito de investigação criminal, é frequente serem recolhidas impressões digitais e impressões da palma das mãos e inseridas no AFIS para verificar se as impressões da pessoa correspondem a impressões latentes recolhidas em cenas de crime, ou se as impressões digitais dessa pessoa estão já inseridas na base de dados com um nome diferente.

Ancestralidade biogeográfica: Método indireto de previsão de características externamente visíveis, na medida em que recorre à análise das frequências de determinadas características genéticas presentes e diferenciadas nas populações humanas consoante a sua origem biogeográfica. Um dos aspetos polémicos desta tecnologia consiste na eventual inferência de perfis raciais ou étnicos a partir dos perfis genéticos.

Arguido: Em Portugal, é o termo legal para definir uma pessoa contra a qual tenha sido deduzida uma acusação formal ou se tenham iniciado procedimentos de inquérito com base em suspeitas fundamentadas de crime.

Assistencialismo Penal: A ideia de que a punição que os infratores recebem deve também ajudá-los a tornarem-se melhores pessoas e cidadãos, e que a punição deve auxiliá-los a adquirir competências para o conseguirem.

Baixo Número de Cópias de DNA (*Low Copy Number* ou *Low Template Analysis*): Técnica de análise de DNA que, por via do aumento do número de ciclos de replicação e amplificação da amostra biológica, possibilita a elaboração de um perfil de DNA a partir de quantidades ínfimas da amostra original. Esta técnica permite, por exemplo, a elaboração de um perfil de DNA a partir de uma superfície na qual o suspeito tenha estado em contacto direto com a sua pele.

Base de Dados Genéticos Universal: Base centralizada de dados genéticos para uso policial e forense que reúne os perfis de todos os residentes de um país.

Bertillonage (também conhecido por sistema de Bertillon): Sistema de identificação criminal desenvolvido pelo criminólogo e antropólogo francês Alphonse Bertillon no final do século XIX. O sistema de Bertillon consistia na descrição detalhada de suspeitos e condenados com base numa grande diversidade de medições estandardizadas do corpo, uma descrição verbal (*portrait parlé*), fotografias e, se aplicável, o registo de características invulgares como sinais ou cicatrizes. Tornou possível o primeiro arquivo sistemático de dados obtidos para identificação criminal. Foi ultrapassado pela dactiloscopia (impressões digitais) como o principal método de arquivo e pesquisa de dados de identificação criminal ao longo das primeiras décadas do século vinte.

Bioinformação: não há uma definição concreta do termo. De acordo com a forma como o termo é empregue pelo Relatório do Nuffield Council on Bioethics sobre *O Uso Forense da Bioinformação: Questões Éticas* (2007) [*The Forensic Use of Bioinformation: Ethical Issues*], usamo-lo para referirmos dados resultantes da análise de uma gama de características físicas e biológicas de uma pessoa (sobretudo dados genéticos e impressões digitais).

Busca ou Pesquisa Familiar (*familial searching*): Se os perfis de DNA de uma base de dados não tiverem como resultado uma 'correspondência total', isto é, se dois perfis não são idênticos em todos os *loci* mas têm várias correspondências na maioria dos *loci* testados, é provável que a relação genética entre os dadores dos perfis seja relativamente próxima. Dependendo do número de marcadores que tenham correspondência, o perfil 'quase coincidente' pode provir de um dos progenitores, irmão, filho, primo, tio, etc. da pessoa constante da base de dados. Há apenas alguns países que autorizam a utilização em investigações da chamada 'pesquisa de familiares'.

Caso [do] Fantasma de Heilbronn: O caso do 'fantasma de Heilbronn' envolveu uma ação policial multinacional a larga escala na procura por uma mulher infratora, de identidade desconhecida, até que se veio a saber que o DNA encontrado nos locais do crime era proveniente de uma operária fabril que empacotava as zaragatoas de algodão usadas para recolher vestígios nos locais de crime.

Caso Joana: Joana Cipriano Guerreiro foi uma menina portuguesa de 8 anos de idade que desapareceu em 2004 da sua casa na aldeia de Figueira (na região do Algarve) a 11 kms do local onde Madeleine McCann foi vista pela última vez em 2007. O detetive responsável pela investigação do caso Joana, Gonçalo Amaral, seria mais tarde o mesmo que iria liderar as buscas por Madeleine McCann.

Caso Johann 'Jack' Unterweger: (1950-1994) Homicida em série austríaco cujas vítimas foram sobretudo prostitutas. Condenado inicialmente por um homicídio em 1974, foi libertado em 1990 depois de uma campanha pública levada a cabo por intelectuais e amigos pessoais que definiam como um exemplo modelar de reabilitação. Depois de ser libertado da prisão, Unterweger tornou-se jornalista e uma celebridade, mas poucos meses depois da sua libertação começou novamente a matar. Suicidou-se em 1994 depois de ter sido novamente condenado por múltiplos homicídios.

Caso Madeleine McCann: Este caso refere-se ao desaparecimento, ainda por resolver, de uma criança inglesa de três anos de idade, Madeleine McCann, durante as férias da família numa estância de férias em Portugal em maio de 2007. Em termos de cobertura noticiosa e atenção pública global, a investigação criminal que decorreu após o seu desaparecimento foi uma das que maior visibilidade recebeu neste século.

Caso Natascha Kampusch: Natascha Kampusch, uma jovem austríaca, foi raptada aos 10 anos de idade, a 3 de março de 1998. Kampusch foi mantida em cativeiro pelo seu raptor, Wolfgang Priklopil numa cela secreta durante mais de oito anos, até que conseguiu escapar a 23 de agosto de 2008. O seu sequestrador, Wolfgang Priklopil, não chegou a ser acusado uma vez que cometeu suicídio quando descobriu que Kampusch tinha fugido.

Caso Night Stalker ('Assediador Noturno'): Conhecido também como '*Minstead Rapist*', refere-se a um homem que agrediu e violou várias mulheres idosas na área de South East London, em Inglaterra, entre 1992 e 2009. Foram recolhidas amostras de DNA e concluiu-se que correspondiam aos perfis de DNA obtidos através do sémen encontrado nas vítimas. Delroy Grant negou o seu envolvimento nos crimes, culpando a sua ex-mulher de ter fabricado provas contra ele. Grant foi condenado a 24 de março de 2010 por 29 acusações de violação, roubo e agressão.

Caso S e Marper vs. Reino Unido: A 4 de dezembro de 2008, o Tribunal Europeu dos Direitos do Homem proferiu o seu veredito de última instância no caso de S e Marper vs. Reino Unido. O caso foi trazido ao Tribunal por Michael Marper e outro jovem conhecido apenas por 'S', cujas impressões digitais e perfil de DNA haviam sido arquivados na base de dados da polícia inglesa após a sua detenção em 2001. As acusações foram retiradas tanto no caso de Marper (detido com base em acusações de assédio) como no caso de S (na altura com 11 anos, por tentativa de roubo). Na ausência de acusações, ambos os homens exigiram que as suas impressões digitais e dados genéticos fossem removidos da base de dados. Em ambos os casos, o Tribunal de Recurso decidiu negativamente. Tendo esgotado todas as vias legais do Reino Unido, os dois homens apelaram ao TEDH, defendendo que a retenção das suas impressões digitais, perfis de DNA e amostras de DNA representavam uma infração dos seus direitos à privacidade tal como inscrito no Artigo 8 da Convenção Europeia dos Direitos do Homem (1950). O Tribunal reconheceu existir uma violação do Artigo 8. O Tribunal também referiu uma preocupação especial pelos eventuais riscos de estigmatização, defendendo que a presunção de inocência dos requerentes tinha sido infringida pela retenção das suas amostras e dos seus dados na ausência de uma condenação. Esta preocupação tornou-se especialmente relevante no que diz respeito a menores. Ainda decorrem as discussões sobre o modo como as práticas de identificação e armazenamento de informação pelas autoridades deverão ou poderão vir a alterar-se após a decisão do TEDH.

CNPD: Comissão Nacional de Proteção de Dados.

Consciência forense: Beauregard e Bouchard (2010) usam esta noção para descrever a experiência e conhecimentos mobilizados pelos infratores no sentido de evitarem deixar vestígios nas cenas de crime.

Contágio Funcional *(Function creep)*: O conceito refere-se à constatação de que as infraestruturas tecnológicas que foram implementadas com um objetivo em particular, muitas vezes, começam a ser utilizadas para finalidades mais alargadas (Dahl e Sætnan 2009). Uma vez criadas as infraestruturas, torna-se difícil evitar que sejam usadas de forma mais abrangente ou para fins que não tinham sido inicialmente previstos.

Dactiloscopia: Processo de identificação humana por meio das impressões digitais (normalmente dedos e palmas das mãos).

Decisão de Prüm (Convenção ou Tratado de Prüm): A 27 de maio de 2005, a chamada Convenção de Prüm – cujo nome advém da cidade alemã onde teve lugar o encontro – foi assinado por representantes de sete países europeus, Bélgica, Alemanha, Espanha, França, Luxemburgo, Países Baixos, e Áustria. Foi orientada pela convicção que as medidas tomadas após a Convenção de Schengen (abolição dos controlos fronteiriços e o reforço da cooperação policial) e as decisões do anterior Terceiro Pilar da UE (Cooperação Policial e Judicial em Matéria Penal) não eram suficientes para dar resposta ao aumento dos níveis da criminalidade transfronteiriça. Em junho de 2007, as partes essenciais da Convenção foram transpostas para Lei da UE (2008/615/JAI, 2008/616/JAI – Conselho UE 2008a, b); a chamada Decisão de Prüm tornou-se efetiva em agosto de 2008. Em agosto de 2011, todos os países da UE foram obrigados a tornar acessíveis às autoridades de outros países membros da UE (num pressuposto correspondência/não correspondência) as suas bases de dados centralizadas de veículos, impressões digitais e base de dados genéticos. Nem todos os países conseguiram cumprir este prazo.

Efeito CSI: Um conceito utilizado por académicos e cada vez mais também por especialistas e os média, para descrever a noção de que a grande popularidade de programas de televisão com base em investigações criminais com recurso a alta tecnologia (como a série norte-americana *Crime Scene Investigation: CSI*) tem vindo a influenciar as expetativas em torno das tecnologias forenses, em especial a análise de DNA.

Efeito efeito *CSI*: Este termo foi cunhado por Simon Cole e Rachel Dioso-Villa (2009) para descrever o fenómeno segundo o qual as suposições sobre as mudanças nas expetativas e comportamentos das pessoas, com base nas representações veiculadas pela comunicação social sobre as tecnologias forenses, começaram a modificar as expetativas e comportamento dos atores que fazem parte do sistema de justiça criminal. Este efeito, segundo os autores, normalmente funciona a favor da acusação: uma vez que a acusação é vista como sendo confrontada cada vez mais com expetativas para além do razoável a respeito da apresentação de provas científicas, as pessoas e os grupos de decisão tendem a simpatizar com eles e a considerar mais favoravelmente as suas hipóteses e argumentos.

Eurodac: O sistema Eurodac tem por base a Diretiva 2725/2000 do Conselho da UE. É gerido por uma unidade centralizada na Comissão Europeia e consiste numa base de dados central contendo impressões digitais bem como determinados tipos de informação pessoal sobre o proveniente da impressão (país de origem da UE; sexo; local e data de pedido de asilo, ou local e data de detenção da pessoa; número de referência; data da recolha de impressões digitais; data da transmissão das impressões para a unidade central Eurodac).

Eurojust: O Eurojust é uma entidade de cooperação judicial dentro da UE. A sua função é ajudar e auxiliar a coordenação de medidas contra crimes graves que afetem o território de mais de um país membro da UE.

Europol: A Europol é uma agência de segurança que presta apoio no combate ao crime em países da UE. A sua missão principal diz respeito à resolução de problemas criminais de âmbito transnacional e Europeu, operando em áreas tais como o contra-terrorismo, combate ao crime organizado, etc.

Exculpação: Envolve a exclusão de um indivíduo de um grupo de suspeitos. Normalmente ocorre durante as fases iniciais de uma investigação criminal ou do julgamento.

Exoneração: Implica a reavaliação da culpabilidade de um indivíduo que já tenha sido condenado. Nesse sentido, a exoneração pode envolver a reabertura de um caso e pode libertar da prisão uma pessoa que tenha sido condenada por engano (ver também 'Innocence Project').

Grafologia (Forense): Análise da escrita manual que fornece informação sobre o estado psicológico de um indivíduo no momento em que produziu um determinado documento, ou para examinar documentos que possam parecer suspeitos ou fraudulentos.

'Guerras do DNA': No seguimento dos primeiros usos da prova de DNA em investigações criminais e em tribunal nos anos de 1980, ocorreu uma discussão acesa entre especialistas e peritos sobre se a prova de DNA era suficientemente robusta para esta finalidade. O resultado desta 'guerra' é bem conhecido; não só a prova de DNA entrou em definitivo nos sistemas de justiça criminal em todo o mundo, mas é entendida de forma generalizada como o novo 'padrão de ouro' na ciência forense – um processo que Lynch (2004; ver também Lynch et al. 2008) convenientemente denomina como uma 'inversão da credibilidade'.

Heidegger (caso): O caso do austríaco Peter Heidegger, que em 1993 foi condenado erradamente pelo assalto e homicídio da taxista Claudia Deubler, de 28 anos de idade, com base sobretudo em declarações falsas de testemunhas oculares. Foi exonerado em 2003.

IAFIS: É o Sistema Integrado de Identificação de Impressões Digitais Automatizadas norte-americano. Os dados constantes no IAFIS incluem impressões digitais, registo criminal, foto do rosto, fotografias de cicatrizes ou tatuagens, características físicas como altura, peso, cor do cabelo e dos olhos, e pseudónimos. O sistema também inclui impressões digitais civis, sobretudo de indivíduos que pertencem ou pertenceram às forças militares norte-americanas ou que sejam ou tenham sido funcionários do governo federal. Pensa-se que será, atualmente, a maior base de dados biométricos no mundo.

In/capacitação situada: Barbara Prainsack e Victor Toom cunharam este termo para sublinhar a simultaneidade dos efeitos tanto capacitadores como opressivos da vigilância. A ideia de in/capacitação situada (*situated dis/empowerment*), dizem os autores, 'ajuda-nos a entender a forma como os efeitos capacitadores e incapacitadores da vigilância estão sempre interligados e estão com frequência mutuamente integrados' (Prainsack e Toom 2010: 1118).

Innocence Project (Projeto Inocência): Organização de litígio e política pública norte-americana fundada em 1992, que tomou um papel pioneiro na exoneração de indivíduos erradamente condenados recorrendo (sobretudo) a testes de DNA. O Innocence Project tornou-se um exemplo crucial para demonstrar o modo como as tecnologias forenses podem ser usadas para confrontar e por vezes corrigir os erros da justiça, e deu origem a várias iniciativas semelhantes noutros países.

Modus operandi: Padrão específico da prática de um crime; a forma como um crime é cometido. A análise do *modus operandi* (ou 'MO'), pode fornecer pistas numa investigação que relacionem uma cena de crime a um suspeito em particular, ou a relacionar diferentes cenas de crime entre si.

NDNAD: Base de Dados Genéticos Nacional do Reino Unido. É a mais antiga base de dados genéticos com finalidades forenses na Europa, e uma das maiores a nível mundial.

Objetividade Mecânica: Theodore Porter (1996) celebrizou este termo para se referir à maior autoridade e importância atribuída à 'impessoalidade dos números' nas várias esferas da realidade política, económica e social, em detrimento da experiência e ponderação humanas.

Perfil fenotípico (*Phenotypical inferencing*): Uso da análise de DNA para obter, de modo direto, uma previsão de informação sobre características visíveis apenas externamente, e/ou a eventual proveniência étnica de uma pessoa. Esta informação não é possível de ser obtida através dos perfis de DNA tradicionais (STR), necessitando de um tipo especial de análise que, por norma, não é efetuado quando o DNA é recolhido em locais de crime, ou em amostras recolhidas a indivíduos. Através deste tipo de análise é possível, por exemplo, calcular a probabilidade de o dador da amostra ter cabelo ruivo, castanho ou louro, qual a cor dos olhos e do tom da pele. O perfil fenotípico pode dar pistas para a investigação de infratores, suspeitos, e vítimas (se não se conseguir identificar estas últimas através de outros meios – por exemplo, cadáveres gravemente mutilados ou em decomposição).

'Pesca de DNA' (*mass screening* ou *DNA dragnet*): Recolha massiva de amostras de DNA de cidadãos cujas características se enquadrem no perfil limitado de um agressor desconhecido. Ao levar a cabo este tipo de operações, a polícia, por exemplo, poderá solicitar amostras de DNA de todos os cidadãos do sexo masculino, com idade entre os 20 e os 40 anos, que residam num raio de 30 quilómetros de um dado local.

Presenças ou Transeuntes Circunstanciais (*Gelegenheitspersonen*): Na Áustria, esta definição aplica-se a indivíduos que não estão sob suspeita e que podem ter deixado o seu DNA no local do crime por razões legítimas, podendo ser-lhes pedido que cedam uma amostra de DNA para efeitos de eliminação. Por norma, costumam ser companheiros, familiares, colegas de casa e vizinhos, pessoal de limpeza, mas por vezes também vítimas.

Programa de Expansão de DNA: Programa lançado em 2000 no Reino Unido, com o objetivo de expandir o crescimento da Base Nacional de DNA até que os perfis de DNA de todos os infratores conhecidos estejam arquivados centralmente.

Schengen *acquis* (também Tratado de Schengen): Em 1995, cinco países membros da UE – Bélgica, França, Alemanha, Luxemburgo, e os Países Baixos – assinaram o chamado acordo de Schengen (com o mesmo nome da cidade do Luxemburgo onde foi assinado). O objetivo deste tratado internacional foi o de facilitar a livre circulação de pessoas entre fronteiras dentro dessa área, o que na prática significou a abolição dos controlos fronteiriços. Portugal, Espanha, Itália e Áustria aderiram ao Tratado em 1997. Dois anos mais tarde, o Tratado de Amesterdão incorporou o acordo de Schengen na lei da UE e tornou-o parte do chamado *acquis communautaire* (o conjunto de leis, regulações e normas da UE a que a adesão dos novos países devem seguir quando aderirem à UE). No entanto, os países que atualmente estão a implementar o acordo de Schengen não correspondem totalmente aos países membros da UE: enquanto países da UE como a Irlanda e o Reino Unido optaram por ficar fora de Schengen, vários países não membros da UE como a Islândia, a Noruega e a Suíça, optaram voluntariamente por aderir a Schengen. Tal significa que qualquer residente que não pertença à UE mas tenha um visto Schengen possa também viajar para estes três estados não membros sem que tenha de se sujeitar ao controlo fronteiriço. Para além disso, os três micro-países que não são nem membros da UE nem signatários do acordo de Schengen são de facto parte da zona Schengen em virtude dos acordos bilaterais dos países adjacentes: Mónaco, San Marino e a Cidade do Vaticano.

SPG: Lei da Polícia de Segurança Austríaca (*Sicherheitspolizeigesetz*).

StPO: Código de Processo Criminal Austríaco (*Strafprozessordnung*).

STR Multiplex: O termo refere-se aos kits mais comuns para análise de DNA usado para fins forenses. STR significa *Short Tandem Repeats*, que são repetições de cadeias de nucleótidos do genoma. Pessoas diferentes têm diferentes números de repetição da mesma localização do seu genoma; se forem observados diferentes *loci*, a probabilidade da coincidência de duas pessoas terem repetições em todos os *loci* é muito pequena. Este é o princípio subjacente à elaboração do perfil de DNA.

VIS AFIS: Sistema de Informação de Vistos usado na UE. VIS AFIS tem por base a Regulação (CE) 767/2008. Os dados registados no VIS são: informação sobre o requerente e os vistos solicitados, emitidos, recusados, anulados, revogados ou prolongados; fotografias; impressões digitais; relação com pedidos anteriores de visto e aos ficheiros existentes de indivíduos que viajam em conjunto.

REFERÊNCIAS

Aas, K.F. 2006. 'The body does not lie': identity, risk and trust in technoculture. *Crime, Media, Culture*, 2(2), 143–58.

Agnew, R. 1990. The origins of delinquent events: an examination of offender accounts. *Journal of Research in Crime and Delinquency*, 27(3), 267–94.

Agnew, R. 1992. Foundation for a general strain theory. *Criminology*, 30(1), 47–87.

Águas, C. et al. 2009. DNA databases and biobanks: the Portuguese legal and ethical framework, in *New Challenges for Biobanks: Ethics, Law and Governance*, ed. K. Dierickx e P. Borry. Antwerp & Oxford: Intersentia, 209–23.

Almeida, M.V. 1995. *Senhores de Si. Uma Interpretação Antropológica da Masculinidade*. Lisboa: Fim de Século.

Alschuler, A.W. 1979. Plea bargaining and its history. *Columbia Law Review*, 79(1), 1–43.

Altheide, D. e Coyle, M.J. 2006. Smart on crime: the new language for prisoner release. *Crime, Media, Culture*, 2(3), 286–303.

Altheide, D. e Devriese, D. 2007. Perps in the news: a research note on stigma. *Crime, Media, Culture*, 3(3), 382–9.

Aronson, J.D. 2007. *Genetic Witness: Science, Law, and Controversy in the Making of DNA Profiling*. New Brunswick, NJ: Rutgers University Press.

Asplen, C. 2004. *The Application of DNA Technology in England and Wales* [Online]. Disponível em: http://www.ncjrs.gov/pdffiles1/nij/grants/203971.pdf [acesso: 8 julho 2013].

Austin, J. et al. 2007. *Unlocking America: Where and How to Reduce America's Prison Population*. Washington, DC: The JFA Institute.

Barondess, J.A. 1996. Medicine against society. Lessons from the Third Reich. *Journal of the American Medical Association*, 276(20), 1657–61.

Baskin, D.R. e Sommers, I.B. 2010. Crime-show-viewing habits and public attitudes towards forensic evidence: the 'CSI effect' revisited. *The Justice System Journal*, 31(1), 97–113.

BBC News. 2009. 'DNA bungle' haunts German police. *BBC News* [Online, 28 março]. Disponível em: http://news.bbc.co.uk/2/hi/europe/7966641.stm [acesso: 8 julho 2013].

BBC. 2011. How they caught... the Night Stalker. *Crime Watch* [Online, 31 março]. Disponível em: http://www.bbc.co.uk/crimewatch/solved/howtheycaught/htc_night_stalker.shtml [acesso: 9 abril 2011]; http://www.youtube.com/watch?v=UZd7ANciNok [acesso: 21 julho 2013].

Beauregard, E. e Bouchard, M. 2010. Cleaning up your act: forensic awareness as a detection avoidance strategy. *Journal of Criminal Justice*, 38(6), 1160–6.

Beck, U. 1992. *Risk Society: Towards a New Modernity*. London: Sage.

Becker, H. 1963. *Outsiders: Studies in the Sociology of Deviance*. New York: The Free Press.

Bhati, A. 2010. *Quantifying the Specific Deterrent Effects of DNA Databases* [Online: Justice Policy Center, The Urban Institute]. Disponível em: http://www.urban.org/uploadedpdf/412058_dna_databases.pdf [acesso: 8 julho 2013].

Bieber, F.R. 2006. Turning base hits into earned runs: improving the effectiveness of forensic DNA data bank programs. *The Journal of Law, Medicine & Ethics*, 34(2), 222–33.

Boavida, M.J. 2005. *Portugal Plans a Forensic Genetic Database of its Entire Population* [Online: NewropMag]. Disponível em: http://www.newropeans-magazine.org/index.php?option=com_content&task=view&id=2059&Itemid=121 [acesso: 8 julho 2013].

Bradbury, S. e Feist, A. 2005. *The Use of Forensic Science in Volume Crime Investigations: A Review of the Research Literature* [Online: Home Office Online Report 43/05]. Disponível em: http://www.homeoffice.gov.uk/publications/science-research-statistics/research-statistics/police-research/hoor4305?view=Binary [acesso: 8 julho 2013].

Brewer, P. e Ley, B. 2010. Media use and public perceptions of DNA evidence. *Science Communication* 32(1), 93–117.

Brezina, T. e Piquero, A. 2003. Exploring the relationship between social and non-social reinforcement in the context of social learning theory, in *Social Learning Theory and the Explanation of Crime: A Guide for the New Century*, ed. R. Akers e G. Jensen. New Brunswick, NJ: Transaction, 265–88.

Briody, M. 2004a. DNA databases and effects on volume crime, in *The Effects of DNA Evidence on the Criminal Justice Process*. Ph.D. thesis by Michael Briody. School of Criminology and Criminal Justice, Faculty of Arts, Griffiths University, 176–358.

Briody, M. 2004b. The effects of DNA evidence on homicide cases in court. *Australian and New Zealand Journal of Criminology*, 37(2), 231–52.

Briody, M. e Prenzler, T. 2005. D.N.A. Databases and property crime: a false promise? *Australian Journal of Forensic Sciences*, 37(2), 73–86.

Bryant, C. 2010. Corruption: Finance probes stretch limits of justice system. *Financial Times* [Online, 21 outubro 2010]. Disponível em: http://www.ft.com/intl/cms/s/0/25d6da38-dbd9-11df-af09-00144feabdc0,s01=1.html#axzz2ZVO1x3Xv [acesso: 17 julho 2013].

Buckleton, J. e Gill, P. 2010. A universal strategy to interpret DNA profiles that does not require a definition of low-copy-number. *Forensic Science International: Genetics*, 4(4), 221–7.

Budowle, B., Eisenberg, A.J. e van Daal, A. 2009. Low copy number typing has yet to achieve 'general acceptance'. *Forensic Science International: Genetics Supplement Series 2*, 551–2.

Burrows, J. et al. 2005. *Forensic Science Pathfinder Project: Evaluating Increased Forensic Activity in Two English Police Forces*. London: Home Office.

Bynum, T., Cordner, G. e Greene, J. 1982. Victim and offense characteristics: impact of police investigative decision-making. *Criminology*, 20, 301–18.

Cabral, M. et al. 2003. *Desigualdades Sociais e Percepções da Justiça*. Lisboa: Instituto de Ciências Sociais.

Cafepress. 2011. T-shirt: 'People lie. The evidence doesn't' [Online]. Disponível em: http://www.cafepress.co.uk/+people_lie_evidence_doesnt_womens_dark_tee,85706521[acesso: 8 julho 2013].

Caplan, J. e Torpey, J. 2001. *Documenting Individual Identity: The Development of State Practices in the Modern World*. Princeton: Princeton University Press.

Carlen, P. e Tombs, J. 2006. Reconfigurations of penalty. The ongoing case of the women's imprisonment and reintegration industries. *Theoretical Criminology*, 10(3), 337–60.

Cauchi, J.A. e Knepper, P. 2009. The empire, the police, and the introduction of fingerprint technology in Malta. *Criminology & Criminal Justice*, 9(1), 73–92.

Cavender, G. e Deutsch, S.K. 2007. CSI and moral authority: the police and science. *Crime, Media, Culture*, 3(1), 67–81.

Center on Wrongful Convictions 2005. *The Snitch System* [Online: Northwestern University School of Law]. Disponível em: http://www.innocenceproject.org/docs/SnitchSystemBooklet.pdf [acesso: 8 julho 2013].

Charmaz, K. 1990. 'Discovering' chronic illness: using grounded theory. *Social Science and Medicine*, 30: 1161–72.

Charmaz, K. 2000. Grounded theory: objectivist & constructivist methods, in *Handbook of Qualitative Research*, 2ª edição, ed. N. Denzin e Y. Lincoln. Thousand Oaks, CA: Sage, 509–35.

Cheliotis, L.K. 2010. The ambivalent consequences of visibility: crime and prisons in the mass media. *Crime, Media, Culture*, 6(2), 169–84.

Christie, N. 2001. Imprisonment: sociological aspects, in *International Encyclopedia of the Social & Behavioral Sciences*, ed. N.J. Smelser e P.B. Baltes. Oxford, UK: Elsevier Sciences, 7248–51.

Clemmer, D. 1940. *The Prison Community*. New York: Rinehart and Co.

Cloward, R. e Ohlin, L. 1960. *Delinquency and Opportunity*. New York: Free Press.

Código do Processo Criminal [*Strafprozessordnung*, StPO]. 2013 [1975]. Gesamte Rechtsvorschrift für Strafprozeßordnung 1975 [Online: Rechtsinformationssystem]. Disponivel em: http://www.ris.bka.gv.at/GeltendeFassung.wxe?Abfrage=Bundesnormen&Gesetzesnummer=10002326 [acesso: 20 julho 2013] [em Alemão].

Código de Processo Penal 2007. Aprovado pelo Decreto-Lei 78/87, 17 fevereiro, republicado pela Lei 48/2007, 29 agosto [Online: Procuradoria-Geral Distrital de Lisboa]. Disponível em: http://www.pgdlisboa.pt/pgdl/leis/lei_mostra_articulado.php?nid=929&tabela=leis&ficha=1&pagina=1 [acesso: 8 julho 2013].

Cole, S.A. 2001. *Suspect Identities: A History of Fingerprinting and Criminal Identification*. Harvard: Harvard University Press.

Cole, S.A. 2010. Acculturating forensic science: what is 'scientific culture' and how can forensic science adopt it? *Fordham Urban Law Journal*, 38, 435-72.

Cole, S.A. e Dioso-Villa, R. 2007. CSI and its effects: media, juries, and the burden of proof. *New England Law Review*, 41, 435-70.

Cole, S.A. e Dioso-Villa, R. 2009. Investigating the 'CSI effect': media and litigation crisis in criminal law. *Stanford Law Review*, 61(6), 1335-73.

Cole, S.A. e Lynch, M. 2010. DNA profiling versus fingerprint evidence: more of the same?, in *Genetic Suspects: Global Governance of DNA Profiling and Databasing*, ed. R. Hindmarsh e B. Prainsack. Cambridge, UK: Cambridge University Press. 105-27.

Comissão Europeia. 2010. Europeans and Biotechnology in 2010: Winds of Change? Eurobarometer 73.1 [Online, outubro]. Disponível em: http://ec.europa.eu/public_opinion/archives/ebs/ebs_341_winds_en.pdf [acesso: 8 julho 2013].

Connor, S. 2003. Take everyone's fingerprint, says pioneer. *The Independent* [Online, 3 fevereiro]. Disponível em: www.independent.co.uk/news/science/take-everyones-dnafingerprint-says-pioneer-596474.html [acesso: 18 março 2010].

Conselho UE. 2008a. Decisão 2008/615/JAI do Conselho de 23 de Junho de 2008 relativa ao aprofundamento da cooperação transfronteiras, em particular no domínio da luta contra o terrorismo e a criminalidade transfronteiras. Conselho da União Europeia, Jornal Oficial da União Europeia, agosto (2008) L 210/1-L 210/11.

Conselho UE. 2008b. Decisão 2008/616/JAI do Conselho de 23 de Junho de 2008 referente à execução da Decisão 2008/615/JAI, relativa ao aprofundamento da cooperação transfronteiras, em particular no domínio da luta contra o terrorismo e da criminalidade transfronteiras. Conselho da União Europeia, Jornal Oficial da União Europeia, agosto (2008) L 210/12-L 210/72.

Conti, R. 1999. Psychology of false confessions. *The Journal of Credibility Assessment and Witness* Psychology, 2(1), 14-36.

Convenção de Prüm. 2005. *Convention between the Kingdom of Belgium, the Federal Republic of Germany, the Kingdom of Spain, the French Republic, the Grand Duchy of Luxembourg, the Kingdom of the Netherlands and the Republic of Austria on the stepping up of cross-border cooperation, particularly in combating terrorism, cross-border crime and illegal migration* [Online, 27 maio]. Disponível em: http://www.libertysecurity.org/IMG/pdf/Prum--ConventionEn.pdf [acesso: 8 julho 2013].

Costa, S. 2003. *A Justiça em Laboratório. A Identificação por Perfis Genéticos de ADN – Entre a Harmonização Transnacional e a Apropriação Local*. Coimbra: Almedina.

Crombag, H. 2003. Adversarial or inquisitorial. Do we have a choice? in *Adversarial versus inquisitorial justice: Psychological perspectives on criminal justice*, editado por Peter Koppen e Steven Penrod. New York: Kluwer Academic/Plenum Publishers, 21-5.

Cunha, M.I. 2002. *Entre o Bairro e a Prisão: Tráfico e Trajectos*. Lisboa: Fim do Século.

Cunha, M.I. 2008. Closed circuits: kinship, neighborhood and imprisonment in urban Portugal. *Ethnography*, 9(3), 325-50.

Cunha, M.I. 2010. Race, crime and criminal justice in Portugal, in *Race, Crime and Criminal Justice: International Perspectives*, ed. A. Kalunta-Crumpton. New York: Palgrave Macmillan, 144–61.
Cunha, M.I. e Bastos, C. 2007. Introdução. *Análise Social*, XLII(185), 977–83.
Cutter, A.M. 2006. To clear or to convict ? The role of genomics in criminal justice. *Genomics, Society and Policy*, 2(1), 1–15.
Dahl, J.Y. e Sætnan, A.R. 2009. 'It all happened so slowly': on controlling function creep in forensic DNA databases. *International Journal of Law, Crime and Justice*, 37(3), 83–103.
Dâmaso, E. 2007. Críticas inglesas. *Correio da Manhã* [Online, 11 maio]. Disponível em: http://www.cmjornal.xl.pt/detalhe/noticias/opiniao/eduardo-damaso/criticas-inglesas?nPagina=3 [acesso: 8 julho 2013].
Decreto 13254/1927, 9 março. Promulga Várias Disposições Sôbre Serviços de Identificação – Reorganiza o Instituto de Criminologia de Lisboa – Cria o Instituto de Criminologia de Coimbra - Reorganiza a Repartição de Antropologia Criminal do Pôrto [Online: Diário da República Eletrónico]. Disponível em: http://www.dre.pt/pdf1s/1927/03/04800/03240331.pdf [acesso: 19 julho 2013].
Decreto 27304/1936, 8 dezembro. Reorganiza os Serviços de Identificação e Registo Criminal e Policial [Online: Diário da República]. Disponível em: http://www.dre.pt/pdf1s/1936/12/28700/16031611.pdf [acesso: 19 julho 2013].
Decreto 33535/1944, 21 fevereiro. Cria a Direcção dos Serviços de Identificação, que Terá a Seu Cargo Todos os Serviços de Identificação Civil e Criminal [Online: Diário da República]. Disponível em: http://www.dre.pt/pdf1s/1944/02/03601/01370138.pdf [acesso: 19 julho 2013].
Decreto 35042/1945, 20 outubro. Organiza os Serviços de Polícia Judiciária [Online: Diário da República Eletrónico]. Disponível em: http://www.dre.pt/pdf1s/1945/10/23300/08390850.pdf [acesso: 19 julho 2013].
Decreto 175/2011. *Tabela de Preços das Perícias Forenses* [Online: Diário da República Eletrónico]. Disponível em: http://www.dre.pt/pdf1s/2011/04/08200/0246802474.pdf [acesso: 8 julho 2013].
Deliberação 3191/2008, 3 dezembro. *Regulamento de Funcionamento da Base de Dados de Perfis de ADN* [Online: Diário da República Eletrónico]. Disponível em: http://www.dre.pt/pdf2sdip/2008/12/234000000/4888148886.pdf [acesso: 8 julho 2013].
Deutsch, S.K. e Cavender, G. 2008. CSI and forensic realism. *Journal of Criminal Justice and Popular Culture*, 15(1), 34–53.
DGSP. 2009. *Reclusos Existentes em 31 de Dezembro, Segundo a Instrução, Sexo e Nacionalidade* [Online]. Disponível em: http://www.dgsp.mj.pt/backoffice/uploads/anuais/20100302020332RecExist_Inst-Sex-Nac.pdf [acesso: 8 julho 2013].
Dobash, R.E. e Dobash, R.P. 2011. What were they thinking? Men who murder an intimate partner. *Violence Against Women*, 17(1), 111–34.

Doyle, J. 2005. *True Witness: Cops, Courts, Science, and the Battle Against Misidentification*. New York: Palgrave Macmillan.

Drizin, S. e Leo, R. 2004. The problem of false confessions in the post-DNA world. *North Carolina Law Review*, 82, 891–1007.

Drizin, S. e Reich, M. 2004. Heeding the lessons of history: the need for mandatory recording of police interrogations to accurately assess the reliability and voluntariness of confessions. *Duke Law Review*, 52, 619–46.

Dror, I.E. e Hampikian, G. 2011. Subjectivity and bias in forensic DNA mixture interpretation. *Science and Justice*, 51 (4), 204-208.

Dror, I.E. e Mnookin, J. L. 2010. The use of technology in human expert domains: challenges and risks arising from the use of automated fingerprint identification systems in forensic science. *Law, Probability and Risk*, 9(1), 47–67.

Dundes, L. 2001. Is the American public ready to embrace DNA as a crime-fighting tool? A survey assessing support for DNA databases. *Bulletin of Science, Technology & Society*, 21(5), 369–75.

Durão, S. 2008. *Patrulha e Proximidade – Uma Etnografia da Polícia em Lisboa*. Coimbra: Almedina.

Durnal, E. 2010. Crime scene investigation (as seen on TV). *Forensic Science International*, 199(1–3), 1–5.

Duster, T. 2004. Selective arrests, an ever-expanding DNA forensic database, and the specter of an early-twenty-first-century equivalent of phrenology, in *The Technology of Justice: DNA and the Criminal Justice System*, ed. D. Lazer. Cambridge, MA: MIT Press, 315–34.

Duster, T. 2006a. Explaining differential trust of DNA forensic technology: grounded assessment or inexplicable paranoia? *Journal of Law, Medicine & Ethics*, 34(2), 293–300.

Duster, T. 2006b. The molecular reinscription of race: unanticipated issues in biotechnology and forensic science. *Patterns of Prejudice*, 40(4–5), 427–41.

Duster, T. 2008. DNA dragnets and race: larger social context, history and future. *GeneWatch*, 21(3–4), 3–5.

[The] *Economist*. 2010. The 'CSI effect' [Online, 22 abril]. Disponível em: http://www.economist.com/node/15949089 [acesso: 8 julho 2013].

Edmond, G. 2000. Judicial representations of scientific evidence. *Modern Law Review*, 63: 216–51.

Edmond, G. (ed.). 2004. *Expertise in Regulation and Law*. Aldershot, UK: Ashgate.

ENFSI 2011. *ENFSI Survey on DNA-databases in Europe December 2011* [Online]. Disponível em: http://www.enfsi.eu/sites/default/files/documents/enfsi_survey_on_dna-databases_in_europe_december_2011_0.pdf [acesso: 18 julho 2013].

Ericson, R.V. e Haggerty, K. 1997. *Policing the Risk Society*. Oxford: Oxford University Press.

Ericson, R.V. e Shearing, C.D. 1986. The scientification of police work, in *The Knowledge Society: The Growing Impact of Scientific Knowledge on Social Relations*, ed. G. Bohme e N. Stehr. Dordrecht: D. Reidel Publishing Company, 129–59.

Eusébio, J.C. et al. 2007. Judiciária na pista do raptor. *Correio da Manhã* [Online, 6 maio]. Disponível em: http://www.cmjornal.xl.pt/detalhe/noticias/exclusivo-cm/judiciaria-na-pista-do-raptor [acesso: 8 julho 2013].

Evans, T. e Wallace, P. 2008. A prison within a prison? The masculinity narratives of male prisoners. *Male and Masculinities*, 10(4), 485–507.

Findley, K. 2002. Learning from our mistakes: criminal justice commission to study wrongful convictions. *California Western Law Review* 38(2), 333–53.

Finn, J. 2005. Photographing fingerprints: data collection and state surveillance. *Surveillance & Society*, 3(1), 21–44.

Fontes, L. 2011. Lei ameaça dois mil registos de ADN que a PJ recolheu. *Diário de Notícias* [Online, 6 janeiro]. Disponível em: http://www.dn.pt/inicio/portugal/interior.aspx?content_id=1749615 [acesso: 19 julho 2013].

Forejustice. s.d. *Websites or Web Pages Around the World That are Devoted Wholly or in Part to Exposing Various Aspects of Wrongful Convictions* [Online]. Disponível em: http://forejustice.org/wc/wrongful_conviction_websites.htm [acesso: 8 julho 2013].

Fosdick, R.B. 1915. The passing of the Bertillon System of Identification. *Journal of the American Institute of Criminal Law and Criminology*, 6(3), 363–9.

Foucault, M. 1975. *Discipline and Punish: The Birth of the Prison*. New York: Random House.

Freckelton, I. e Selby, H. 2002. *Expert Evidence: Law, Practice, Procedure and Advocacy*. Pyrmont, N.S.W.: Lawbook Co.

Frois, C. 2008. Bases de dados pessoais e vigilância em Portugal: análise de um processo em transição, in *A Sociedade Vigilante. Ensaios Sobre Identificação, Vigilância e Privacidade*, ed. C. Frois. Lisboa: Imprensa de Ciências Sociais, 111–34.

Gamero, J.J. et al. 2007. Spanish public awareness regarding DNA profile databases in forensic genetics: what type of DNA profiles should be included? *Journal of Medical Ethics*, 33(10), 598–604.

Gans, J. 2007. Catching Bradley Murdoch: tweezers, pitchforks and the limits of DNA sampling. *Current Issues in Criminal Justice*, 19, 34–48.

Gans, J. e Urbas, G. 2002. DNA identification in the criminal justice system. *Australian Institute of Criminology*, 226, 1–6.

Garrett, B. 2010. The substance of false confessions. *Stanford Law Review*, 62(4), 1051–119.

Garrett, B. e Neufeld, P. 2009. Invalid forensic science testimony and wrongful convictions. *Virginia Law Review* 95, 1–96.

Gepp, J. 2007. Der geliebte Psychopath [O adorável psicopata]. *Falter*, 48 [Online, 28 novembro]. Disponível em: http://www.falter.at/falter/2007/11/27/der-geliebte-psychopath/ [acesso: 8 julho 2013] [em Alemão].

Gerlach, N. 2004. *The Genetic Imaginary: DNA in the Canadian Criminal Justice System*. Toronto: University of Toronto Press.

Ghoshray, S. 2007. Symposium – The 'CSI-effect': the true effect of crime scene television on the justice system: CSI and its effects: circumstantial evidence, reasonable doubt, and jury manipulation. *New England Law Review*, 41, 533–60.

Gibbs, J.J. e Shelly, P.L. 1982. NCCD research review: Life in the fast lane: a retrospective view by commercial thieves. *Journal of Research in Crime and Delinquency*, 19(2), 299–330.

Gill, P. e Clayton, T. 2009. The current status of DNA profiling in the UK, in *Handbook of Forensic Science*, ed. J. Fraser e R. Williams. Cullompton, Devon: Willan Publishing, 29–56.

Glaser, B.G. e Strauss, A.L. 1967. *The Discovery of Grounded Theory: Strategies for Qualitative Research*. New York: Aldine de Gruyter.

Glover S. e Lait, M. 2003. Lack of funds stalls rampart probe: the LAPD seeks private donations so that an independent panel can begin investigating the department's handling of the scandal. *Los Angeles Times*, 6 novembro, B1.

Goffman, Erving. 1959. *The Presentation of Self in Everyday Life*. London: Penguin.

Goffman, Erving. 1986 [1963]. *Stigma: Notes on the Management of Spoiled Identity*. New York: Simon & Schuster.

Gold, S. 2003. 35 are pardoned in Texas drug case. *Los Angeles Times*, 23 agosto, A11.

Gomes, Conceição et al. 2003. *A Reinserção Social dos Reclusos. Um Contributo para o Debate sobre a Reforma do Sistema Prisional*. OPJP, CES: Coimbra.

Gottfredson, M. e Gottfredson, D. 1988. *Decision Making in Criminal Justice: Toward the Rational Exercise of Discretion*. New York: Plenum Press.

Governo de Portugal 2005. *Programa do XVII Governo Constitucional* [Online: Presidência do Conselho de Ministros]. Disponível em: http://www.umic.pt/images/stories/publicacoes/ProgramaGovernoXVII.pdf [acesso: 8 julho 2013].

Grabher, R. 2007. *2865 Tage. Der Fall Peter Heidegger*. [*2,865 dias. O caso Peter Heidegger*]. Vienna: Czernin [em Alemão].

Grace, V. et al. 2011. *Forensic DNA on Trial: Science and Uncertainty in the Courtroom*. Litchfield Park, AZ: Emergent Publications.

Graham, E. 2008. DNA reviews: predicting phenotype. *Forensic Science, Medicine, and Pathology*, 4, 196–9.

Greer, C. e McLaughlin, E. 2012. Media justice: Madeleine McCann, intermediatization and "trial by media" in the British press. *Theoretical Criminology* 16(4): 395–416.

Griffin, T. e Miller, M. 2008. Child abduction, AMBER alert, and crime control theater. *Criminal Justice Review*, 33(2), 159–76.

Gross, H. 1908. *Kriminalistische Tätigkeit und Stellung des Arztes* [*A atividade criminalística e a posição do médico*]. Vienna: Braumüller [em Alemão].

Gudjonsson, G. 2003. *The Psychology of Interrogations and Confessions: A Handbook*. Chichester: John Wiley & Sons.

Hacking, I. 2003. Risk and dirt, in *Risk and Morality*, ed. R.V. Ericson e A. Doyle. Toronto: University of Toronto Press, 22–47.

Haddow, I. 2008. *Debating Ethics of DNA Database* [Online: BBC News online]. Disponível em: http://news.bbc.co.uk/1/hi/uk/7177152.stm [acesso: 8 julho 2013].
Haggerty, K. e Ericson, R.V. 2000. The surveillant assemblage. *British Journal of Sociology*, 51(4), 605–22.
Hall, A. e Leidig, M. 2006. *Girl in the Cellar: The Natascha Kampusch Story*. London: Hodder & Stoughton.
Hall, M. 2010. Weird science. *Texas Monthly* [Online, maio 2010]. Disponível em: http://www.texasmonthly.com/cms/printthis.php?file=feature2.php&issue=2010-05-01 [acesso: 8 julho 2013].
Hamel, J., Dufour, S. e Fortin, D. 1993. *Case Study Methods*. London: Sage Publications.
Hamlin, J.E. 1988. The misplaced role of rational choice in neutralization theory. *Criminology*, 26, 3, 425–38.
Harmon, T. 2001a. Guilty until proven innocent: an analysis of post-Furman capital errors. *Criminal Justice Policy Review*, 12(2), 113–39.
Harmon, T. 2001b. Predictors of miscarriages of justice in capital cases. *Justice Quarterly*, 18, 949–68.
Harrison, M. 2002. Dallas police frame and deport Hispanics. *The Razor Wire*, 6(1) [Online: The November Coalition]. Disponível em: http://www.november.org/razorwire/rzold/27/page03.html [acesso: 8 julho 2013].
Heindl, R. 1922. *System und Praxis der Daktyloskopie. Und der sonstigen technischen Methoden der Krimalpolizei* [*Sistema e Prática de Dactiloscopia, e Outros Métodos de Polícia Criminal*]. Berlin: De Gruyter [em Alemão].
Heinemann, T., Lemke, T. e Prainsack, B. (eds.) 2012. Editorial - Risky profiles: societal dimensions of forensic uses of DNA technologies. *New Genetics & Society*, 31(3): 249-58.
Henriques, F. e Sequeiros, J. 2007. *Relatório sobre o Regime Jurídico da Base de Dados de Perfis de ADN*. Conselho Nacional de Ética para as Ciências da Vida. Lisboa. Disponível em: http://www.cnecv.pt/admin/files/data/docs/1285444328_Relatorio_base_dados_perfis_ADN.pdf [acesso: 5 julho 2013].
Heumann, M. 1978. *Plea Bargaining: The Experiences of Judges, Jurors, and Defense Attorneys*. Chicago: University of Chicago Press.
Hicks, T. et al. 2010. Use of DNA profiles for investigation using a simulated national DNA database: Part I. partial SGM plus® profiles. *Forensic Science International: Genetics*, 4(4), 232–8.
Hindmarsh, R. 2008. Australian biocivic concerns and governance of forensic DNA technologies: confronting technocracy. *New Genetics and Society*, 27(3), 267–84.
Hindmarsh, R. 2010. Biosurveillance and biocivic concerns, from 'truth' to 'trust': the Australian forensic DNA terrain, in *Genetic Suspects: Global Governance of DNA Profiling and Databasing*, ed. R. Hindmarsh e B. Prainsack. Cambridge, UK: Cambridge University Press, 262–87.

Hindmarsh, R. e Prainsack, B. (eds.) 2010. *Genetic Suspects: Global Governance of DNA Profiling and Databasing*. Cambridge, UK: Cambridge University Press.

Hochstetler, A., Copes, H. e Williams, J.P. 2010. 'That's not who I am:' how offenders commit violent acts and reject authentically violent selves. *Justice Quarterly*, 27(4), 492–516.

Holmgren, J.A. e Fordham, J. 2011. The CSI effect and the Canadian and the Australian jury. *Journal of Forensic Sciences*, 56(S1), S63–S71.

Home Office. 2003. *The National Policing Plan 2004–2007* [Online]. Disponível em: http://webarchive.nationalarchives.gov.uk/20100413151441/http://police.home-office.gov.uk/publications/national-policing-plan/natpolplan2004_7.html [acesso: 8 julho 2013].

Home Office. 2005. *DNA Expansion Programme 2000-2005: Reporting Achievement*. Forensic Science and Pathology Unit. London: Home Office.

Home Office. 2009. *Keeping the Right People on the DNA Database: Science and Public Protection* [Online]. Disponível em: http://www.police-foundation.org.uk/uploads/holding/policy/dna_cons.pdf [acesso: 8 julho 2013].

Howitt, D. 2002. *Introduction to Forensic and Criminal Psychology*. Essex, UK: Pearson Education Limited.

Huey, L. 2010. 'I've seen this on CSI': criminal investigators' perceptions about the management of public expectations in the field. *Crime, Media, Culture*, 6(1), 49–68.

Hughes, T. e Magers, M. 2007. The perceived impact of crime scene investigation shows on the administration of justice. *Journal of Criminal Justice and Popular Culture*, 14(3), 259–76.

Human Genetics Commission. 2001. *Whose Hands on Your Genes? A Discussion Document on the Storage Protection and Use of Genetic Information* [Online]. Disponível em: http://webarchive.nationalarchives.gov.uk/20081008124431/http://hgc.gov.uk/UploadDocs/DocPub/Document/business_consultations2maintext.pdf [acesso: 8 julho 2013].

Human Genetics Commission. 2002. *Inside Information: Balancing Interests in the Use of Personal Genetic Data* [Online]. Disponível em: http://webarchive.nationalarchives.gov.uk/20081008124431/http://hgc.gov.uk/UploadDocs/DocPub/Document/insideinformation.pdf [acesso: 8 julho 2013].

Human Genetics Commission. 2009. *Nothing to Hide, Nothing to Fear? Balancing Individual Rights and the Public Interest in the Governance and Use of the National DNA Database* [Online]. Disponível em: http://www.statewatch.org/news/2009/nov/uk-dna-human-genetics-commission.pdf [acesso: 20 julho 2013].

Humes, E. 2009. Guilt by the numbers: how fuzzy is the math that makes DNA evidence look so compelling to jurors [Online: California Lawyer: a Daily Journal Publication]. Disponível em: http://www.callawyer.com/clstory.cfm?eid=900572&ref=updates [acesso: 8 julho 2013].

Innes, M. 2001. 'Crimewatching': homicide investigations in the age of information. *Criminal Justice Matters*, 43(1), 42–3.

Innes, M. e Clarke, A. 2009. Policing the past: cold case studies, forensic evidence and retroactive social control. *The British Journal of Sociology*, 60(3), 543–63.

[The] Innocence Network 2008. *Innocence Network Member Organizations* [Online: The Innocence Network]. Disponível em: http://www.innocencenetwork.org/members.html [acesso: 8 julho 2013].

Innocence Project. n.d. [Online]. Disponível em: http://www.innocenceproject.org/ [acesso: 8 julho 2013].

Innocence Project 2009a. *National Academy of Sciences Urges Comprehensive Reform of U.S. Forensic Sciences* [Online: Innocence Project]. http://www.innocenceproject.org/Content/National_Academy_of_Sciences_Urges_Comprehensive_Reform_of_US_Forensic_Sciences.php# [acesso: 8 julho 2013].

Innocence Project 2009b. *Wrongful Convictions Involving Unvalidated or Improper Forensic Science that Were Later Overturned through DNA Testing* [Online: Innocence Project]. http://www.innocenceproject.org/docs/DNA_Exonerations_Forensic_Science.pdf [acesso: 8 julho 2013].

Innocence Project 2011. *Pennsylvania Supreme Court Rules That a Confession Does Not Bar Access to Post Conviction DNA Testing* [Online: Innocence Project]. Disponível em: http://www.innocenceproject.org/Content/Pennsylvania_Supreme_Court_Rules_That_a_Confession_Does_Not_Bar_Access_to_Post_Conviction_DNA_Testing.php [acesso: 8 julho 2013].

INTERPOL. 2009. *INTERPOL Handbook on DNA Data Exchange and Practice*. INTERPOL: Lyon.

Irwin, J. e Cressey, D. 1962. Thieves, convicts and the inmate culture. *Social Problems*, 10, 142–55.

Jackson, J. e Bradford, B. 2009. Crime, policing and social order: on the expressive nature of public confidence in policing. *The British Journal of Sociology*, 60(3), 493–521.

Jacobs, B.A. 2010. Serendipity in robbery target selection. *British Journal of Criminology*, 50(3), 514–29.

Jacobs, B.A. e Wright, R. 1999. Stick-up, street culture, and offender motivation. *Criminology*, 37(1), 149–72.

Jasanoff, S. 1998. The eye of everyman: witnessing DNA in the Simpson trial. *Social Studies of Science*, 28(5–6), 713–40.

Jasanoff, S. 2004a. DNA's identity crisis, in *DNA and the Criminal Justice System: The Technology of Justice*, ed. D. Lazer. Cambridge, MA: MIT Press, 337–55.

Jasanoff, S. (ed.). 2004b. *States of Knowledge: The Co-Production of Science and Social Order*. London: Routledge and Kegan Paul.

Jasanoff, S. 2005. *Designs on Nature: Science and Democracy in Europe and the United States*. Princeton, NJ: Princeton University Press.

Jasanoff, S. 2006. Just evidence: the limits of science in the legal process. *Journal of Law, Medicine & Ethics*, 34(2), 328–41.

Jasanoff, S. 2010. Foreword, in *Genetic Suspects: Global Governance of Forensic DNA Profiling and Databasing*, ed. R. Hindmarsh e B. Prainsack. Cambridge, UK: Cambridge University Press, xix–xxiv.

Jefferson, J. 2008. Cold hits meet cold facts: are DNA matches infallible. *Transcript*, University of California, Berkeley – School of Law, Spring, 40(1), 29–33.

Jeffreys, A., Wilson, V. e Thein, S.L. 1985. Hypervariable 'minisatellite' regions in human DNA. *Nature*, 314, 67–73.

Jenkins, P. 1994. *Using Murder: The Social Construction of Serial Homicide*. New York: Aldine de Gruyter.

Jewkes, Y. 2002. *Captive Audience: Media, Masculinity and Power in Prisons*. Cullompton, Devon: Willan Publishing.

Jewkes, Y. 2004. *Media and Crime*. London: Sage.

Jewkes, Y. 2007. Prisons and the media: the shaping of public opinion and penal policy in a mediated society, in *Handbook on Prisons*, ed. Y. Jewkes. Cullompton, Devon: Willan Publishing, 447–66.

Johnson, P. e Williams, R. 2004a. DNA and crime investigation: Scotland and the 'UK National DNA Database'. *The Scottish Journal of Criminal Justice Studies*, 10, 1–9.

Johnson, P. e Williams, R. 2004b. Post-conviction DNA testing: the UK's first 'exoneration' case? *Science and Justice*, 44(2), 77–82.

Jones, P.J. e Wardle, C. 2008. 'No emotion, no sympathy': the visual construction of Maxine Carr. *Crime, Media, Culture*, 4(1), 53–71.

Kahn, J. 2009. Race, genes and justice: a call to reform the presentation of forensic DNA evidence in criminal trials. *Brooklyn Law Review*, 74(2), 325–75.

Kampusch, N. 2010. *3,096 Days*. London: Penguin.

Kassin, S.M. 2008. The psychology of confessions. *Annual Review of Law and Social Science*, 4(1), 193–217.

Kaye, D.H. 2010. *The Double Helix and The Law of Evidence*. Cambridge, MA: Harvard University Press.

Kaye, D.H. e Smith, M.E. 2004. DNA databases for law enforcement: the coverage question and the case for a population-wide database, in *DNA and the Criminal Justice System: The Technology of Justice*, ed. D. Lazer. Cambridge, MA: MIT Press, 247–84.

Kayser, M. e Schneider, P.M. 2009. DNA-based prediction of human externally visible characteristics in forensics: motivations, scientific challenges, and ethical considerations. *Forensic Science International: Genetics*, 3(3), 154–61.

Kim, Y.S., Barak, G. e Shelton, D.E. 2009. Examining the 'CSI-effect' in the cases of circumstantial evidence and eyewitness testimony: multivariate and path analyses. *Journal of Criminal Justice*, 37, 452–60.

Kobilinsky, L., Liotti, T.F. e Oeser-Sweat, J. 2004. *DNA: Forensic and Legal Applications*. Hoboken, NJ: John Wiley & Sons.

Kraske, M. 2008. Polit-Skandal in Österreich – Fall Kampusch droht die Große Koalition zu sprengen [Escândalo Político na Áustria – O caso Kampusch ameaça a coligação governamental]. *Der Spiegel* [Online, 18 fevereiro]. Disponível em: http://www.spiegel.de/politik/ausland/0,1518,535894,00.html [acesso: 8 julho 2013] [em Alemão].

Kreisky, E. 1992. Der Staat als "Männerbund". Der Versuch einer feministischen Staatssicht [O Estado como um 'sindicato masculino'. Em busca de uma perspetiva feminina do Estado], in *Staat aus feministischer Sicht* [*O Estado numa Perspetiva Feminina*], ed. Elke Biester et al. Berlin: Verlag für Sozialwissenschaften, 53–62 [em Alemão].

Krimsky, S. e Simoncelli, T. 2011. *Genetic Justice: DNA Data Banks, Criminal Investigations, and Civil Liberties*. New York: Columbia University Press.

Krimsky, S. e Sloan, K. (eds). 2011. *Race and the Genetic Revolution: Science Myth and Culture*. New York: Columbia University Press.

Kruse, C. 2010a. Producing absolute truth: CSI science as wishful thinking. *American Anthropologist*, 112(1), 79–91.

Kruse, C. 2010b. Forensic evidence: materializing bodies, materializing crimes. *The European Journal of Women's Studies*, 17(4), 363–77.

Kruse, C. 2012. Legal storytelling in pre-trial investigations: arguing for a wider perspective on forensic evidence. *New Genetics and Society*, 31(3): 299–309.

Lawless, C. 2010. Managing epistemic risk in forensic science: sociological aspects and issues. *Sociology Compass*, 6, 381–92.

Lazer, D. (ed.). 2004. *The Technology of Justice: DNA and the Criminal Justice System*. Cambridge, MA: MIT Press.

Leake, J. 2007. *The Vienna Woods Killer: A Writer's Double Life*. London, UK: Granta Books.

Lee, H. e Tirnady, F. 2004. *Blood Evidence: How DNA is Revolutionizing the Way We Solve Crimes*. Cambridge, MA: Perseus Publishing.

Lei 57/98, 18 agosto. *Estabelece os Princípios Gerais que Regem a Organização e o Funcionamento da Identificação Criminal* [Online: Diário da República Eletrónico]. Disponível em: http://dre.pt/pdf1sdip/1998/08/189A00/40434047.pdf [acesso: 8 julho 2013].

Lei 45/2004, 19 agosto. *Estabelece o Regime Jurídico das Perícias Médico-legais e Forenses* [Online: Diário da República Eletrónico]. Disponível em: http://dre.pt/pdf1sdip/2004/08/195A00/53625368.pdf [acesso: 8 julho 2013].

Lei 5/2008, 12 fevereiro. *Aprova a Criação de uma Base de Dados de Perfis de ADN para Fins de Identificação Civil e Criminal* [Online: Diário da República Eletrónico]. Disponível em: http://dre.pt/pdf1sdip/2008/02/03000/0096200968.pdf [acesso: 8 julho 2013].

Lei 49/2008, 27 agosto. *Aprova a Lei de Organização da Investigação Criminal* [Online: Diário da República Eletrónico]. Disponível em: http://dre.pt/pdf1sdip/2008/08/16500/0603806042.pdf [acesso: 8 julho 2013].

Leo, R. 2005. Rethinking the study of miscarriages of justice: developing a criminology of wrongful conviction. *Journal of Contemporary Criminal Justice*, 21, 201–23.

Levine, H.G. e Small, D.P. 2008. *Marijuana Arrest Crusade: Racial Bias and Police Policy in New York City – 1997-2007* [Online: New York Civil Liberties Union]. Disponível em: http://www.nyclu.org/files/MARIJUANA-ARREST-CRUSADE_Final.pdf [acesso: 8 julho 2013].

Ley, B.L., Jankowski, N. e Brewer, P.R. 2010. Investigating CSI: portrayals of DNA testing on a forensic crime show and their potential effects. *Public Understanding of Science*, 21(1), 51–67.

Lofquist, W. 2001. Whodunit? An examination of the production of wrongful convictions, in *Wrongly Convicted: Perspectives on Failed Justice*, ed. S. Westervelt e J. Humphrey. Newark, NJ: Rutgers University Press, 174–98.

Lombroso, C. 2006 [1876]. *Criminal Man*. Traduzido e com nova introdução por M. Gibson e N.H. Rafter. Durham, NC: Duke University Press.

Lynch, M. 2003. God's signature: DNA profiling, the new gold standard in forensic science. *Endeavour*, 27(2), 93–7.

Lynch, M. 2004. 'Science above all else': the inversion of credibility between forensic DNA profiling and fingerprint evidence, in *Expertise in Regulation and Law*, ed. G. Edmond. Aldershot, UK: Ashgate, 121–35.

Lynch, M. et al. 2008. *Truth Machine: The Contentious History of DNA Fingerprinting*. Chicago: University of Chicago Press.

Lynch, M. e McNally, R. 2009 Forensic DNA databases and biolegality: the co-production of law, surveillance technology and suspect bodies, in *Handbook of Genetics and Society: Mapping the New Genomics Era*, ed. P. Atkinson, P. Glasner e M. Lock, Routledge: London, 283–301.

McCartney, C. 2004. Forensic DNA sampling and the England and Wales National DNA Database: a sceptical approach. *Critical Criminology*, 12(2), 157–78.

McCartney, C. 2006a. *Forensic Identification and Criminal Justice: Forensic Science, Justice and Risk*. Cullompton, Devon: Willan Publishing.

McCartney, C. 2006b. The DNA expansion programme and criminal investigation. *British Journal of Criminology*, 46(2), 175–92.

McCartney, C. 2006c. Liberating legal education? Innocence projects in the US and Australia. *Web Journal of Current Legal Issues*, 3 [Online]. Disponível em: http://webjcli.ncl.ac.uk/2006/issue3/mccartney3.html [acesso: 8 julho 2013].

McCartney, C., Williams, R. e Wilson, T. 2010. *The Future of Forensic Bioinformation* [Online]. Disponível em: http://www.law.leeds.ac.uk/assets/files/research/ccjs/forensic-bioinformation-report.pdf [acesso: 8 julho 2013].

Machado, H. 2011. Arguido or no: the Portuguese DNA database. *GeneWatch* [Online]. Disponível em: http://www.councilforresponsiblegenetics.org/GeneWatch/GeneWatchPage.aspx?pageId=374 [acesso: 8 julho 2013].

Machado, H. 2012. Prisoners' views of CSI's portrayal of forensic identification technologies: A grounded assessment. *New Genetics and Society* 31(3): 271–284.

Machado, H. e Santos, F. 2009. The disappearance of Madeleine McCann: public drama and trial by media in the Portuguese press. *Crime, Media, Culture*, 5(2), 146–67.

Machado, H. e Santos, F. 2011. Popular press and forensic genetics in Portugal: expectations and disappointments regarding two cases of missing children. *Public Understanding of Science*, 20(3), 303–18.

Machado, H. e Silva, S. 2009. Informed consent in forensic DNA databases: volunteering, constructions of risk and identity categorization. *BioSocieties*, 4, 335–48.

Machado, H. e Silva, S. 2010. Portuguese forensic DNA database: political enthusiasm, public trust and probable issues in future practice, in *Genetic Suspects: Global Governance of Forensic DNA Profiling and Databasing*, ed. R. Hindmarsh e B. Prainsack. Cambridge: Cambridge University Press, 218–39.

Machado, H. e Silva, S. 2012. Criminal genomic pragmatism: Prisoners' representations of DNA technology and biosecurity. *Journal of Biomedicine and Biotechnology*, 1-5.

Machado, H. et al. 2011. *Stained Bodies: Prisoners' Perceptions of the DNA Database for Criminal Investigation Purposes and their Perspectives of Social Reintegration* [Online: Centro de Estudos Sociais]. Disponível em: http://dnadatabase.ces.uc.pt/list_documents.php [acesso: 8 julho 2013].

Machado, H., Santos, F. e Silva, S. 2011. Prisoners' expectations of the national forensic DNA database: surveillance and reconfiguration of individual rights. *Forensic Science International*, 210(1–3), 139–43.

Machado, H., Silva, S. e Amorim, A. 2010. Políticas de identidade: perfil de DNA e a identidade genético-criminal. *Análise Social*, XLV(196), 537–53.

Machado, H., Silva, S. e Cunha, M. 2012. Multiple views of DNA surveillance: the surveilled, the surveillants and the academics, in *Crime, Security and Surveillance: Effects for the Surveillant and the Surveilled*, ed. N. Zurawski et al. The Hague, The Netherlands: Boon Eleven Publishers, 177–92.

M'Charek, A. 2008. Contrasts and comparisons: three practices of forensic investigation. *Comparative Sociology*, 7, 387–412.

M'Charek, A., Toom, V. e Prainsack, B. 2011. Bracketing off populations does not advance ethical reflection on EVCs: a reply to Kayser and Schneider. *Forensic Science International: Genetics*, DOI: 10.1016/j.fsigen.2010.12.012.

McMahon, M. 1992. *The Persistent Prison: Rethinking Decarceration and Penal Reform*. Toronto: University of Toronto Press.

Madureira, N. 2003. A estatística do corpo: antropologia física e antropometria na alvorada do século XX. *Etnográfica* 7(2), 283–303.

Marcelino, V. 2011. Base de dados da PSP está ilegal. *Diário de Notícias* [Online, 6 fevereiro]. Disponível em: http://www.dn.pt/inicio/portugal/interior.aspx?content_id=1776871&page=-1 [acesso: 8 julho 2013].

Marques, T.P. 2005. *Crime e Castigo no Liberalismo em Portugal*. Lisboa: Livros Horizonte.
Marshall, L. 2004. The innocence revolution and the death penalty. *Ohio State Journal of Criminal Law*, 1(573), 573–84.
Maruna, S. e Copes, H. 2005. What have we learned from five decades of neutralization research? *Crime and Justice*, 32, 221–320.
Mason, P. 2006. Lies, distortion and what doesn't work: monitoring prison stories in the British media. *Crime, Media, Culture*, 2(3), 251–67.
Mayr, W. 2010. Jörg Haider's legacy: corruption scandals shake faith in Austrian democracy. *Der Spiegel* [Online, 7 novembro]. Disponível em: http://www.spiegel.de/international/europe/0,1518,721596-2,00.html [acesso: 8 julho 2013].
Mays, G.L., Fields, C.B. e Thompson, J.A. 1991. Preincarceration patterns of drug and alcohol use by jail inmates. *Criminal Justice Policy Review*, 5(1), 30–52.
Meßner, D. 2010a. Erkennungsdienstliche Behandlung verdächtiger Personen. Über technisierte Identifizierung durch Fotografie, Anthropometrie und Daktyloskopie [Identificação criminal de suspeitos. Acerca das tecnologias de identificação: fotografia, antropometria e dactiloscopia], in *Ermitteln, Fahnden und Strafen. Kriminalitätshistorische Studien vom 16. bis zum 19. Jahrhundert* [Investigar, procurar e punir. Estudos em história criminal desde o século XVI ao XIX], ed. A. Griesebner e G. Tschannett. Vienna: Löcker, 225–49 [em Alemão].
Meßner, D. 2010b. Volksdaktyloskopie: Das Fingerabdruckverfahren als Überwachungsphantasie zwischen Ausweitung und Widerstand [Dactiloscopia Geral: impressões digitais como fantasia de vigilância entre extensão e resistência]. *Journal for Intelligence, Propaganda and Security Studies (JIPSS)*, 4(1), 23–35 [em Alemão].
Minor, W.W. 1980. The neutralization of criminal offense. *Criminology*, 18(1), 103–20.
Mnookin, J.L. 2008. Of black boxes, instruments, and experts: testing the validity of forensic science. *Episteme*, 5(3), 343–58.
Mnookin, J.L. et al. 2011. The need for a research culture in the forensic sciences. *UCLA Law Review*, 58, 725–79.
Moniz, H. 2009. A base de dados de perfis de ADN para fins de identificação civil e criminal e a cooperação transfronteiras em matéria de transferência de perfis de ADN. *Revista do Ministério Público*, 120(oct/dez), 145–56.
Mopas, M. 2007. Examining the 'CSI effect' through an ANT lens. *Crime, Media, Culture*, 3(1), 110–17.
Moreira, A. 1960. O problema da identificação. *Estudos Jurídicos. Estudos de Ciências Políticas e Sociais*, 40, 222–35. Lisboa: Junta de Investigações do Ultramar. Centro de Estudos Políticos e Sociais.
Murphy, E. 2007. The new forensics: criminal justice, false certainty, and the second generation of scientific evidence. *California Law Review*, 95(3), 721–97.
Murphy, E. 2008. The art in the science of DNA: a layperson's guide to the subjectivity inherent in forensic DNA typing. *Emory Law Journal*, 58(2), 489–512.

Murphy, E. 2010. What 'strengthening forensic science' today means for tomorrow: DNA exceptionalism and the 2009 NAS report. *Journal of Law, Probability & Risk*, 9, 7–24.

Nance, D.A. e Morris, S.B. 2005. Juror understandings of DNA evidence: an empirical assessment of presentation formats for trace evidence with a relatively small random-match probability. *Journal of Legal Studies*, 34(2), 395–444.

Natapoff, A. 2009. *Snitching: Criminal Informants and the Erosion of American Justice*. New York: New York University Press.

National Research Council. 2009. *Strengthening Forensic Science in the United States: A Path Forward* [Online: National Research Council, Committee on Identifying the Needs of the Forensic Sciences Community]. Disponível em: http://www.ncjrs.gov/pdffiles1/nij/grants/228091.pdf [acesso: 8 julho 2013].

Nature. 2011. Courtroom drama. *Nature*, 471, 548.

Nelkin, D. e Lindee, S. 1995. *The DNA Mystique: The Gene as a Cultural Icon*. New York: W.H. Freeman.

Neufeld, P. e Scheck, B. 2002. Toward the formation of 'Innocence Commissions' in America. *Judicature*, 86, 98–105.

Neuschatz, J. et al. 2007. The mitigating effects of suspicion on post-identification feedback and on retrospective eyewitness memory. *Law and Human Behavior*, 31(3), 231–47.

Neves, T. 2007. A defesa institucional numa instituição total: o caso de um centro de internamento de menores delinquentes. *Análise Social*, XLII (185), 1021–39.

Neyround, P. e Disley, E. The management, supervision and oversight of criminal investigation, in *Handbook of Criminal Investigation*, ed. T. Newburn et al. Cullompton, Devon: Willan Publishing, 549–71.

Noble, A.A. e Moulton, B.W. 2006. Symposium – DNA fingerprinting and civil liberties. Special issue of *The Journal of Law, Medicine and Ethics*, 34(2), 141-475.

Nuffield Council on Bioethics 2007. *The Forensic Use of Bioinformation: Ethical Issues* [Online: Nuffield Council On Bioethics]. Disponível em: http://www.nuffieldbioethics.org/sites/default/files/The%20forensic%20use%20of%20bioinformation%20-%20ethical%20issues.pdf [acesso: 8 julho 2013].

Oppel, R.A. 2011. Sentencing shift gives new leverage to prosecutors. *The New York Times* [Online, 25 setembro]. Disponível em: http://www.nytimes.com/2011/09/26/us/tough-sentences-help-prosecutors-push-for-plea-bargains.html [acesso: 8 julho 2013].

ORF news. 2010. Jagd auf Phantomtäter [À caça dos criminosos fantasma]. *ORF news* [Online, 12 agosto]. Disponível em: http://news.orf.at/stories/2008494/2008492/ [acesso: 8 julho 2013] [em Alemão].

ORF Science. 2004. EU: Hohe Ablehnung von Genfood in Österreich [UE: Forte Rejeição de Alimentos Geneticamente Modificados na Áustria] *ORF Science* [Online]. Disponível em: http://science.orf.at/science/news/131467 [acesso: 8 julho 2013] [em Alemão].

Pais, J.M. 2003. *Ganchos, Tachos e Biscates*. Porto: Ambar

Parenti, C. 1996. Police crime. *ZMag* [Online, março]. Disponível em: http://zmag.org/ZMag/articles/mar96parenti.htm [acesso: 16 fevereiro 2006].

Peelo, M. 2006. Framing homicide narratives in newspapers: mediated witness and the construction of virtual victimhood. *Crime, Media, Culture*, 2(2), 159–75.

Peterson, J. et al. 2010. *The Role and Impact of Forensic Evidence in the Criminal Justice Process* [Online: National Institute of Justice]. Disponível em: http://www.ncjrs.gov/pdffiles1/nij/grants/231977.pdf [acesso: 8 julho 2013].

Piquero, A., Farrington, D. e Blumstein, A. 2007. *Key Issues in Criminal Career Research: New Analyses of the Cambridge Study in Delinquent Development*. Cambridge: Cambridge University Press.

Podlas, K. 2006. The 'CSI effect': exposing the media myth. *Fordham Intellectual Property, Media and Entertainment Law Journal*, 16, 429–65.

Polanyi, M. 1966. *The Tacit Dimension*. New York: Doubleday.

Pollak, J.M. e Kubrin, C.E. 2007. Crime in the news: how crimes, offenders and victims are portrayed in the media. *Journal of Criminal Justice and Popular Culture*, 14(1), 59–83.

Porter, T. 1996. *Trust in Numbers: The Pursuit of Objectivity in Science and Public Life*. Princeton: Princeton University Press.

Prainsack, B. 2008. Forum on the Nuffield report *The Forensic Use of Bioinformation: Ethical Issues*: An Austrian perspective. *BioSocieties*, 3, 92–7.

Prainsack, B. 2009. Book review: Truth machine: The contentious history of DNA fingerprinting by M. Lynch, S.A. Cole, R. McNally and K. Jordan, Chicago, University of Chicago Press, 2009. *Critical Policy Studies*, 3(1), 143–5.

Prainsack, B. 2010a. Key issues in DNA profiling and databasing: implications for governance, in *Genetic Suspects: Global Governance of DNA Profiling and Databasing*, ed. R. Hindmarsh e B. Prainsack. Cambridge, UK: Cambridge University Press, 15–39.

Prainsack, B. 2010b. Partners in crime: The use of forensic DNA technologies in Austria, in *Genetic Suspects: Global Governance of DNA Profiling and Databasing*, ed. R. Hindmarsh e B. Prainsack. Cambridge, UK: Cambridge University Press, 153–74.

Prainsack, B. e Gmeiner, R. 2008. Clean soil and common ground: the biopolitics of human embryonic stem cell research in Austria. *Science as Culture*, 17(4), 377–95.

Prainsack, B. e Kitzberger, M. 2009. DNA behind bars: other ways of knowing forensic DNA technologies. *Social Studies of Science*, 39(1), 51–79.

Prainsack, B. e Kreissl, R. 2011. The Molecular Leviathan? Forensic DNA technologies in life-stories of male prisoners in Austria. Work in progress, London and Vienna.

Prainsack, B. e Toom, V. 2010. The Prüm regime. Situated dis/empowerment in transnational DNA profile exchange. *British Journal of Criminology*, 50, 1117–35.

Prainsack, B. e Toom, V. 2013. Performing the Union: The Prüm Decision and the European dream. Special Issue on Forensic Cultures in Interdisciplinary Perspective (ed. por Ian Burney, David Kirby, e Neil Pemberton), *Studies in the History and*

Philosophy of Science Part C: Studies in History and Philosophy of Biological and Biomedical Sciences 44/1: 71-79.

Pratt, T.C. et al. 2006. This isn't CSI: estimating the national backlog of forensic DNA cases and the barriers associated with case processing. *Criminal Justice Policy Review*, 17(1), 32–47.

Prime, R. e Hennelly, L. 2003. *Effects of the Processing of DNA Evidence*. London: Home Office.

Putniņš, A.L. 2010. An exploratory study of young offenders' self-reported reasons for offending. *Journal of Forensic Psychiatry and Psychology*, 21(6), 950–65.

Redmayne, M. 1995. Doubts and burdens: DNA evidence, probability and the courts. *Criminal Law Review*, Jun, 464–82.

Redmayne, M. 2001. *Expert Evidence and Criminal Justice*. Oxford: Oxford University Press.

Reiner, R. 2002. Media made criminality: the representation of crime in the mass media, in *The Oxford Handbook of Criminology*, ed. R. Reiner, M. Maguire, e R. Morgan. Oxford: Oxford University Press, 376–416.

Robbers, M. 2008. Blinded by science: the social construction of reality in forensic television shows and its effect on criminal jury trials. *Criminal Justice Policy Review* 19(1), 84–102.

Roberts, P. 2002. Science, experts and criminal justice, in *The Handbook of the Criminal Justice Process*, ed. M. McConville e G. Wilson. Oxford: Oxford University Press, 253–84.

Roberts, P. 2009. The science of proof: forensic science evidence in English criminal trials, in *Handbook of Forensic Science*, ed. J. Fraser e R. Williams. Cullompton, Devon: Willan Publishing, 446–84.

Roberts, S. e Weathered, L. 2009. Assisting the factually innocent: the contradictions and compatibility of Innocence Projects and the Criminal Cases Review Commission. *Oxford Journal of Legal Studies*, 29(1), 43–70.

Roberts, P., Willmore, C. e Davis, G. 1993. *The Role of Forensic Science Evidence in Criminal Proceedings*. Royal Commission on Criminal Justice Study 11. London: HMSO.

Roman, J.K. et al. 2008. *The DNA Field Experiment: Cost-Effectiveness Analysis of the Use of DNA in the Investigation of High-Volume Crimes*. Washington, D.C, Urban Institute – Justice Policy Center.

Saks, M. e Koehler, J.J. 2005. The coming paradigm shift in forensic identification science. *Science*, 309(5736), 892–5.

Sampson, R. e Laub, J. 1993. *Crime in the Making: Pathways and Turning Points Through Life*. Harvard: Harvard University Press.

Santos, B.S. et al. 1996. *Os Tribunais nas Sociedades Contemporâneas: O Caso Português*. Porto: Afrontamento.

Saulsbury, W., Hibberd, M. e Irving, B. 1994. *Using Physical Evidence: An Examination of Police Decision Making*. London: The Police Foundation.

Scheck, B. 2001. Preventing the execution of the innocent: testimony before the senate judiciary committee. *Hofstra Law Review*, 29(1165), 1165–71.

Scheck, B., Neufeld, P. e Dwyer, J. 2000. *Actual Innocence: Five Days to Execution and Other Dispatches from the Wrongly Convicted*. New York: Signet Publishing.

Schlosser, J. 2008. Issues in interviewing inmates. Navigating the methodological landmines of prison research. *Qualitative Inquiry*, 14, 1500–25.

Schmid, R. 2010. International biometric data exchange; European perspective [Online]. Disponível em: http://www.biometria.gov.ar/media/71560/international_biometric_data_exchange_cibra_2011_11_final.pdf [acesso: 8 julho 2013].

Schmid, R. e Scheithauer, R. 2010. Die Österreichische Nationale DNA-Datenbank [A Base de Dados de DNA Nacional da Áustria, *SIAK Journal – Zeitschrift für Polizeiwissenschaft und Polizeiliche Praxis*, 4, 21–31 [em Alemão].

Schroeder, D.A. e White, M.D. 2009. Exploring the use of DNA evidence in homicide investigations: implications for detective work and case clearance. *Police Quarterly*, 12(3), 319–42.

Schweitzer, N.J. e Saks, M.J. 2007. The CSI effect: popular fiction about forensic science affects the public's expectations about real forensic science. *Jurimetrics*, 47, 357–64.

Seal, L. 2010. *Women, Murder and Femininity: Gender Representations of Women Who Kill*. Basingstoke: Palgrave Macmillan.

Seeh, M. 2010. Fall Natascha Kampusch: Enführung mit (zu) vielen Geheimnissen [O caso Natascha Kampusch: Rapto com (demasiados) segredos] *Die Presse* [Online, 23 outubro]. Disponível em: http://diepresse.com/home/panorama/oesterreich/604661/Fall-Kampusch_Entfuehrung-mit-zu-vielen-Geheimnissen [acesso: 8 julho 2013] [em Alemão].

Semikhodskii, A. 2007. *Dealing with DNA Evidence: A Legal Guide*. London and New York: Routledge-Cavendish.

Shelton, D.E. et al. 2006. A study of juror expectations and demands concerning scientific evidence: does the "CSI Effect" exist? *Vanderbilt Journal of Entertainment & Technology Law*, 9(2), 331–68.

Silver, E., Felson, R.B. e Vaneseltine, M. 2008. The relationship between mental health problems and violence among criminal offenders. *Criminal Justice and Behavior*, 35(4), 405–26.

Simon, J. 2001. Punishment: social and legal aspects, in *International Encyclopedia of the Social & Behavioral Sciences*, ed. N.J. Smelser e P.B. Baltes. Oxford, UK: Elsevier Sciences, 12606–12.

Simonian, H. 2007. Karl-Heinz Grasser – life after politics. *Financial Times* [Online, 12 maio]. Disponível em: http://www.ft.com/intl/cms/s/0/db9dc68a-0025-11dc--8c98-000b5df10621.html#axzz1WQr8XWpM [acesso: 8 julho 2013].

Sky News. 2007. Footballers plead for return of Madeleine. *Sky News* [Online, 9 maio]. Disponível em: http://news.sky.com/skynews/Home/Sky-News-Archive/Article/20080641264705 [acesso: 8 julho 2013].

Spencer, C. 2003. *Genetic Testimony: A Guide to Forensic DNA Profiling*. San Francisco, CA: Benjamin Cummings Publishing Company.

Steffensmeier, D. e Ulmer, J.T. 2003. Confessions of a dying thief: a tutorial on differential association, in *Social Learning Theory and the Explanation of Crime: A Guide for the New Century*, ed. R.L. Akers e G.F. Jensen. New Brunswick, NJ: Transaction, 227–64.

Steventon, B. 1993. *The Ability to Challenge DNA Evidence*. Royal Commission on Criminal Justice Research Study 9. London: HMSO.

Steventon, B. 1998. Statistical evidence and the courts – recent developments. *Journal of Criminal Law*, 62(2), 176–84.

Sulzbach, D. 2006. DNA shall prevail – postconviction DNA evidence: an annotated bibliography. *Legal Reference Servicing Quarterly*, 25(1), 39–58.

Surette, R. 1998. *Media, Crime and Criminal Justice. Images and Realities*. Belmont, CA: Thomson/Wadsworth.

Sutherland, E. 1937. *The Professional Thief: By a Professional Thief*. Chicago: University of Chicago Press.

Sykes, G.M. 2007 [1958]. *The Society of Captives: A Study of a Maximum Security Prison*, Princeton: Princeton University Press.

Sykes, G.M. e Matza, D. 1957. Techniques of neutralization: a theory of delinquency. *American Sociological Review*, 22(6), 664–70.

Sykes, G.M. e Messinger, S. 1960. The inmate social system, in *Theoretical Studies in Social Organization of the Prison*, ed. R. A. Cloward et al. New York: Social Science Research Council, 5–19.

Taylor, M. e Hirst, J. 1995. *Initial Scene Visits to House Burglaries* [Online: Home Office, Police Research Series No. 14]. Disponível em: http://library.npia.police.uk/docs/hopolicersold/fprs14.pdf [acesso: 8 julho 2013].

Thomas, R.R. 2000. *Detective Fiction and the Rise of Forensic Science*. Cambridge: Cambridge University Press.

Thompson, W.C. 2003. Review of DNA Evidence in State of Texas v. Josiah Sutton (District Court of Harris County, Cause No. 800450) [Online]. Disponível em: http://www.scientific.org/archive/Thompson%20Report.PDF [acesso: 8 julho 2013].

Thompson, W.C. 2009. The National Research Council's plan to strengthen forensic science: does the path run through the courts? *Jurimetrics* 50, 35–51.

Toby, J. 1962. Criminal motivation: a sociocultural analysis. *British Journal of Criminology*, 12, 317–36.

Tonry, M. 2001. Prisons and imprisonment, in *International Encyclopedia of the Social & Behavioral Sciences*, ed. N.J. Smelser e P.B. Baltes. Oxford, UK: Elsevier Sciences, 12062–7.

Toom, V. 2010. Inquisitorial forensic DNA profiling in the Netherlands and the expansion of the forensic genetic body, in *Genetic Suspects: Global Governance of DNA Profiling and Databasing*, ed. R. Hindmarsh e B. Prainsack. Cambridge, UK: Cambridge University Press, 175–96.

Topalli, V. 2006. The seductive nature of autotelic crime: how neutralization theory serves as a boundary condition for understanding hardcore street offending. *Sociological Inquiry*, 76(4), 475–501.

Tracy, P. e Morgan, V. 2000. Big Brother and his science kit: DNA databases for 21st century crime control. *The Journal of Criminal Law and Criminology*, 90(2), 635–90.

Transparency International. 2011 [Online]. Disponível em: http://www.transparency.org/gcb201011/results [acesso: 19 julho 2013].

Tyler, T.R. 2006. Viewing CSI and the threshold of guilt: managing truth and justice in reality and fiction. *The Yale Law Journal*, 115(5), 1050–85.

UE. 2010a. Regulamento (CE) N.º 2725/2000 do Conselho de 11 de Dezembro de 2000 relativo à criação do sistema «Eurodac» de comparação de impressões digitais para efeitos da aplicação efectiva da Convenção de Dublin [Online: Jornal Oficial das Comunidades Europeias]. Disponível em: http://eur-lex.europa.eu/LexUriServ/LexUriServ.do?uri=OJ:L:2000:316:0001:0010:PT:PDF [acesso: 8 julho 2013].

UE. 2010b. Regulamento (CE) N.º 767/2008 do Parlamento Europeu e do Conselho de 9 de Julho de 2008 relativo ao Sistema de Informação sobre Vistos (VIS) e ao intercâmbio de dados entre os Estados-Membros sobre os vistos de curta duração («Regulamento VIS») [Online: Jornal Oficial das Comunidades Europeias]. Disponível em: http://eur-lex.europa.eu/LexUriServ/LexUriServ.do?uri=OJ:L:2008:218:0060:0081:PT:PDF [acesso: 8 julho 2013].

UE. 2010c. O espaço e a cooperação Schengen [Online: Europa – Sínteses da Legislação da UE]. Disponível em: http://europa.eu/legislation_summaries/justice_freedom_security/free_movement_of_persons_asylum_immigration/l33020_pt.htm [acesso: 8 julho 2013].

UE. 2010d. Sistema de Informação de Schengen II [Online: Europa – Sínteses da Legislação da UE]. Disponível em: http://europa.eu/legislation_summaries/other/l33183_en.htm [acesso: 8 julho 2013].

Unterweger, J. 1983. *Fegefeuer oder Die Reise ins Zuchthaus* [*Purgatory, or The Journey to Jail*]. Augsburg, DE: Maro Verlag (2nd ed.) [em Alemão].

Van Camp, N. e Dierickx, K. 2007. *National Forensic Databases: Social-ethical Challenges & Current Practices in the EU* [Online: European Ethical-legal Papers n°9]. Disponível em: http://www.academia.edu/attachments/6227872/download_file [acesso: 20 julho 2013].

Van Camp, N. e Dierickx, K. 2008. The retention of forensic DNA samples: a socio-ethical evaluation of current practices in the EU. *Journal of Medical Ethics*, 34(8), 606–10.

Van der Ploeg, I. 1999. The illegal body: 'Eurodac' and the politics of biometric identification. *Ethics and Information Technology*, 1(4), 295–302.

Vaughn, M. e Sapp, A. 1989. Less than utopian: sex offender treatment in a milieu of power struggles, status positioning, and inmate manipulation in state correctional institutions. *The Prison Journal*, 69(2), 73–89.

Wagner, W. et al. 1998. Austria, in *Biotechnology in the Public Sphere: A European Sourcebook*, ed. J. Durant, M.W. Bauer e G. Gaskell. London: Science Museum, 15-28.

Waldram, J.B. 2009. Challenges of prison ethnography. *Anthropology News*, 50(1), 4-5.

Washington, H. 2010. Base assumptions? Racial aspects of US DNA forensics, in *Genetic Suspects: Global Governance of DNA Profiling and Databasing*, ed. R. Hindmarsh e B. Prainsack. Cambridge, UK: Cambridge University Press, 63-84.

Weir, B.S. 2004. Matching and partially-matching DNA profiles. *Journal of Forensic Science*, 49, 1009-14.

Weir, B.S. 2007. The rarity of DNA profiles. *Annals of Applied Statistics*, 1, 358-70.

Weiss, M.J. 2004. Beware! Uncle Sam has your DNA: legal fallout from its use and misuse in the US. *Ethics and Information Technology*, 6(1), 55-63.

Wells, G. e Olson, E. 2003. Eyewitness testimony. *Annual Review of Psychology*, 54, 277-95.

Wells, G. e Quinlivan, D. 2009. Suggestive eyewitness identification procedures and the Supreme Court's reliability test in light of eyewitness science: 30 years later. *Law and Human Behavior*, 33(1), 1-24.

West, E.M. 2010a. *Court Findings of Prosecutorial Misconduct Claims in Post-Conviction Appeals and Civil Suits Among the First 255 DNA Exoneration Cases* [Online: Innocence Project]. Disponível em: http://www.innocenceproject.org/docs/Innocence_Project_Pros_Misconduct.pdf [acesso: 8 julho 2013].

West, E.M. 2010b. *Court Findings of Ineffective Assistance of Counsel Claims in Post-Conviction Appeals Among the First 255 DNA Exoneration Cases* [Online: Innocence Project]. Disponível em: http://www.innocenceproject.org/docs/Innocence_Project_IAC_Report.pdf [acesso: 8 julho 2013].

Williams, R. 2004. *The Management of Crime Scene Examination in Relation to the Investigation of Burglary and Vehicle Crime* [Online: Home Office RDS Online Report 24/04]. Disponível em: http://library.npia.police.uk/docs/hordsolr/rdsolr2404.pdf [acesso: 8 julho 2013].

Williams, R. 2010a. Shaping forensic science innovation. *Science & Justice*, 50(1), 4-7.

Williams, R. 2010b. DNA databases and the forensic imaginary, in *Genetic Suspects: Global Governance of DNA Profiling and Databasing*, ed. R. Hindmarsh e B. Prainsack. Cambridge, UK: Cambridge University Press, 131-52.

Williams, R. e Johnson, P. 2005. *Forensic DNA Databasing: A European Perspective. Project Interim Report (June)* [Online: University of Durham, UK]. Disponível em: http://www.dur.ac.uk/robin.williams/EU_Interim_Report_2005.pdf [acesso: 8 julho 2013].

Williams, R. e Johnson, P. 2008. *Genetic Policing: The Use of DNA in Criminal Investigations*. Cullompton, Devon: Willan Publishing.

Williams, R., Johnson, P. e Martin, P. 2004. *Genetic Information and Crime Investigation: Social, Ethical and Public Policy Aspects of the Establishment, Expansion and Police Use of the National DNA Database* [Online: Durham University, UK]. Disponível em: http://www.dur.ac.uk/resources/sass/Williams_Johnson_Martin_NDNAD_report_2004.pdf [acesso: 8 julho 2013].

Wilson, D.B., McClure, D. e Weisburd, D. 2010. Does forensic DNA help to solve crime? The benefit of sophisticated answers to naive questions. *Journal of Contemporary Criminal Justice*, 26(4), 458–69.

Wilson-Kovacs, D., Wyatt, D. e Hauskeller, C. 2012. 'A Faustian bargain?' Public voices on forensic DNA technologies and the National DNA Database. *New Genetics and Society* 31(3): 285–298.

Wilson, T. 2009. Forensic science and the internationalisation of policing, in *Handbook of Forensic Science*, ed. J. Fraser e R. Williams. Cullompton, Devon: Willan Publishing, 491–522.

Wright R. e Decker, S.H. 1994. *Burglars on the Job: Streetlife and Residential Break-ins*. Northeastern University Press.

Wright, R., Logie, R.H. e Decker, S.H. 1995. Criminal expertise and offender decision making: an experimental study of the target selection process in residential burglary. *Journal of Research in Crime and Delinquency*, 32(1), 39–53.

Zamir, A. et al. 2011. The Israel DNA database – The establishment of a rapid, semi--automated analysis system. *Forensic Science International: Genetics*, 6(2): 286-9.

AS AUTORAS

Helena Machado é Professora Associada com Agregação do Departamento de Sociologia no Instituto de Ciências Sociais da Universidade do Minho e investigadora no Centro de Estudos Sociais da Universidade de Coimbra. Tem desenvolvido investigação pioneira em Portugal sobre os impactos sociais, culturais, políticos e éticos da utilização da tecnologia de identificação por perfis genéticos na investigação criminal e na investigação de laços de parentesco. Tem publicado em vários países, abordando temas como consentimento informado e procedimentos éticos na recolha de amostras biológicas com finalidades forenses; representações da genética forense construídas pelos meios de comunicação social, por reclusos, por cientistas forenses, investigadores criminais, juristas e cidadãos comuns. Entre outras publicações, é autora do *Manual de Sociologia do Crime* (Afrontamento, 2008), coautora (com Filipe Santos) do livro *Direito, Justiça e Media – Tópicos de Sociologia* (Afrontamento, 2011) e coorganizadora (com Susana Costa) da obra *A Ciência na Luta Contra o Crime. Potencialidades e Limites* (Húmus, 2013).

Barbara Prainsack é Professora Associada do Departamento de Ciências Sociais, Saúde e Medicina no King's College em Londres e Investigadora no Departamento de *Twin Research and Genetic Epidemiology* no Hospital de St Thomas sedeado na mesma instituição. É Professora Visitante da Universidade de Brunel (Reino Unido). Tem formação de base em ciência política e interessa-se por questões de regulação e dimensões éticas e sociais da biociência e biomedicina. É autora de diversas publicações sobre medicina e genética forense. No conjunto das suas publicações mais recentes destacam-se *Solidarity: Reflections on an Emerging Concept in Bioethics* (Solidariedade: Reflexões sobre um Conceito Emergente na Bioética) (Nuffield Council on Bioethics, 2011; com Alena Buyx); *Genetic Suspects: Global Governance of Forensic DNA Profiling and Databasing* (Suspeitos Genéticos: A Governação Global das Bases de Dados Genéticos Forenses, Cambridge University Press, 2010, coorganização com Richard Hindmarsh).